EL PAPA DE LA MISERICORDIA

Javier Martínez-Brocal

EL PAPA DE LA MISERICORDIA

Obra editada en colaboración con Editorial Planeta – España

© 2015, Javier Martínez-Brocal Ogayar
© 2015, Editorial Planeta, S.A. – Barcelona, España

Todos los derechos reservados

© 2016, Editorial Planeta Mexicana, S.A. de C.V.
Bajo el sello editorial PLANETA M.R.
Avenida Presidente Masarik núm. 111, Piso 2
Colonia Polanco V Sección
Deleg. Miguel Hidalgo
C.P. 11560, México, D.F.
www.planetadelibros.com.mx

Primera edición impresa en España: noviembre de 2015
ISBN: 978-84-08-14749-7

Primera edición impresa en México: enero de 2016
ISBN: 978-607-07-3234-8

Impreso en los talleres de Litográfica Ingramex, S.A. de C.V.
Centeno núm. 162-1, colonia Granjas Esmeralda, México, D.F.
Impreso en México – *Printed in Mexico*

Índice

SELECCIÓN DE TEXTOS
DE FRANCISCO SOBRE LA MISERICORDIA

A mis padres,
los primeros que me hablaron
del Papa

Introducción

El sueño de cualquier periodista es toparse con una buena historia o con un gran personaje. Si tienes la suerte de encontrar las dos piezas juntas, sientes algo parecido a lo que un violinista ante un Stradivarius. Nunca imaginé que era justo lo que el destino me estaba preparando. Tropecé con ellas en un lugar como Roma, donde, a esa mezcla explosiva, se añade un escenario maravilloso.

Roma combina gloria y miseria, orden y anarquía, belleza y crueldad. Los romanos lo han sido todo: emperadores victoriosos y reyes derrotados, pecadores sin escrúpulos y santos enamorados, ejércitos brutales y soldados liberadores. No es fácil impresionarles: han construido el Coliseo, la piazza del Popolo y el Vaticano; han visto a César Augusto, a Helena de Constantinopla, a Catalina de Siena, a Martín Lutero, a Napoleón Bonaparte, a Juan Pablo II.

Hace pocos años, un lluvioso día de marzo, se enamoraron apasionadamente y a primera vista de un extranjero, un argentino prácticamente desconocido.

—Es uno de nosotros, uno dispuesto a cambiar las cosas —decían.

A ambos lados del Tíber se propagaron como la pólvora rumores sobre inminentes documentos, pasos decisivos, declaraciones radicales, reformas.

Al cabo de las semanas los cambios no llegaban y empecé a inquietarme. Quizá las expectativas eran demasiado altas; quizá el entusiasmo inicial fuera sólo fruto de la novedad de un papa con corazón latino; quizá en poco tiempo se abriría paso una fría cordialidad entre el argentino y la gente.

Pero de repente, sin que nadie nos avisara, vi rígidos protocolos que pasaban a segundo plano; costumbres de siglos que me habían parecido fundamentales se sustituían por otras más eficaces; fronteras, distancias y recelos que se convertían en algo del pasado.

Sin cambiar aparentemente nada, ese hombre de blanco estaba desencadenando un dinamismo nuevo en la institución más antigua del mundo. Y lo estaba haciendo sin nuevas leyes, sin cumbres de expertos, sin solemnes decretos.

Se me estaba escapando algo.

Como debo escribir noticias sobre Francisco todos los días, noté que había un elemento que siempre se repetía en ellas. En cada vídeo que yo enviaba a las televisiones había un gesto del Papa, un pequeño episodio o un detalle «doméstico» aparentemente irrelevante. Al principio yo los usaba para «sazonar» las noticias sobre discursos y encuentros. Pero poco a poco vi la potencia que desplegaban. Con ellos, el argentino estaba llegando donde pocos lo habían hecho antes.

Tuve que rendirme y empezar a trabajar de otro modo. Era absurdo cubrir el pontificado prestando atención sólo a su mesa de trabajo. Comprendí que no estaba ante uno de esos «grandes personajes» que cambian leyes para reformar instituciones. Francisco no se había propuesto cambiar el Vaticano o la Iglesia, tenía un horizonte mucho más ambicioso.

Me di cuenta de que estaba ante un gigante, uno de esos que aparecen pocas veces en la historia, capaces de cambiar los corazones de la gente. Francisco no estaba cambiando la doctrina, estaba cambiando la cultura. El nuevo Papa estaba cambiando el mundo.

1

MÉXICO-ROMA-MÉXICO

La historia del primer papa americano no comienza ni en Roma ni en Buenos Aires, sino en México. En concreto en una ciudad situada en el centro del país, León, en el Estado de Guanajuato. Se sabe incluso el momento exacto, la noche del 24 al 25 de marzo de 2012. Allí, un pequeño accidente doméstico desencadenó el efecto mariposa que provocó la renuncia de Benedicto y más tarde la elección de Francisco.

Cuando subimos al avión papal, los periodistas que estábamos cubriendo la visita de Benedicto XVI a México y Cuba, no podíamos imaginar que se trataba de su último viaje al otro lado del Atlántico. Nos había dado una señal de alarma en Roma cuando, al llegar al aeropuerto de Fiumicino, se bajó del coche con un bastón en la mano. Desde hacía meses tenía algunas dificultades de equilibrio, probablemente a causa de problemas de visión en un ojo, y sabíamos que cuando estaba en su casa caminaba con el bastón. Pero era la primera vez que lo llevaba en público. Y, efectivamente, sólo lo llevó porque caminó y subió las escalerillas con el bastón en la mano, sin apoyarlo en el suelo.

Benedicto estaba a punto de cumplir 85 años, y desde hacía meses le veíamos cada día más fatigado. Sin embargo, no perdía ni la sonrisa ni el buen humor. Durante el vuelo hacia México vino a saludarnos a la zona reservada a la prensa y no faltaron las bromas. El mexicano Javier Alatorre le regaló un iPod de color blanco con 14 horas de música mexicana.

—Usted es un Papa muy tecnológico, sabemos que le gustan las tecnologías, seguro que lo aprecia —dijo con guasa a Benedicto, quien escribía usando lápiz y goma de borrar.

Al Papa le hizo mucha gracia. No se esperaba la broma y reaccionó sorprendido dándole una palmada de reproche en las manos. Pero, por supuesto, aceptó el iPod entre tímidas risas.

De cerca, Benedicto era tierno y delicado con todos. De lejos, daba la impresión de ser un pontífice estricto, serio y distante. Por eso durante el vuelo hacia León nos preguntábamos si el cálido pueblo mexicano lo recibiría con el frío temor reverencial reservado a un líder intelectual o, como a Juan Pablo II, con el entusiasmo encendido que corresponde a uno más de la familia.

Nada más aterrizar vimos que, en este país, un Papa es un Papa. Y que México es siempre México.

En la ciudad de León se desencadenó la *papamanía*. Las personas se volcaron con él desde que el Airbus tocó suelo mexicano. A pesar del bastón, del *jet lag* y de las casi 14 horas de vuelo, el Papa bajó con energía las escalerillas del avión y repartió sonrisas encantado y divertido mientras los mariachis que le dieron la bienvenida en la pista tocaban *Guadalajara* con sus violines y trompetas.

Bajo un sol luminoso que nos enamoró a quienes llegábamos de meses de invierno romano, partió en papamóvil rumbo a la ciudad. Los periodistas lo seguíamos a pocos metros de distancia, en un autobús. Me puse en primera fila y desde allí veía perfectamente la espalda del Papa. Fue un trayecto conmovedor porque, a lo largo de los 34 kilómetros de recorrido, había una fila interminable de personas que esperaban para saludarlo. Eran de todas las edades, niños, jóvenes y ancianos. No dejaron ni un centímetro libre. A su paso lo llamaban por su nombre, abrían los brazos, saludaban, sonreían. Lo miraban y nos miraban con ojos cargados de una emoción genuina e inexplicable que no recuerdo haber visto en Europa.

—Qué pena que haya pasado tan rápido el Papa, ¿verdad? Imagino que usted regresa ahora a casa un poco decepcionada, ¿no? —comentó con sinceridad uno de mis compañeros de la Televisión Azteca a una anciana señora que había esperado durante horas en la calle para ver pasar a Benedicto desde un buen sitio.

—¡Qué va! Usted no lo entiende... —respondió radiante la mujer.

—¿El qué?

—Yo no he venido para ver al Papa, sino para que el Papa vea cuánto le queremos.

México es México.

A media tarde Benedicto llegó a su residencia, el Colegio Miraflores. Allí durmió y pasó su primera mañana paseando por los jardines y leyendo, para acostumbrarse al nuevo horario. Ese día sólo tuvo un evento público. Fue por la tarde, a unos 60 kilómetros, en Guanajuato, una bellísima ciudad colonial y universitaria con hermosas casas color ocre, calles de piedra y un fascinante entramado de túneles. En el edificio más importante de la ciudad, la Casa del Conde Rul, se reunió de nuevo con el presidente Felipe Calderón y después, desde el balcón que asoma a la plaza de la Paz, habló a los niños del país. Luego regresó a Miraflores.

Fue entonces cuando comenzó a fraguarse esta historia.

Como es habitual, Benedicto cenó con las pocas personas que le acompañaban: sus secretarios, su médico, el nuncio, quizá también el secretario de Estado. Aquella tarde había vivido grandes emociones, y por la mañana, al día siguiente debía celebrar una misa multitudinaria en el Parque del Bicentenario, el evento más importante de la visita, y luego tenía previsto reunirse en la catedral con obispos de toda América Latina. Por eso, decidieron irse pronto a dormir.

Durante la madrugada, el Papa se despertó. Necesitaba levantarse para ir al baño. La pequeña fatalidad de la historia es que no encontró el interruptor de la luz y se movió a tientas por una habitación que no conocía. Y ocurrió lo que nadie quería, realizó un movimiento brusco, se golpeó la cabeza y se hizo un pequeño corte. No fue nada grave, de hecho, ni siquiera tuvo que llamar al médico. Pero la herida manchó de sangre la almohada y la moqueta.

La mañana siguiente, no dijo nada a quienes le acompañaban, pero ellos notaron que tenía el pelo manchado de sangre. Benedicto les contó lo que había pasado.

—No, no me he caído al suelo, no ha sido nada serio: ni me he mareado, ni me he desmayado. Sólo me he golpeado —explicó quitando importancia a lo ocurrido.

El médico que siempre le acompañaba, el italiano Patrizio Polisca, le examinó la herida, la limpió y la curó. Efectivamente, no era grave. Además, nadie se iba a dar cuenta, estaba en una zona tapada por el solideo. Pero el médico comentó:

—¿Ve, Santo Padre, por qué soy tan crítico con que usted haga viajes?

Entre bromas, y con fina ironía, Benedicto respondió:

—Sí..., yo también soy crítico.

El viaje a México y Cuba fue inolvidable. Regresó a Roma feliz y con nuevas energías Sin embargo, a su edad, notaba que le faltaban fuerzas para embarcarse en grandes desplazamientos. No era una cuestión irrelevante. Benedicto había visto que para los católicos era decisivo ver al papa en sus propios países. Era impensable un pontífice que no saliera del Vaticano. La cuestión le preocupaba mucho porque tenía una cita muy importante en julio de 2013 en Río de Janeiro para la Jornada Mundial de la Juventud. El Papa no sólo debía asistir, sino que debía participar activamente. Lo vivió con un poco de angustia: él no tenía las fuerzas para viajar. No tenía energías para cumplir plenamente su misión.

Y así, empezó a considerar seriamente la hipótesis de una renuncia al ministerio petrino. Una decisión que ningún papa había tomado desde hacía al menos 600 años.

Tres meses después, casi en verano, lo comunicó a su hermano Georg y a sus más inmediatos colaboradores: había decidido renunciar. Juan Pablo II había incluido esa posibilidad en el Código de Derecho Canónico y no había motivos para no ponerla en práctica.

Decidió anunciarlo al mundo en vísperas del Adviento del año 2012, pero el cardenal Tarcisio Bertone y otros consejeros le pidieron que esperara un poco más, al menos hasta después de Navidad. Así tendrían tiempo para preparar su nueva residencia, podría publicar la última parte de su trilogía sobre Jesús de Nazaret, y poner en marcha el Año de la Fe que él mismo había convocado. El Papa aceptó dócilmente y fijó una nueva fecha «improrrogable», el 11 de febrero de 2013.

Pasaron las semanas y sus confidentes custodiaron el secreto con exquisita prudencia. Tres días antes de dar el histórico paso, Benedicto convocó al cardenal decano Angelo Sodano para avisarle. Además, preparó un borrador con el texto de su renuncia y lo entregó a su segundo secretario, el maltés Alfred Xuereb, para que lo revisara. Se trataba de un texto muy delicado. Era imprescindible que fuera unívoco. Debía dejar claros dos puntos fundamentales: la libertad total con que daba este paso y el momento exacto en el que empezaría el período de «sede vacante».

Además del texto, Benedicto decidió a conciencia la modalidad del anuncio. Quería pronunciar la fórmula ante un público cualificado; por eso convocó a todos los cardenales residentes en Roma con la excusa de un consistorio ordinario para la publicación oficial de la fecha de canonización de tres futuros santos. La cita era en la Sala del Consistorio del Palacio Apostólico del Vaticano, el 11 de febrero a las 10:30 de la mañana.

Las 60 personas que asistieron pensaban que iba a ser un encuentro sin sobresaltos, de quince o veinte minutos, y que en pocas horas regresarían a sus ocupaciones normales. No sospechaban lo que estaban a punto de escuchar. Primero fueron leídos los tres decretos:

—Los beatos Antonio Primaldo y compañeros mártires; Laura de Santa Catalina de Siena Montoya y Upegui; y María Guadalupe García Zavala serán inscritos en el Libro de los Santos el domingo 12 de mayo de 2013.

Aplausos.

Faltaba sólo que el Papa diera su bendición para poner punto final al encuentro. Pero Benedicto siguió allí sentado.

—Tengo una comunicación importante que hacer...

¿Una comunicación importante? El inesperado silencio que envolvió la sala no podía anunciar nada bueno. El secretario del Papa, el alemán Georg Gänswein, se acercó y le entregó unos folios. Estaban escritos en latín, el idioma oficial de la Iglesia. Benedicto empezó a leer con calma.

—Después de haber examinado ante Dios reiteradamente mi conciencia, he llegado a la certeza de que, por la edad avanzada, ya no tengo fuerzas para ejercer adecuadamente el ministerio petrino.

El Papa leía el texto sin énfasis especial, con la distancia y la sencillez de lo inevitable. Hablaba con la serenidad de quien da un paso decisivo después de haberlo meditado profundamente.

—Soy muy consciente de que este ministerio, por su naturaleza espiritual, debe ser llevado a cabo no únicamente con obras y palabras, sino también, y en no menor grado, sufriendo y rezando. Sin embargo, en el mundo de hoy, sujeto a rápidas transformaciones y sacudido por cuestiones de gran relieve para la vida de la fe, para gobernar la barca de san Pedro y anunciar el Evangelio, es necesario también el vigor tanto del cuerpo como del espíritu, vigor que, en los últimos meses, ha disminuido en mí de tal forma que he de reconocer mi incapacidad para ejercer bien el ministerio que me fue encomendado.

Estaba a punto de leer la frase más importante de todas. Si lo hubiera deseado, aún estaba a tiempo de dar marcha atrás y retrasar la puesta en práctica de su decisión. Bastaba ponerse de pie y abandonar la sala. Pero no es el estilo de Benedicto.

—Por esto —continuó—, siendo muy consciente de la seriedad de este acto, con plena libertad, declaro que renuncio al ministerio de obispo de Roma, sucesor de san Pedro, que me fue confiado por medio de los cardenales el 19 de abril de 2005, de forma que, desde el 28 de febrero de 2013, a las 20:00 horas, la sede de Roma, la sede de san Pedro, quedará vacante y deberá ser convocado, por medio de quien tiene competencias, el cónclave para la elección del nuevo Sumo Pontífice.

Entonces el silencio se convirtió en una losa que bloqueó la Sala del Consistorio.

—Queridísimos hermanos, os doy las gracias de corazón por todo el amor y el trabajo con que habéis llevado junto a mí el peso de mi ministerio, y pido perdón por todos mis defectos.

Esta despedida con disculpa incluida fue el último gesto que confirmó la grandeza y la honestidad de Benedicto XVI. Con ella concluyó su magisterio. El Papa profesor se puso de pie y abandonó la sala sereno, con la mirada hacia el suelo y el paso ligero. Después de meses de cargar con el secreto, por fin había podido comunicar su decisión.

Por aquellas fechas, yo llevaba casi diez años trabajando en Roma, en la agencia televisiva de noticias Rome Reports[1], y pensaba que ya lo había visto todo. Me equivocaba.

—Dime que no es cierto —me pidió la siciliana Giorgia Di Pasquale entrando como un vendaval en la redacción.

Llegó con Jordi y Verónica, su equipo de periodistas encargados de editar vídeos. En pocos segundos rodearon mi mesa y me bloquearon la salida.

---

1. Se trata de una agencia de noticias especializada en el Papa y el Vaticano. Desde 2003 produce vídeos diarios para televisiones de todo el mundo, especialmente en inglés y español. Publica la mayor parte de sus noticias en la web www.romereports.com.

—¿De qué me estás hablando? —le pregunté. Yo estaba trabajando ingenuamente en otros asuntos de supuesta actualidad.

—Mira lo que acaban de publicar las agencias.

Entré en una web especializada y leí un titular con enormes letras rojas que me sentó como una bofetada: «Benedicto XVI renuncia al Papado».

—Calma, tranquilos todos —dije.

No sé si me lo decía a mí mismo o a mis compañeros de trabajo. En pocos segundos, la realidad informativa nos había llevado a una esquina del ring y nos tenía contra las cuerdas. ¿Cómo haríamos para explicar un suceso «imposible», algo que no ocurría desde el año 1415? En la oficina vivimos la renuncia como las noticias de un accidente o de una tragedia meteorológica. No estábamos preparados para algo que-no-podía-suceder. Justo por eso, era clave mantener la cabeza fría y el corazón caliente.

En televisión, el público no se conforma con saber lo que ocurre, quiere verlo con sus propios ojos y sentir lo que sienten sus protagonistas, por lo que nos pusimos inmediatamente manos a la obra.

Recibí un mensaje en el móvil. El portavoz del Vaticano nos convocaba para un *briefing* urgente. Fue la primera confirmación oficial de lo que estaba pasando. Comenzamos a avisar a las televisiones y a establecer conexiones en directo.

Treinta minutos después entré en la Sala Stampa Vaticana, la famosa oficina de prensa de via della Conciliazione 52. Fui con nuestro cámara Arturo Anastasio, un napolitano con enorme capacidad de trabajo, tan minucioso que parece nacido en el norte de Europa. Busqué con los ojos al experimentado corresponsal de la agencia española Efe, Juan de Lara. Estaba sentado, redactando la noticia del año o del siglo. Nos saludamos con la mirada. Llegó el paciente portavoz Federico Lombardi y se mostró excesivamente tranquilo, pero le traicionaba una sonrisa nerviosa. Tenía una misión difícil por delante. También para él todo estaba cambiando. Además, le tocaba explicarlo.

Durante las diez horas siguientes redacté y corregí decenas de noticias, entrevistamos a historiadores, protagonistas y testigos directos de las palabras del Papa, y entré varias veces en directo en radios y televisiones de bastantes países. Seguí la regla periodística de contar lo que ha pasado, lo que está pasando y lo que va a pasar. «Benedicto XVI ha renunciado. Se busca un nuevo Papa. Un desafío para la Iglesia católica...». En pocos segundos nos habíamos visto envueltos en un torbellino de ruedas de prensa, llamadas telefónicas, retransmisiones en vivo y producción de contenidos que duraría varios meses.

Cerca de la medianoche conseguí regresar a casa. Había comprado un poco de pizza por el camino, pero no tenía hambre y me costó terminarla. Tenía la adrenalina al nivel de las estrellas. Encendí la televisión y vi que la Rai, el canal público italiano, estaba emitiendo *La Aventura de la Verdad*, el documental sobre Benedicto que yo había escrito y dirigido pocos años antes. Curiosamente, me dio vergüenza verlo y apagué la televisión. A pesar de encontrarme en el ojo del huracán, en el fondo no conseguía reconocer lo que estaba ocurriendo: era testigo de una Historia con mayúsculas, mucho más grande que cualquier otra noticia cubierta hasta entonces. Me preocupaba caer en la banalidad, ese pecado periodístico que consiste en dar mucha información, pero tan superficial que se eclipsa la grandeza de la historia.

Esa noche dormí mal, un sueño ligero y poco reparador. A intervalos, me adormilaba, me despertaba, miraba la hora. Soñé que el Papa tenía la culpa de este cansancio, porque había renunciado «sin avisar». Tenía pesadillas y estaba preocupado porque tenía que entrar en directo en el informativo estelar de la Televisión Azteca en torno a las diez de la noche de México, que, para mí, en Roma, eran las seis de la mañana. El despertador hizo su trabajo y a las 4:50 ya estaba en pie lamentando lo poco y mal que había dormido.

La cita era en una terraza en via della Conciliazione, la gran avenida que conduce desde el río Tíber hasta la plaza de San Pedro. Desde allí haríamos la conexión en directo. Primero pasé por la oficina para ver las últimas noticias y aclararme la voz con un vaso de leche caliente con miel. Vi que durante la madrugada no había pasado nada. Salí de nuevo de la oficina, de camino hacia el lugar de la conexión. Me impactó abrir el gran portón verde de nuestro edificio y no ver a nadie por la calle. Roma estaba a oscuras, silenciosa, desierta. Desde allí, instintivamente se me escapó la vista hacia las ventanas del dormitorio del Papa en el tercer piso del Palacio Apostólico. Los postigos estaban cerrados, pero por los bordes se escapaba tenuemente un poco de luz. Eran las 5:40 de la mañana. «Se ve que tampoco él ha conseguido dormir bien esta noche», pensé.

Terminada la conexión en directo, caminé con calma de vuelta a la oficina. Recordé que había tenido la suerte de entrevistar al cardenal Joseph Ratzinger pocas semanas antes de que lo eligieran Papa. Después, lo había acompañado en sus viajes a Colonia, Turquía, España, Baviera, Brasil, México, Cuba... Pensé en los dos documentales sobre su vida que había realizado. Calculé que en los últimos ocho años había escrito unos 3.000 reportajes sobre él, casi uno al día. Había leído muchos de sus libros y casi todos sus discursos. Pensé en las veces que lo había encontrado personalmente. Habían sido casi siempre saludos breves, pero todos y cada uno de ellos me emocionaron, me consolaron y me enriquecieron.

Decidí buscar un bar en el que desayunar. Eran las seis y pico de la mañana. La calle seguía desierta y silenciosa hasta que oí abrirse la persiana de una de las cafeterías de Borgo Pio gestionada por una señora polaca y sus dos simpáticas hijas. La emergencia informativa empezaba a diluirse. Y ahí, sin venir a cuento, con un *cappuccino* caliente entre las manos caí en la cuenta de que Benedicto iba en serio. Acababa de contarlo en la televisión. Benedicto se marchaba, dejaba de ser Papa. Sentí una especie de nudo en la garganta. Por primera vez me di cuenta de que lo iba a echar de menos.

La renuncia papal tiene un breve epílogo mexicano. Una de las preguntas que más nos hacíamos durante esos días era cómo vestiría a partir de ahora el papa emérito Benedicto XVI. Él mismo lo decidió. Llevaría la sotana blanca, pero sin la esclavina sobre los hombros que es un signo de autoridad.

—¿Y los zapatos? —preguntó alguien al portavoz Federico Lombardi.

—¡Ah, sí! Esto va a gustar a los medios mexicanos —respondió mirándome en la Sala Stampa—. El Papa dice que eran muy cómodos los zapatos que le regalaron durante su viaje a León. No eran exactamente rojos, sino marrones. Quiere seguir llevándolos.

Efectivamente, en León, México, se fabrica quizá el mejor calzado del mundo, y a Benedicto le habían regalado nada menos que diez pares. Con ellos el anciano pontífice había ya dado el paso más valiente de su vida.

2

En busca de un papa

Cuando en la agencia Rome Reports empezamos a planificar la cobertura del cónclave, vimos que podíamos actuar de dos modos. Uno, señalar quiénes eran los cardenales con más posibilidades de ser elegidos como cabeza de la Iglesia, explicando su perfil y los supuestos pros y contras de su currículum. La otra opción consistía en razonar sobre el tipo de papa que necesitaba el mundo.

Durante esas semanas de febrero y marzo de 2013, unos días seguí la primera modalidad periodística y otros, la segunda. Aunque no son opuestas, a largo plazo da mejores resultados la segunda opción. Las listas de papables, las biografías de candidatos, las reuniones de cardenales y sus conversaciones pueden distraer de lo más importante: que, antes de encontrar un líder, los electores debían aclararse sobre qué estaban buscando exactamente.

La personalidad del cardenal más votado en la Capilla Sixtina influiría directamente sobre los mil doscientos millones de católicos e indirectamente sobre el resto de la humanidad. Sus decisiones esculpirían el rostro de la Iglesia durante muchos años. Su estilo sería un ejemplo natural para quienes gobiernan en los diferentes niveles de la Iglesia.

Mientras los cardenales se reunían a puerta cerrada en las llamadas «congregaciones generales» y esquivaban las entrevistas, los periodistas intentábamos pescar impresiones aquí y allá para intuir por dónde iban sus reflexiones.

¿Qué papa necesita el mundo? Ésa era la pregunta. Comenzamos entre nosotros un *brain storming* que duró varias semanas.

—A ver esta idea —propuso uno—. Tras meses de filtraciones a la prensa de documentos robados del escritorio privado de Benedicto XVI, hace falta un pontífice mánager que ponga orden en el Vaticano. Un hombre fuerte con puño de hierro, que deje las cosas claras a sus colaboradores, que simplifique los procesos de gobierno, que sepa lo que ocurre, que refuerce la comunicación interna, que expulse a los perezosos...

Se levantaron voces de aprobación.

—Sí, es cierto. El nuevo papa debe reformar el Vaticano. Es lo que hace falta.

—Pero ¿de verdad es esto lo que necesita el mundo? —preguntaba otro.

—No.

Vuelta a empezar.

—El nuevo papa debe ser un hombre de paz.

—Sí, eso es imprescindible.

Efectivamente, es una característica importante para un mundo convulso: Oriente Medio, primaveras árabes, Afganistán... Un papa tipo Mandela que nos saque de estos líos.

—¡Eso es! ¡Ya tenemos la clave que estábamos buscando!

—Espera, espera —respondía alguien—. Es obvio que todos los papas deben ser en cualquier caso constructores de paz... Tan obvio que no va a ser el criterio exclusivo en el voto de los cardenales.

No avanzábamos.

Otra propuesta durante nuestro curioso debate:

—Ante las provocaciones del terrorismo fundamentalista, ante las insidias del odio xenófobo, el mundo necesita a alguien que impulse el diálogo entre religiones.

—Sí, es una buena idea.

Estábamos pensando en un papa que fuera escuchado por judíos, musulmanes, budistas e hinduistas. Un pontífice dispuesto a hablar con quienes no comparten sus ideas y que dominara la doctrina para proponerla y defenderla en tiempos de confusión.

—Es una buena idea..., pero no basta.

Nos estábamos acercando a lo que hacía falta, pero no teníamos el perfil completo.

De nuevo, no.

Estuve días dándole vueltas sin éxito a la misma cuestión: un obispo de Roma defensor del medio ambiente, un papa comunicador, que hable muchos idiomas, que viaje; un pontífice africano, italiano, oriental; un papa pobre, joven, anciano; un papa resuelto, un papa de transición, un papa tranquilo...

Por una de esas casualidades de la profesión, la respuesta me la dio sin querer un periodista italiano del que ni siquiera recuerdo el nombre. Ni lo había visto antes, ni lo he vuelto a ver después. Un amigo común me pidió que lo atendiera para intercambiar ideas sobre un documental en el que estaba trabajando. Yo disponía de muy poco tiempo, por lo que le pedí que viniera a la oficina en via della Conciliazione para tomar un café. Tomar un café, en Italia, es entre otras cosas una unidad de tiempo: equivale a unos diez minutos. El tiempo de prepararlo, dejar que se enfríe un poco y beberlo.

Me contó su idea, y le di mi opinión y la dirección de dos o tres personas que podrían ayudarle. Cuando terminamos, mientras se ponía el abrigo, mencionamos el inminente cónclave. Y, no recuerdo exactamente a santo de qué, dijo:

—Lo que necesitamos urgentemente es un papa que transmita alegría.

¡Bingo!

Lo vi claro. Cristalino. El mundo necesita un líder capaz de transmitir alegría, esperanza, que enseñe a levantarse y a soñar, que ayude a mirar más allá de las crisis, que acompañe en medio de los desastres mundiales y domésticos de cada día, que ayude a pasar página. Un papa alegre para un mundo en crisis, triste, un poco indignado y a veces cínico.

—Sí, sería fantástico un papa que transmitiera alegría. Sería una bomba.

El cónclave comenzó un martes por la tarde, el 12 de marzo de 2013. Por la mañana, los 115 cardenales electores habían dejado sus equipajes en la Casa Santa Marta y habían celebrado la misa en la basílica de San Pedro para rezar por la buena marcha del cónclave.

Después de comer, entraron en procesión en la Capilla Sixtina. Uno a uno, pusieron la mano derecha sobre una copia de los Evangelios y mirando a un crucifijo juraron que respetarían las reglas de la elección. Luego, se sentaron en el lugar que cada uno tenía reservado.

—*Extra omnes!* —dijo el maestro de ceremonias, Guido Marini, antes de cerrar las puertas para dejarlos a solas.

Después, un anciano cardenal les recordó la responsabilidad que les incumbía y entonces llegó la hora de la verdad. Cada uno debía escribir en su papeleta el nombre de su candidato a sucesor del apóstol Pedro. La primera votación suele ser de tanteo y se da por descontado que no saldrá elegido un papa. Pero es determinante porque se descubre realmente qué cardenales reúnen más apoyos.

El resultado fue la previsible fumata negra.

—*Nerissima* —murmuraron en la plaza de San Pedro.

Recuerdo el miércoles 13 de marzo como uno de los días más lluviosos del año, y quizá de mi vida. Estuve la mayor parte del tiempo dando la espalda a la basílica, enfrente de la cámara de televisión, con un paraguas en la mano izquierda y un micrófono en la derecha. Como las piernas quedaban fuera del encuadre televisivo, me enfundé unas botas verdes de agua y unos pantalones impermeables, los mismos que uso para conducir el *motorino*[1] cuando llueve en Roma. Pasé mucho frío, pero mantu-

---

1. Scooter, o moto de baja cilindrada.

ve los pies secos, un detalle decisivo en una cobertura periodística que aún tendría que durar muchas, muchas, muchas horas.

Pasamos toda la mañana esperando señales de humo de la Capilla Sixtina. Fueron intensas horas de retransmisión en directo durante las que trasladamos al mundo lo que estábamos viviendo en la plaza de San Pedro, lo que imaginábamos que estaría sucediendo allí dentro, ante los frescos del Juicio Final de Miguel Ángel, y tratando de imaginar junto a nuestra audiencia lo que estaría pasando por la cabeza del cardenal con más votos para ser elegido papa.

Además de director de la agencia Rome Reports, como corresponsal en el Vaticano de Televisión Azteca de México, tuve el honor de trabajar con dos grandes comunicadores: Javier Alatorre, que llevaba la batuta de la transmisión, y el sacerdote José de Jesús Aguilar, que explicaba aspectos históricos y teológicos de la elección.

A lo largo del programa alternamos contenidos profundos con otros más ligeros como los nombres de las seis campanas de la basílica que repicarían para confirmar la fumata[2], el mecanismo de votación, el recuento de votos o el mecanismo para trasladar a los cardenales entre la Casa Santa Marta y la Capilla Sixtina.

Para no confundir a la audiencia, acordamos no hablar de papables, o sea, los candidatos en torno a los cuales sospechábamos que se habría construido el consenso. Nos centramos en el perfil que estaban buscando los 115 electores.

—Javier, después de lo que hemos vivido en las últimas semanas, y de todo lo que se ha dicho en Roma durante estos días de preparación del cónclave... En tu opinión, ¿qué tipo de papa están buscando los cardenales? —me preguntó en directo Javier Alatorre.

---

2. Campanone, Campanoncino, Rota, Predica, Ave María y Campanella.

—Creo que los cardenales quieren sorprender al mundo con un papa que venga de lejos de Roma, quizá un papa de América —respondí pensando en el cardenal que en mi opinión tenía más posibilidades de ser elegido—. Yo creo que están buscando a alguien de una orden religiosa, pues son personas de sólida espiritualidad y gran sentido práctico. Y hay otro detalle: no olvidemos que hoy es día 13 de marzo, y que una tradición católica asocia los días 13 de cada mes a la Virgen María, en recuerdo de las apariciones en Fátima... Pienso que si hoy eligen un nuevo papa, será uno con una marcada devoción a la Virgen —expliqué en directo.

Quienes me conocían sabían que uno de mis candidatos era el cardenal Sean O'Malley, arzobispo de Boston, Estados Unidos. Era fácil distinguirlo entre los demás cardenales porque siempre llevaba su hábito franciscano color café con leche. Algunos se referían a él con el juego de palabras «*It's time for a cappuccino*», «ha llegado la hora del capuchino». Era una buena opción de consenso, que reuniría apoyos si no llegaban a un acuerdo en la primera criba de candidatos.

A las 11:38 de la mañana, el humo negro de la chimenea de la Capilla Sixtina rasgó el cielo de la Ciudad del Vaticano. Significaba que, a pesar de las tres votaciones y las conversaciones a puerta cerrada, aún no había papa. Recogimos el material y nos fuimos a almorzar. Nos sentamos en I tre pupazzi, un restaurante casero que llevan un italiano y una portuguesa en el Borgo Pio, el barrio medieval colindante con la plaza de San Pedro. Entre plato y plato aprovechamos para repasar lo que ocurre en la Sixtina cuando un cardenal alcanza la mayoría de los votos. Imaginamos la voz temblorosa del cardenal decano cuando formula al elegido las dos preguntas más importantes de su vida: ¿Aceptas? y ¿con qué nombre quieres llamarte?

—Lo más probable es que se llame Pablo VII, en recuerdo de san Pablo, un apóstol audaz e incansable que viajó hasta los límites del mundo para hablar de Dios —expliqué con pasmosa seguridad mientras daba cuenta de unos estupendos *spaghetti* con almejas, aunque no vi muy convencidos ni a Javier ni al padre José.

—Bueno, también podría llamarse Juan Pablo III, aunque sería una opción un poco osada.

Vi que esa idea les cayó mejor. A continuación, pensando de nuevo en el cardenal Sean O'Malley y en su hábito de fraile capuchino, añadí:

—La verdad es que también existe la remota posibilidad de que se llame Francisco. Si es el cardenal que yo digo, os recuerdo que pertenece a una orden religiosa fundada por san Francisco, quien además es patrono de Italia; para un papa que viene de lejos sería una buena carta de presentación a los romanos.

Javier Alatorre, un periodista de raza con enorme intuición, me preguntó si podía tuitearlo.

—¡Por supuesto! —le dije.

«¿Y si el nuevo papa se llamara Francisco?», escribió en Twitter.

Mientras nosotros almorzábamos y debatíamos sobre el futuro pontífice en I tre pupazzi, los 115 cardenales electores hacían algo parecido, pero en el comedor de la Casa Santa Marta. Allí, entre un plato y otro, intercambiarían impresiones sobre los tres cardenales que hasta entonces habían reunido más votos. Después de tres votaciones, ninguno de ellos estaba cerca de los 77 apoyos necesarios para ser elegido.

Los frescos del Juicio Final de Miguel Ángel les recordaban que deberían rendir cuentas a Dios del nombre escrito en su papeleta. ¿Le gustaría a Dios esta elección? Tenían que votar con el corazón, pero también con la cabeza. El almuerzo era el momento de informarse sobre la salud del candidato, sobre su capacidad de gobierno, su formación teológica, etc.

Alguno aprovechó para preguntar en público al cardenal Bergoglio si de verdad le faltaba un pulmón.

—Me operaron cuando tenía veinte años para quitarme unos ganglios, pero no me quitaron el pulmón —respondió el argentino.

El cardenal Sean O'Malley, que estaba sentado en su misma mesa, cuenta que durante ese almuerzo lo vio «abrumado por lo que estaba pasando». Bergoglio, sin embargo, revelaría en su primera entrevista[3] que tras aquel almuerzo, cuando comenzó a darse cuenta de que podría llegar a ser elegido, sintió «una inexplicable y profunda paz y consolación interior».

—¿Estás nervioso? —preguntó un cardenal al todavía arzobispo de Buenos Aires.

—Estoy muy tranquilo —respondió—. ¿Sabes por qué? Porque ni lo he buscado ni lo he querido.

Los cardenales con los que he hablado coinciden en describir aquellas horas como momentos de intensa espiritualidad. Los comparan con el clima de unos ejercicios espirituales. Una tensa emoción. Tanta que muchos decidieron desplazarse a la Capilla Sixtina dando un paseo por los Jardines Vaticanos, en lugar de tomar el autobús previsto para las 16:00.

En esas horas, antes de empezar a votar de nuevo, ocurrió algo imprevisto que les ayudó a limar las posibles desconfianzas o rivalidades. Justo antes de la cuarta votación, y sin haberse puesto de acuerdo, prácticamente todos los cardenales se encontraron dentro de la Capilla Paulina. Es uno de los lugares más bellos y menos conocidos del Vaticano. Está situada junto a la Sixtina, y dedicada a los apóstoles Pedro y Pablo. Es un lugar deslumbrante, con frescos de la conversión de san Pablo y de la crucifixión de san Pedro, pintados nada menos que por Miguel Ángel. El Vaticano la restauró hace pocos años, por lo que pude visitarla con calma cuando la presentaron.

Allí, durante el cónclave, estaba expuesta la Eucaristía, para que quien lo deseara pudiera adorar a Jesús Sacramentado y rezar

---

3. Se trata de la entrevista realizada en agosto de 2013 por el jesuita Antonio Spadaro para *La Civiltà Cattolica*, y publicada el 27 de septiembre de ese mismo año.

con calma. Era un buen lugar para quedarse a solas con Dios y con la conciencia, ordenar las ideas y decidir con serenidad el voto antes de entrar en la Sixtina. Las cosas no estaban nada claras, podía pasar de todo, pero el clima espiritual era tan intenso que un cardenal dijo convencido a otro:

—Estoy seguro. Esta tarde tendremos un nuevo papa.

Entraron en la Sixtina, se cerraron las puertas y a las 16:50 comenzó la cuarta votación. Cuentan que los votos de muchos partidarios del brasileño Odilo Scherer se fueron al cardenal Jorge Mario Bergoglio, quien obtuvo casi dos tercios de los apoyos. Estaba sentado al lado de otro brasileño, Cláudio Hummes, quien le decía:

—No te preocupes, así obra el Espíritu Santo.

El segundo cardenal más votado era el arzobispo de Milán, el italiano Angelo Scola. En la práctica, había que elegir entre uno de los dos.

La periodista argentina Elisabetta Piqué, corresponsal del periódico *La Nación* de Buenos Aires, cuenta en su interesante libro *Francisco. Vida y revolución*[4], un episodio muy importante de aquella tarde. La quinta votación era decisiva. Si Bergoglio o Scola no superaban los 77 votos, habría que empezar la búsqueda de un nuevo candidato alternativo hasta dar con otro cardenal que reuniera el consenso necesario.

En la Sixtina, los 115 cardenales se acercaron en fila, uno a uno, hasta las urnas de plata.

—Pongo por testigo a Cristo Señor, el cual me juzgará, de que doy mi voto a quien, en presencia de Dios, creo que debe ser elegido —decían en voz alta, y en latín, antes de depositar su voto en la urna.

A continuación, los tres escrutadores agitaron las urnas, mezclaron los votos y contaron las papeletas antes de abrirlas.

---

4. *Francisco. Vida y revolución*, Editorial El Ateneo, Buenos Aires, 2013.

—La votación es nula —anunció uno de ellos.

Se levantó un coro de murmullos. La tensión se disparó de nuevo. Había 116 papeletas, una más que el número de votantes. Probablemente uno de ellos había doblado por error una papeleta en blanco junto con la que había escrito. Y aunque fuera en blanco, eran dos votos. Había que repetir la votación.

Era la sexta vez que escribían un nombre bajo las palabras *Eligo in Summum Pontificem*. Volvieron a caminar en fila por séptima vez, mirando los frescos del Juicio Final. Y cada uno repitió:

—Pongo por testigo a Cristo Señor, el cual me juzgará, de que doy mi voto a quien, en presencia de Dios, creo que debe ser elegido.

Los tres escrutadores contaron las papeletas. 115.

—La votación es válida.

Comenzaba el recuento.

—Cardinalem Bergoglio.

—Bergoglio.

—Jorge Mario Bergoglio...

El argentino rezaba el rosario mientras escuchaba su nombre. Quedaban muchos votos pendientes de contabilizar cuando estalló un fuerte aplauso. El arzobispo de Buenos Aires había obtenido apoyos suficientes, más de dos tercios del total. Había sido elegido Papa. Eran las 18:50 de la tarde.

Mientras seguía el recuento, y después, mientras se revisaban los votos, Jorge Mario Bergoglio se mostraba serio, preocupado. Naturalmente, el elegido estaba abrumado, y su amigo el cardenal Hummes lo abrazó para tranquilizarlo.

—No te olvides de los pobres —le pidió con un susurro.

El Papa contaría después que esas palabras, «los pobres, los pobres...», le entraron en el corazón. Y justo ahí decidió su nombre. Se llamaría Francisco.

Escogió el nombre en el último minuto. El cardenal piamontés Francesco Marchisano reveló al vaticanista Gianluca Barile que después del cónclave de 2005 preguntó a su amigo Jorge Bergoglio qué nombre hubiera tomado si entonces lo hubieran elegido papa.

—Juan, me habría llamado Juan, en recuerdo del papa Juan XXIII. Me habría inspirado en él —parece que respondió entonces el arzobispo de Buenos Aires.

Ocho años más tarde, en la Sixtina, Bergoglio decidió otra cosa. Todo ocurrió mientras los tres cardenales revisores confirmaron el resultado y lo comunicaron al cardenal italiano Giovanni Battista Re, vicedecano de los purpurados. Era entonces el momento de abrir las puertas de la capilla para levantar el acta de la elección. Re tocó una campanilla y entró el maestro de ceremonias, Guido Marini, que ya esperaba fuera porque había escuchado el aplauso. Juntos se acercaron al elegido.

—¿Aceptas la elección canónica a Sumo Pontífice? —le interpeló.

Bergoglio respondió en latín.

—*Peccator sum, sed super misericordia et infinita patientia Domini nostri Jesu Christi confisus et in spiritu penitentiae accepto.* [Soy un pecador, pero confiando en la misericordia y en la paciencia de Dios, con sufrimiento y con espíritu de penitencia, acepto].

De nuevo se escuchó un aplauso en la Capilla Sixtina. Los cardenales pudieron respirar tranquilos.

—¿Cómo deseas llamarte? —le preguntó.

—*Vocabor Franciscus.* [Francisco, me llamaré Francisco] —dijo Bergoglio.

Después de explicarles la decisión, se retiró a la contigua «habitación de las lágrimas», la sacristía, para quitarse para siempre las vestiduras púrpura y ponerse por primera vez la sotana blanca.

Mientras tanto, los cardenales encargados se acercaron a las dos estufas, testigos mudos de otros cónclaves, para quemar las papeletas y encender los fumígenos de color blanco que darían la noticia al mundo. *Fumata bianca.* Eran las 19:06 en Roma.

Había estado lloviendo durante todo el día. Pero el humo blanco era tan fuerte que consiguió alejar las nubes de la Ciudad Eterna.

3

GEORGIUM MARIUM

—¡Ahí la tienen! ¡*Fumata bianca!* —comenzaba el momento más importante de la retransmisión.

Cada vez que veo cómo reaccionó aquella tarde la plaza de San Pedro, se me pone la piel de gallina. Primero, un ligero murmullo. Luego, un aplauso interminable. Como un gol en la final del Mundial de Fútbol, el humo despertaba una mezcla de entusiasmo y de alivio. Como cuando nace un nuevo miembro en la familia: una llegada inminente y a la vez inesperada.

Fumata bianca. Debíamos mantener la tensión de la retransmisión televisiva hasta que se conociera el nombre del nuevo papa. «La vida de uno de estos 115 cardenales ya ha cambiado completamente. No podrá regresar a su casa. No podrá volver a ver a sus amigos como ha hecho hasta hoy. No podrá pasar la Navidad en la que hasta hace pocos minutos era su sala de estar...».

Yo estaba en un lugar privilegiado, una especie de corral vallado muy cerca de la plaza, donde podíamos trabajar periodistas y cámaras de televisión. Miles de personas pasaban con prisa a nuestro lado, intentando entrar en la plaza de San Pedro, para saludar y dar la bienvenida personalmente al nuevo obispo de Roma.

—En pocos minutos sabremos quién es el nuevo sucesor de San Pedro, el papa número 265... —anunciamos.

—Tocayo, ¿podrías explicarnos qué está sucediendo en estos momentos dentro de la Capilla Sixtina? —me preguntó Javier Alatorre.

Llevaba un mes preparándome para este momento. Conocía al detalle el protocolo de la elección papal. Quería encontrar un equilibrio entre el entusiasmo del momento que estaba viviendo y la serena descripción de lo que veía. Recordé lo que aprendí en la universidad: en televisión la gente quiere saber lo que ocurre, pero sobre todo sentir lo que palpita en el corazón de la noticia. Respiré, sonreí, y comencé a hablar.

—Pues aunque no sabemos aún quién es, el nuevo papa está muy cerca de nosotros, tras esos muros que ven detrás de mí, dentro de la Capilla Sixtina. Probablemente hace unos minutos se ha vestido de blanco. Había preparadas sotanas de tres tallas para que se presente al mundo con la que le esté mejor. Tras aceptar la elección se ha retirado unos minutos a la llamada habitación de las lágrimas, donde ha estado por primera vez a solas y se ha preparado para su primer saludo, que será dentro de pocos instantes, cuando salga al balcón de la basílica de San Pedro —respondí yo—. Les cuento además que probablemente en estos momentos los 114 cardenales están ya en fila en la capilla para saludar personalmente al nuevo papa y prometerle apoyo y lealtad. Después del saludo habrá una breve ceremonia en la Capilla Sixtina en la que el nuevo papa escuchará el episodio del Evangelio en el que Jesús cambia el nombre a Simón y le dice: «Tú eres Pedro, y sobre esta piedra edificaré mi Iglesia, y las puertas del infierno no prevalecerán contra ella». A continuación escucharemos el *Habemus Papam* e inmediatamente después lo veremos a él.

El cardenal Bergoglio había llegado a la Casa Santa Marta el martes 12 a primera hora de la mañana junto a otro cardenal argentino, el experimentado Leonardo Sandri. Llevaba en su maleta sólo tres camisas.

—Probablemente el cónclave no durará más de tres días —había comentado al llegar—. Y si durase, hay un buen servicio de lavandería.

Quién iba a decirle 24 horas antes que sería la última vez que usara esas tres camisas negras. A partir de ahora vestiría de blanco. Ya no se llamaría Jorge Mario, sino Francisco. En la habitación de las lágrimas tomó conciencia del peso que se había cargado a sus espaldas, pero también se sintió libre. Se puso por primera vez la sotana blanca. También le acercaron una preciosa cruz pectoral de oro, muy solemne, preparada para la ocasión; pero él prefirió seguir llevando el crucifijo de plata con el que había entrado en el cónclave. Es un modelo particular, que evoca la imagen evangélica del pastor que lleva sobre sus hombros a una oveja perdida, el pastor que conoce a sus ovejas y las llama por su nombre, y el pastor que es conocido por su rebaño. Tampoco quiso ponerse la «mantellina» o muceta roja sobre los hombros. «Es suficiente con la sotana blanca».

Vestido de blanco regresó a la Sixtina. Vio que le habían preparado un trono para la breve ceremonia con los cardenales. Su vista se cruzó también con los ojos del anciano cardenal indio Ivan Dias, que estaba en una silla de ruedas. El nuevo Papa pidió disculpas a los que ya le esperaban en fila y se acercó a Dias para regalarle su primer saludo. Dicen que saludó también al cardenal Angelo Scola. Después, ignoró el trono y se quedó de pie bajo los frescos de Miguel Ángel. Y así saludó a los otros cardenales.

Uno a uno le abrazaban y le prometían lealtad. Timothy Dolan, arzobispo de Nueva York, recordaba que a todos les brillaban los ojos. También el Papa estaba emocionado, pero de un modo diferente. De hecho, el sacerdote Dario Viganò, que dirige el Centro Televisivo Vaticano y estaba coordinando la transmisión televisiva, dice que cuando salió de la Sixtina se le notaba tenso, aparentemente abatido. Su rostro transparentaba el peso de la responsabilidad que había aceptado pocos minutos antes.

En el pasillo estaba Georg Gänswein, el secretario de Benedicto, y el Papa le hizo un gesto para que se acercara.

—¿Podemos llamar ahora a Benedicto?

Quería que conociera la elección antes que el resto del mundo. El papa emérito estaba fuera de Roma, en Castel Gandolfo, y curiosamente, por más que don Georg marcaba el número, nadie respondía en aquella casa...

—Estábamos viendo la fumata por televisión y no oímos el teléfono —explicó después uno de sus acompañantes.

Antes de salir al balcón, el nuevo Papa se detuvo a rezar en la Capilla Paulina. Pidió a dos cardenales que le acompañaran. Eran Claudio Hummes, el que estaba a su lado durante el recuento de votos e intentaba animarlo, y Agostino Vallini, vicario para la diócesis de Roma. Dentro de la capilla se detuvo unos minutos a rezar en silencio con mucha intensidad. Francisco no ha revelado lo que se atrevió a decir a Dios en la intimidad de aquel momento. Pero, como muestran las históricas imágenes, cuando salió de la capilla su aspecto había cambiado: estaba mucho más sereno, aliviado y alegre. Ahora estaba preparado para lo que hiciera falta. En primer lugar, para que el mundo lo conociera.

Se encendió la luz de la *loggia delle benedizioni*, y se abrieron de par en par las ventanas de todos los balcones que dan a la plaza de San Pedro. Desde dentro, Francisco escuchó el clamor de la plaza tras el rapidísimo «*Habemus Papam*» que el cardenal francés Jean Louis Tauran pronunció a las 20:12 de la noche.

—*Annuntio vobis gaudium magnum; habemus Papam. Eminentissimum ac Reverendissimum Dominum, Dominum Georgium Marium...*

Me quedé helado. «¿*Georgium Marium?*, ¿pero a quién han elegido?», pensé.

—*Sanctae Romanae Ecclesiae Cardinalem Bergoglio...*

¡¡Jorge Mario Bergoglio!!

«¿Bergoglio?», me pregunté. Entonces comenzó a resonar en mi cabeza una pregunta que me repetí durante horas. «¿Por qué Bergoglio? ¿Por qué? ¿Por qué?».

—*... qui sibi nomen imposuit Franciscum.*

Jorge Mario Bergoglio, arzobispo de Buenos Aires, era el nuevo Papa. Primero constaté que había errado todas mis previsiones. Luego, que no habían servido para nada los diez años de experiencia como vaticanista, y que podría ser la última noticia que hacía para Televisión Azteca, para Rome Reports y para cualquier otro medio de comunicación.

Y mientras se abrían paso decenas de ideas como éstas, salió al balcón el hombre vestido de blanco. Bondadoso, sonriente, emocionado, con una sombra de timidez. Ahora pienso que fueron los últimos momentos de timidez de su pontificado.

—Hermanos y hermanas, buenas tardes. Sabéis que el deber del cónclave era dar un obispo a Roma. Parece que mis hermanos cardenales han ido a buscarlo casi al fin del mundo, pero aquí estamos —dijo entre sonrisas—. Os agradezco la acogida —añadió—. Ante todo, quisiera rezar por nuestro obispo emérito, Benedicto XVI. Recemos todos juntos por él, para que el Señor lo bendiga y la Virgen lo proteja.

La plaza, que en los últimos minutos se había parecido más a un entusiasmado estadio de fútbol que a un espacio sacro, se quedó en silencio. Decenas de miles de personas rezaron juntas por Benedicto, a quien el nuevo Papa había intentado llamar antes por teléfono, pero que no respondió porque estaba viendo por televisión la llegada de su sucesor.

Eran las primeras pinceladas del pontificado, un prólogo excepcional de lo que esperaba a la Iglesia católica.

—Y ahora, comenzamos este camino: obispo y pueblo. Este camino de la Iglesia de Roma, que es la que preside en la caridad a todas las Iglesias. Un camino de fraternidad, de amor, de confianza entre nosotros. Recemos siempre por nosotros: el uno por el otro. Recemos por todo el mundo, para que haya una gran fraternidad. Deseo que este camino de Iglesia, que hoy comenzamos y en el cual me ayudará mi cardenal vicario, aquí presente, sea fructífero para la evangelización de esta ciudad tan hermosa. Y ahora quisiera dar la bendición. Pero antes, antes, os pido un favor: antes de que el obispo bendiga al pueblo, os pido que vosotros recéis para que el Señor me bendiga: la oración del pueblo, pidiendo la bendición para su obispo. Hagamos en silencio esta oración de vosotros por mí.

Francisco se inclinó, y los miles de peregrinos que había en la plaza rezaron de nuevo en silencio, esta vez por su nuevo papa.

—Ahora os daré la bendición, a vosotros y a todo el mundo, a todos los hombres y mujeres de buena voluntad.

Era la bendición *Urbi et orbi*, que sólo se da en Navidad, en Pascua y en las elecciones papales. Después, el recién elegido escuchó por primera vez los protocolarios himnos de la Santa Sede y de Italia, tocados en su honor para recordarle que se había convertido en Jefe de Estado.

Estaba a punto de retirarse, ya casi se había girado cuando pidió de nuevo el micrófono.

—Hermanos y hermanas, os dejo. Muchas gracias por vuestra acogida. Rezad por mí y hasta pronto. Nos veremos pronto. Mañana quisiera ir a rezar a la Virgen, para que proteja a toda Roma. Buenas noches y que descanséis.

Me costó un poco prestar atención a las primeras palabras del Papa, porque estaba intentando también poner en orden mis ideas. En pocos minutos debía entrar de nuevo en directo, y explicar quién era Georgium Marium Bergoglio, uno de los cardenales más esquivos que había conocido. Efectivamente, por el auricular escuché el fatídico:

—Javier, te vamos a dar paso. Estás a punto de entrar en directo.

Respiré profundamente. En el periodismo es fundamental resistir a la tentación de inventarte las cosas cuando no las sabes. No puedes traicionar a quien te escucha. Me leí a toda prisa su breve biografía y rescaté en algún lugar de la memoria los datos sobre él que me había preparado ocho años antes, para el cónclave de abril de 2005.

—Estás en cuadro —me dijeron desde México.

Significaba que los espectadores podían verme, pero que no debía hablar hasta que me diera paso el conductor. Sólo tenía que sonreír y esperar.

—Muy bien... Tenemos a Javier en la plaza junto a miles de personas que... —decía el presentador Jorge Zarza desde México—. ¿Qué nos puedes contar del nuevo Papa?

No recuerdo lo que dije. Ni tenía todos los datos, ni conocía qué temas le preocupaban, ni cuáles eran sus prioridades. Por eso expliqué lo único que sabía de él.

—Lo más importante es que el primer papa latinoamericano de la Historia viene de Buenos Aires y tiene 76 años.

Lo difícil en televisión es arrancar. Una vez dado el primer paso, la clave es seguir explicando con calma los datos que conoces, como si estuvieras hablando de lo sucedido a tu madre. Y con ella en la cabeza, seguí hablando.

—Los cardenales han elegido como papa a una persona de gran austeridad, que utilizaba el metro y el autobús para desplazarse por su ciudad. Es un jesuita, que conoce perfectamente la situación de América Latina. Un hombre de gran carisma que sin duda sorprenderá a la Iglesia. Les cuento que lo conocí personalmente hace algunos años. Él estaba en Roma para unas reuniones en el Vaticano. A pesar de que le había enviado varios fax para solicitarle una entrevista, no recibía respuesta. Más tarde supe que los estaba enviando a un número equivocado y que nunca los recibió. Curiosamente, teníamos horarios paralelos y a diario nos cruzábamos en la plaza de San Pedro después del almuerzo. Un día decidí presentarme directamente. Fue amable conmigo, pero se puso muy serio cuando pronuncié dos palabras mágicas: «Soy periodista». Me respondió con educación, pero con fría contundencia, que no daba entrevistas, ni a mí ni a nadie. Que podíamos hablar nosotros, pero que prefería no hablar con la prensa. Me quedé un poco desconcertado. Y como los dos íbamos con prisa, ahí terminó nuestro encuentro, expliqué a los espectadores.

Contando estas cosas continuamos la retransmisión en directo. Luego hicimos entrevistas a quienes estaban en la plaza, sobre todo a argentinos. Cuando acabamos, me quedé hablando con una señora de Buenos Aires.

—Ustedes los periodistas tendrán problemas con él —me avisó—. Nunca habla con ustedes.

Sentí que acababa de empezar un pontificado en el que no tendría las cosas fáciles. Gracias a la intuición femenina, se dio cuenta de mi situación y continuó hablando.

—No se preocupe. El nuevo papa habla muy claro, y repite las cosas hasta que se entienden. No hace falta que hable con la prensa para que dé noticias. Es un hombre muy claro.

No sospechaba que mucho antes de lo que imaginaba iba a comprobarlo por mi cuenta.

Esa noche, después de su discurso en el balcón, y antes de tomar el autobús con los demás cardenales de regreso a la Casa Santa Marta, Francisco marcó de nuevo el número de Benedicto XVI. Don Alfred Xuereb dice que eran las 20:45 más o menos, y que ya estaban cenando cuando escuchó el teléfono. Esta vez respondió y pasó inmediatamente el auricular al Papa. Y allí, escuchó conmovido la conversación de un papa emérito con su sucesor:

—Muchas gracias, Santo Padre, muchas gracias por haber pensado inmediatamente en mí —dijo Benedicto a Francisco—. Le prometo desde ahora mismo mi obediencia y mi oración —continuó.

Llamé a México, a la redacción de informativos, para pedir perdón por haber equivocado mis previsiones sobre la elección. La jefa de internacional, la comprensiva Amada Castañón, me respondió como una madre.

—Pues yo creo que sí que has adivinado: es un papa que viene de América, es de una orden religiosa, ha dicho que mañana va a visitar un santuario de la Virgen..., y has acertado con el nombre: se llama Francisco.

La hubiera abrazado.

—Con la fumata blanca se acaba esta primera fase. Quizá puedes empezar a preparar alguna noticia sobre lo que hará a partir de ahora —me pidió.

Por el momento sólo tenía una pista: «Francisco». Pero bastaba ese nombre para intuir lo que estaba a punto de ocurrir en Roma.

4

EL PADRE JORGE

Se marchó el Papa y la plaza de San Pedro se vació deprisa. Me quedé haciendo entrevistas y conexiones en directo. Antes de regresar a la oficina en torno a las diez de la noche, pasé por la Sala de prensa del Vaticano, donde el portavoz Federico Lombardi estaba ofreciendo un *briefing* sobre la elección. De repente le llamaron por teléfono e interrumpió la rueda de prensa. No se retiró. Habló con su interlocutor delante de todos. Sonreía y tomaba nota de lo que le estaban diciendo. Respondía sobre todo con monosílabos.

—Sí, sí... —dijo, y luego se le escapó un—: Perfecto, de acuerdo —colgó y nos miró satisfecho—. Ya tenemos la agenda de los primeros días de pontificado —anunció—. Mañana jueves por la mañana el Santo Padre visitará un lugar dedicado a la Virgen, en Roma (no os digo cuál porque es una visita privada). Por la tarde, a las 17:00, presidirá una misa con los cardenales electores en la Capilla Sixtina. El viernes, 15 de marzo, a las 11:00 recibirá a todos los cardenales en la Sala Clementina. El sábado, 16 de marzo, a las 11:00, tendrá una audiencia con los periodistas. El domingo, 17 de marzo, a las 12:00, rezará el ángelus desde la ventana de su estudio que da a la plaza de San Pedro. La misa de inauguración solemne del pontificado, con otros jefes de Estado, se celebrará en la plaza de San Pedro el 19 de marzo, solemnidad de San José, a las 9:30 de la mañana.

Nunca antes había visto al portavoz tan satisfecho. Gesticulaba sonriente y emocionado, quizá ése era su auténtico rostro. Estaba feliz, y era lógico porque además de que se ponía punto final a semanas de tensión tras la renuncia, estaba presentando al primer papa de su orden religiosa, un jesuita como él.

Cuando concluyó la rueda de prensa, me acerqué con el micrófono en la mano para pedirle un análisis de lo ocurrido. Le pregunté qué significaba para la Compañía de Jesús la elección de un pontífice jesuita. Empezó a responder algo, pero inmediatamente se arrepintió. Como es muy discreto, me dijo sonriente que no conocía personalmente al cardenal Jorge Bergoglio, que la elección era una gran alegría para toda la Iglesia y que prefería no añadir nada más. Evidentemente, estaría fuera de lugar que el portavoz del Vaticano diera valoraciones personales sobre el nuevo pontífice.

Era muy tarde, y el día estaba siendo demasiado largo para todos. En mi oficina quedaba mucho por hacer. Por lo pronto, había que preparar un perfil del nuevo papa. Con la documentación que habíamos recopilado durante el cónclave, nuestros periodistas Katia López-Hodoyán, Blanca Ruiz Antón, Rafael Carranza y Óscar de la Fuente prepararon un primer reportaje.

Ahora había que empezar a investigar nuevos datos sobre él. Ya conocíamos su edad, sus estudios, los países en los que se había formado (Argentina, Chile y unos meses en España y Alemania) y los lugares en los que había trabajado. Faltaba saber quién era: qué le gustaba, qué le preocupaba, quiénes eran sus amigos, cuál era su estilo de gobierno... Mientras intentaba aclararme y ordenar las ideas, el consejero delegado de la agencia, César Espoz, y el redactor jefe, Rafa Cabrera, buceaban entre miles de documentos y me enviaban breves correos electrónicos con datos curiosos del nuevo papa: «le gusta el fútbol», «su equipo es el San Lorenzo de Almagro», «cuando viene a Roma le gusta acercarse a una imagen de la Virgen que hay por la calle, pero no sabemos exactamente dónde», «en Buenos Aires, se desplaza en metro», «te paso esta foto que le hicieron cuando visitó un hospital»...

Virginia, una amiga que trabaja en una radio argentina, me enviaba el teléfono de conocidos del cardenal Bergoglio: alguien que trabajaba con él, un amigo personal, una senadora, un sacerdote de las «villas»[1]. Los portavoces de los jesuitas en España nos hicieron llegar testimonios muy valiosos de sus compañeros de estudios. «Un hombre sencillo, de gran espiritualidad y sólida preocupación social». La embajada de Cuba envió el mensaje de Raúl Castro al nuevo pontífice...

Yo intentaba preparar la cobertura del día siguiente, pero me estaba agobiando ante la avalancha de datos tan dispares y cada vez me quedaban menos energías para procesarlos.

—¡Mira el título de su último libro! —me interrumpió de nuevo el redactor jefe.

Levanté la cabeza abrumado. No tenía tiempo para títulos de libros...

—¡Míralo, vale la pena! Te lo he mandado por correo electrónico. Es un buen eslogan.

El mail no llegaba. El ordenador se bloqueó. Y Rafa no decía el título para mantener el suspense.

—No consigo verlo, dímelo tú...

No tenía ni tiempo ni fuerzas para suspenses.

—Se titula *El verdadero poder es el servicio* —me respondió.

Fue como un flash. Duró un instante y seguí trabajando en silencio. Efectivamente, era mucho más que un eslogan o un buen título. Constituía un programa para el papado que acababa de arrancar.

Poco a poco, durante esas primeras horas, reunimos más piezas del puzle Bergoglio. Decenas de fotos, datos e ideas. Y lo más

---

1. Las «villas», o villas miseria, son barrios periféricos de Buenos Aires. Se trata de zonas de barracas y asentamientos informales en los que viven actualmente más de 150.000 personas en condiciones precarias.

sorprendente es que si las leíamos a la luz del título de ese libro, «El verdadero poder es el servicio», encajaban perfectamente unas con otras.

Supe que fue nombrado provincial de la Compañía de Jesús en Argentina en 1973, con sólo 36 años. Quienes estaban con él recuerdan que le gustaba citar una frase del padre Pedro Arrupe, el entonces general de los jesuitas: «Si no se experimenta la pobreza, no se puede hablar de ella». La idea había entrado de lleno en el corazón del joven Jorge Mario y no le abandonaría jamás. Como cardenal de Buenos Aires pudo decir sin sonrojarse: «Mi gente es pobre y yo soy uno de ellos».

Cuando en 1979 dejó de ser provincial, fue nombrado rector del Colegio Máximo de San Miguel, el lugar donde se formaban futuros jesuitas. Renzo de Luca, que era uno de ellos, dice: «Estudiábamos de lunes a viernes. Pero los sábados y domingos, por iniciativa suya, íbamos a trabajar a barrios pobres. Era parte de nuestra formación, una formación práctica y no sólo teórica. Y por lo que sé, ningún otro instituto religioso lo hacía», explicó a *L'Osservatore Romano*.

Como resultado, cambió el corazón de aquellos jóvenes y cambió también el barrio en el que vivían. «En aquel entonces se esperaba a que la gente se presentase espontáneamente en la iglesia, no se iba a buscarlos. Sin embargo, nosotros llamábamos a las puertas y decíamos: señora, hemos organizado el catecismo, mande a sus hijos. Era un modo de que los niños no se criasen por la calle. Y la gente aceptaba. En aquel entonces en el barrio de San Alonso, no había ni siquiera una iglesia. En poco tiempo construimos una y cientos de personas comenzaron a asistir a la misa del domingo. En unos años, aquel lugar, que era un núcleo degradado y sin cohesión social, se convirtió en una comunidad viva y compacta», añadió el sacerdote.

Recordaba también que el futuro papa les preparó un plan de formación muy versátil para que pudieran ayudar en todo tipo de ambientes. Por ejemplo, debían escuchar ópera para cultivar el gusto musical, pero también lavar la ropa, fregar suelos, cocinar, labrar la tierra y cuidar cerdos para comprender el valor del trabajo bien hecho y del servicio a los demás. El rector Bergoglio predicaba con el ejemplo: podías encontrarlo fácilmente en la pocilga, lavando a los cerdos, o en las cocinas, enjabonando y secando platos.

—¡Padre Jorge! —le saludaba una mujer por las calles de Buenos Aires.

—¡Oh! ¿Cómo estás? —respondía el cura con dos besos.

La mujer le contaba las últimas noticias de su familia: su marido seguía buscando trabajo, los niños crecían y estaban estudiando, las abuelas tenían sus achaques... Luego, Bergoglio se despedía y le pedía que abrazara a todos de su parte.

—Y recen por mí —apostillaba.

Una amiga había visto la escena de lejos.

—¿Y cómo es que conoces al cardenal? —le preguntaba.

—¿Qué cardenal? —respondía la primera.

—Sí, mujer, el arzobispo. El cura con el que hablabas antes. He visto que le saludabas.

—¿El padre Jorge? Es uno de los sacerdotes que viene a las villas —aseguraba.

—Pues el padre Jorge, como tú lo llamas, es el cardenal de Buenos Aires y primado de la Argentina.

—¡Pero si va en metro y en autobús! —respondía incrédula.

Jueves 21 de abril de 2011. En Buenos Aires, todos saben que el cardenal Bergoglio no celebra los oficios del Jueves Santo en la catedral. Litúrgicamente, sería lógico que lo hiciera. Pero las razones pastorales le llevaban cada año a celebrar ese momento con personas especialmente necesitadas: enfermos de sida, personas sin hogar, pacientes de un hospital psiquiátrico, adolescentes que estaban intentando dejar la droga, o enfermos terminales.

Es una de las misas más solemnes del año. Recuerda la Última Cena de Jesús y conmemora la institución de la Eucaristía, el gesto más fuerte de Cristo, su entrega perenne a la Iglesia. El padre Jorge Mario aprovecha la oportunidad para subrayarlo con otro gesto elocuente.

En el año 2011 hizo que Buenos Aires volviera la mirada hacia las madres y los niños recién nacidos, que están también entre los más frágiles de la sociedad. Son víctimas de la «cultura del descarte»[2], que cancela existencialmente a los débiles y los aparca mentalmente, como si no contaran. La ocasión era inmejorable: la Iglesia argentina había convocado el «Año de la Vida». Por eso, decidió celebrar la misa en el Centro Materno Ramón Sardá, en el barrio de Parque Patricios, donde cada año dan a luz unas siete mil mujeres.

Ese jueves por la tarde, en la pequeña capilla del hospital, en lugar de un coro de voces blancas se escuchaban los llantos y los murmullos de bebés de pocos días de vida. Iban en los brazos de sus madres, que se estaban recuperando del parto y que asistieron a la ceremonia con sus camisones.

Antes de comenzar, el cardenal les contó que es tradicional que cada Jueves Santo el sacerdote lave los pies a algunas personas, para imitar el gesto que Jesús hizo con los apóstoles en la Pascua. Les explicó que fue un gesto mucho más significativo de lo que parece, porque el mismo Hombre-Dios estaba realizando un trabajo reservado a los esclavos.

—Jesús tomó forma de esclavo para mostrar que todas las capacidades de uno están para servir a otros, y la de ustedes, queridas mamás, será una vida de servicios para sus hijos: cuidarlos, educarlos y acompañarlos para que sean hombres y mujeres de bien —les recordó sonriendo—. Todo el que tiene autoridad, poder y posibilidades, las tiene para servir a los demás —insistió—. Ahora yo les voy a lavar los pies a ustedes y a sus bebés, un gesto

---

2. Se trata de la cultura del desecho, que desprecia a los débiles y los deja de lado «después de haber escogido lo mejor y más útil de algo».

de servicio, que es lo que quiere ser la Iglesia para ustedes, aunque a veces no lo logra del todo.

La escena provocó lágrimas y emoción en las experimentadas enfermeras, quizá más conmovidas que las propias madres. El futuro papa se arrodilló ante cada una de estas mujeres, y con delicadeza les lavó y besó un pie. Se inclinó ante ellas porque habían aceptado la aventura de la maternidad, un viaje hermoso y apasionante, un sacerdocio auténtico, un compromiso de vivir al servicio de otra persona.

Cada una llevaba en brazos a su hijo recién nacido. Los acercaban al cardenal, que vertía un poco de agua tibia sobre los *piececitos*, los secaba con delicadeza y los besaba sonriendo.

Quizá ese día habría podido hacer un gran discurso en la catedral sobre el respeto a la vida, la atención a los débiles, el papel de las madres, o la obligación de los bautizados de servir a los demás. Pero no hicieron falta palabras.

Poco a poco emergía la figura de una persona con capacidad sorprendente para mostrar el poder del servicio a los demás. Así, esa primera noche, viendo cómo iban encajando las piezas del puzle, empecé a vislumbrar por qué aquel cardenal esquivo y distante había sido elegido papa. «Si hace estos gestos también en Roma, será algo así como un papa poeta», pensé.

5

El sastre puede esperar

De madrugada, los últimos supervivientes de la oficina cenamos una pizza fría y brindamos por el papa electo y por el trabajo que habíamos hecho juntos. En las últimas horas habíamos preparado, corregido y editado en varios idiomas crónicas, perfiles y análisis sobre Francisco. El primer momento de calma llegó cuando subí al *motorino* y me abrí camino hacia mi casa en torno a las 2:15 de la madrugada. Comenzaba a bajar la adrenalina y, mientras me adentraba en la oscuridad y el frío de Roma, se abría paso la gran pregunta: ¿Traerá en su equipaje lo que necesita la Iglesia católica?

En la Casa Santa Marta todos los purpurados cenaron juntos. Después de los postres, brindaron por Francisco. Luego, él se puso de pie y brindó por todos ellos:

—Que Dios les perdone lo que han hecho —dijo entre risas.

Quién sabe qué preguntas le rondaban por la cabeza. ¿Por qué me han elegido? ¿No había otros candidatos mejor preparados? ¿Qué puedo darle yo a la Iglesia?

Jorge Mario Bergoglio tenía 76 años. Un año y pico antes, en diciembre de 2011, cuando cumplió los 75, había escrito a Benedicto para poner a su disposición el cargo de arzobispo de Buenos Aires. Sabía que el Papa tenía previsto nombrar a un sucesor como muy tarde después del verano. Para entonces, él planeaba retirarse al Hogar Sacerdotal, donde tenía ya una habitación asignada. Era la residencia para sacerdotes ancianos que él visitaba cada 25 de diciembre y cada Domingo de Resurrección. Su plan era pasar todo el tiempo posible confesando y atendiendo a peregrinos en el santuario de Luján y en su lugar preferido de Buenos Aires, la iglesia de San José del barrio de Flores.

Pero Dios tenía otros planes. Ahora su sitio estaba en Roma. Se acabaron sus paseos por las calles porteñas, sus travesías en el *subte*[1], sus visitas a las «villas» de las periferias, su defensa de los cartoneros y las víctimas de la esclavitud laboral y sexual. Se acabaron las llamadas telefónicas a quienes le pedían ayuda, las cenas del sábado, cuando cocinaba para sus sacerdotes, sus debates en televisión con un rabino y un pastor protestante... Acababan de elegirlo cabeza de la Iglesia católica. Ni lo había querido ni lo había buscado, le habían elegido con sus virtudes y con sus defectos, tal como era. Si cambiaba, sería una traición a quienes le habían votado. Entonces decidió que seguiría siendo él mismo. Y se sintió el hombre más libre del mundo.

A miles de kilómetros del Vaticano, en la casa de la familia Bergoglio en Buenos Aires, tampoco tuvieron una noche tranquila. El teléfono no había dejado de sonar desde que a las cuatro de la tarde hora local se había presentado al mundo el primer papa americano de la historia. Malena Bergoglio, la única superviviente de los cuatro hermanos del Papa, es una mujer con la vida esculpida en el rostro y con la sonrisa sencilla y pícara de los porteños. Han pasado muchos meses, pero aún se emociona cuando recuerda la llamada más importante de aquel día. Lo cuenta así:

—Atiende mi hijo más chico. «¿Quién habla? ¡Ohhhh, tío!».

---

1. El metro de Buenos Aires.

EL SASTRE PUEDE ESPERAR 55

Casi le arranco el teléfono de la mano. Lo único que le preguntaba era:

—¿Cómo estás? ¿Cómo estás? ¿Cómo estás? ¿Cómo estás?

—Estoy bien, *quedate* tranquila...

Hasta que pude decirle:

—Gracias por llamarme.

—¿Cómo no te voy a llamar? —me respondió. Luego me dijo—: Bueno, mirá, esto se dio así y acepté.

Yo le dije:

—¿Cómo estás?

Me dice:

—Estoy bien, *quedate* tranquila...

—Sí, por la tele se te ve muy bien —porque la expresión de su cara en el balcón era radiante—. Mirá, Jorge, me gustaría abrazarte...

Cuando lo cuenta, a Malena se le quiebra un poco la voz. Mira hacia otro lado para intentar esconder las lágrimas, respira un poco y luego sonríe.

Y entonces me dijo:

—Créeme que estamos abrazados, que estamos juntos y te tengo muy cerca de mi corazón.

Sin embargo, Francisco le pidió un gran sacrificio: que no viajara a Roma para la ceremonia de inicio de pontificado.

—Da a los pobres lo que os habríais gastado en esto —le animó.

No sé cómo se lo tomó Malena. Los Bergoglio están acostumbrados a estas cosas. Tampoco les dejó acompañarlo cuando Juan Pablo II le hizo cardenal en el año 2001. Entonces le obedecieron y ahora también.

—No es fácil entender que una está hablando con su hermano, pero que su hermano es el papa... Es muy complicado, muy complicado —explica.

Otro que tuvo que cambiar de planes fue Domenico Giani, el experimentado comandante de la Gendarmería vaticana y principal responsable de la seguridad del pontífice. En su primera mañana como papa, el 14 de marzo de 2013, Francisco se levantó muy temprano porque, como había dicho en su primer saludo, quería rezar ante una imagen de la Virgen en Roma. Le esperaban los sastres para tomarle las medidas de sus primeras sotanas, pero dijo que lo primero era lo primero y que deseaba ir a rezar ante la imagen de la patrona de los romanos. El icono se conserva a 6 kilómetros del Vaticano, en una de las basílicas más antiguas de la Ciudad Eterna, Santa María la Mayor. El Papa quería llegar lo antes posible para no estorbar a los peregrinos.

Dentro del Vaticano hay numerosas imágenes preciosas de la Virgen María. La basílica de San Pedro custodia la más dulce, la Piedad de Miguel Ángel. Además, al fondo de la basílica, en el lado izquierdo, pintada en la columna, hay una imagen antiquísima de tiempos del emperador Constantino, la *Mater Ecclesiae* (Madre de la Iglesia). En las grutas vaticanas, junto a la tumba de san Pedro hay una capilla dedicada a la Emperatriz de las Américas, la Virgen de Guadalupe. Y en los Jardines Vaticanos hay una reproducción de la gruta de la Virgen de Lourdes. Pero el Papa salió del Vaticano para rezar en Santa María la Mayor. Quería visitar el icono dedicado a María *Salus Populi Romani*, la protectora del pueblo romano. La Virgen del pueblo.

Según la tradición, en el siglo XVI, durante una epidemia de peste en la Ciudad Eterna, el papa Pío V llevó esta imagen en procesión hasta San Pedro y poco después la peste desapareció por completo. Ahí comenzó la especial relación de este icono con los romanos.

El comandante preparó la comitiva habitual: los dos coches de escolta, las motocicletas de la policía y el Mercedes blindado con las banderas del Vaticano.

Cuando le explicó el plan, Francisco frunció el ceño. «En Buenos Aires estaba acostumbrado a viajar en autobús, en metro y a pie, y al principio deseaba ir a Santa María la Mayor de un modo demasiado informal», explicó Domenico Giani a una revista italiana. No me atrevo a imaginar qué significa «demasiado informal». Por lo que parece, ¡el Papa quería ir a la basílica andando, en metro o en autobús! El caso es que sus ayudantes le convencieron de que no era conveniente y buscaron una opción intermedia.

«El Papa comprendió inmediatamente las exigencias ligadas a su nuevo ministerio y en poco tiempo conseguimos reorganizar bien el desplazamiento», dijo Giani a la revista italiana *Polizia Moderna*. Efectivamente, Francisco aceptó desplazarse en un coche menos aparente, un Volkswagen gris oscuro, en el que se subieron otros dos cardenales. Detrás, en otro vehículo, le seguían de cerca Domenico Giani y el prefecto de la Casa Pontificia, Georg Gänswein.

Los romanos habían cenado con un papa nuevo, y seguramente no esperaban encontrárselo por sus calles la mañana después. La originalidad de la idea jugó a su favor e hizo que pasara desapercibido: El Volkswagen circulaba como un coche más y se detenía sin reparos también ante los semáforos en rojo.

Cuando llegó a la basílica, Francisco entró con paso ligero.

—Dejad la puerta abierta para que entren los peregrinos. Yo soy un peregrino y quiero estar entre peregrinos —pidió.

No le hicieron caso por prudencia, los llamados motivos de seguridad.

—Como si yo no me pudiera defender solo —musitó el Papa bromeando.

Llevaba un pequeño ramo de flores en la mano, y lo colocó bajo la imagen de la Virgen. Luego se detuvo a rezar en silencio, sentado. Cuando terminó, unos diez minutos después, el cardenal arcipreste de la basílica, el español Santos Abril, le llevó a la capilla en la que los primeros jesuitas confirmaron sus votos. El Papa se detuvo unos instantes, pero como la basílica estaba vacía, cerrada al público (unas 150 personas esperaban fuera), se sentía incómodo. No quería molestar.

De camino hacia la puerta vio a algunos sacerdotes sentados ya en los confesionarios, preparados para atender a los peregrinos.

—Sed misericordiosos con las almas, que lo necesitan —les pidió.

Dentro había también algunos empleados de Santa María la Mayor. Como conocen el protocolo papal, observaban desde una prudente distancia los movimientos del nuevo pontífice, dóciles a las indicaciones de los guardias de seguridad.

Pero Francisco los vio y se acercó a ellos. El cardenal Santos Abril se dio cuenta y le presentó al primero, luego al segundo, al tercero, y en pocos segundos se rindió porque el Papa estaba ya rodeado de personas. Cada uno se presentaba por su cuenta. Allí tuvo lugar la segunda bendición de su pontificado. Lo protagonizó uno de los jóvenes porteros de la basílica, que había conseguido colar a su mujer durante la visita privada del Papa.

—Santo Padre, bendiga a mi mujer, que estamos esperando un hijo.

—¿De cuántos meses está embarazada?

—De cinco, Santo Padre.

—Pues yo lo bendigo en el nombre del Padre, y del Hijo y del Espíritu Santo.

Y esta madre y su hijo que aún no había nacido se quedaron con la segunda bendición que vi de Francisco.

Fue una visita breve, menos de treinta minutos en total. Francisco debía regresar a la Casa Santa Marta. Había muchas cosas que hacer en el Vaticano: los sastres esperaban para tomarle las medidas, había que romper los sellos de las estancias del Palacio Apostólico, elaborar la agenda de las próximas semanas, preparar la homilía de su primera misa...

Además, los guardaespaldas iban tensos, no estaban acostumbrados a circular sin escolta, y tenían prisa por regresar al Vaticano. Pero el Papa dijo al conductor que antes tenía que ir a otro lugar. Deseaba detenerse en la Domus Sacerdotalis de la via della Scrofa, una residencia de sacerdotes a dos pasos de piazza Navona. El cardenal Bergoglio se había alojado allí antes del cónclave y necesitaba recoger su equipaje y, sobre todo, pagar la cuenta.

—¿Pagar la cuenta? —le preguntaron perplejos sus acompañantes.

La idea era curiosa porque la residencia es propiedad de la Santa Sede y, por lo tanto, el Papa tenía todo el derecho del mundo a usarla gratis. Era casi su dueño. Pero Francisco quería pagar.

El cardenal Santos Abril, que iba en el coche con él, le dijo discretamente:

—Si quiere, suba usted a su habitación a recoger sus cosas, que me ocupo yo de la factura.

—Ni hablar, por supuesto que no —le respondió Francisco.

Las otras tres o cuatro personas que le acompañaban lo intentaron con otras excusas, pero no hubo modo de convencerlo.

—No quiero que parezca que me aprovecho de esto para mi propio interés —respondió zanjando la cuestión.

Dicho y hecho. Primero pagó la cuenta de su propio bolsillo. Luego, subió él solo a su habitación, metió rápidamente sus bártulos en una maleta y se bajó personalmente el equipaje. Desde allí, partió otra vez en el Volkswagen rumbo a su nuevo hogar. Así comenzó su primera mañana como Papa.

Debo reconocer que durante los años que llevo cubriendo informativamente la actividad de la Santa Sede, sólo una o dos veces he tenido que hacer noticias sobre los zapatos del papa. Nunca me había tomado muy en serio las supuestas revelaciones sobre la marca, el color o el material. Había visto que Juan Pablo II los usaba de color marrón y Benedicto, rojo. Sigo pensando que depende en general del fabricante y sobre todo del gusto de las personas que atienden al papa.

Dicen las crónicas que los pontífices calzan zapatos rojos desde la Edad Media. Ya en época bizantina, este color se reservaba a emperadores y papas, porque era un símbolo de la máxima autoridad. Esta larga tradición evoca también que el sucesor de Pedro está sostenido por la sangre que han derramado los mártires.

La verdad es que el paso de los siglos ha eclipsado el significado y nadie ve el color rojo como distintivo de autoridad o evocación de los mártires.

Los signos tienen sentido cuando significan algo para quien los ve o, al menos, mientras sea generalmente conocida la clave para interpretarlos correctamente. Por eso, es lógico que dejen de usarse una vez que pierden su significado. Siguiendo esta filosofía el papa Pablo VI eliminó la mayor parte de la corte papal y la parafernalia de plumas y trompetas que acompañaban cada aparición pública del pontífice. Se quedó sólo con la Guardia Suiza. También decidió eliminar la tiara papal, la triple corona que recordaba las tres funciones del papa: gobernar, juzgar y enseñar. La vendió en 1964 por 1 millón de dólares, y regaló el dinero recaudado a la madre Teresa de Calcuta.

Desde entonces, ningún papa ha vuelto a llevar la tiara, aunque siguieron coronando con ella el escudo papal hasta que Benedicto XVI la sustituyó en 2005 por una mitra episcopal, el mismo símbolo que utilizan los obispos.

Juan Pablo II eliminó la famosa *sedia gestatoria*, porque ya no tenía sentido seguir utilizando el trono a hombros llevado por doce personas, aunque hacía posible que los peregrinos vieran al papa desde lejos en los tiempos en los que no había pantallas gigantes en la plaza de San Pedro.

Francisco también aparcó los zapatos rojos porque ya no cumplen su misión. Y sobre todo, porque distraen de una de las misiones más importantes del papa: caminar junto al resto de los hombres. Utiliza los mismos con los que recorrió las villas de Buenos Aires y peregrinó junto a miles de personas hasta Luján. Los llevaba puestos el día que entró en la Capilla Sixtina como cardenal Bergoglio y salió como papa Francisco.

No es un gesto ideológico ni una crítica al pasado. Cuentan que una admiradora se acercó visiblemente emocionada al Papa.

—Lo que más me gusta de todo es que ya no lleva esos de color rojo —le dijo satisfecha.

A Francisco no le gustan esos halagos.

—Señora, llevo este modelo porque son ortopédicos. No le busque dobles intenciones.

O sea, que, aprovechando que tiene los pies planos, una lesión de rodilla y, como consecuencia, fuertes dolores de espalda, consiguió eliminar lo superficial del vestuario del Papa, comenzando por los pies.

En su segundo día como pontífice, el viernes 15 de marzo a media mañana, se reunió con todos los cardenales, también con los que por ser mayores de 80 años no habían entrado en el cónclave. Los convocó en la bellísima Sala Clementina, junto a las estancias pintadas por Rafael. Los primeros que llegaron notaron que había algo diferente. Y saltaba tanto a la vista que no conseguían ver qué era. Faltaba algo... Pero los *ceremonieros* vaticanos daban la impresión de que todo estaba listo.

De repente se hizo silencio. Estaba entrando el nuevo papa. Estalló un aplauso y Francisco les dijo «hola» con la mano, les sonrió con sinceridad y se sentó en su silla. ¿Una silla? Sí, eso era lo que faltaba. Ya no estaba el trono papal. El Papa estaba usando una «silla» parecida a la que tenían los cardenales, y no el trono dorado con amplias espaldas que solía presidir aquella sala.

Tomó la palabra el decano de los cardenales, el italiano Angelo Sodano, y leyó un saludo en nombre de todos. Cuando terminó, el Papa se levantó de su silla (¡una silla!, era una pequeña y rápida decisión que decía mucho más de lo que a primera vista pudiera parecer), y no esperó al purpurado allí de pie, sino que —como había hecho el día anterior con los empleados de Santa María la Mayor— se acercó a él para saludarlo. Recuerdo que se levantó con tanto brío que se tropezó con la tarima y estuvo a punto de perder el equilibrio.

Luego él mismo tomó la palabra.

—Hermanos cardenales, este periodo dedicado al cónclave...

El saludo ahora nos parece normal, pero entonces fue arrollador. Acababa de lanzar otra pequeña bomba. «Hermanos cardenales...». Nada de «eminencias reverendísimas»; les recordó que son sobre todo «hermanos». Personas con las que se cuenta por encima de las simpatías, antipatías, opiniones o decisiones. «Hermanos» es mucho más rico que «eminencias». Los «hermanos» nos recuerdan nuestros orígenes, nos ayudan a crecer, nos acompañan. «Eminencia» es un título que a fuerza de rutina puede acabar siendo frío y vacío, y terminar por subrayar la distancia entre quien lo pronuncia y quien lo escucha.

El Papa también dio de nuevo las gracias a Benedicto XVI y a quienes se habían ocupado de la Iglesia durante la sede vacante; también a los que habían organizado el cónclave y a los cardenales que se habían ocupado de la logística durante las reuniones. El tono no era informal. Era familiar. Era realmente una reunión de «hermanos».

—Debo deciros que el otro día el cardenal Mejía tuvo un infarto cardíaco. Hoy está ingresado en la Clínica Pío XI de Roma. Parece que está mejor y nos manda sus saludos —dijo de pasada.

Se refería al cardenal Jorge Mejía, de 90 años, nacido en Buenos Aires y paisano suyo. Juan Pablo II les hizo cardenales durante la misma ceremonia. Mejía era uno de los argentinos de referencia en el Vaticano, donde vivía desde 1986[2]. No había podido participar en el cónclave porque tenía más de 80 años, pero es fácil imaginar cómo se sentiría tras la elección de su compatriota Bergoglio.

—Pues yo creo que el Papa irá esta tarde a visitarlo —me dijo Juan Vicente Boo, corresponsal del diario *Abc* de Madrid y uno de los vaticanistas con más intuición que conozco. Desde hace años tengo la fortuna de coincidir a menudo con él y susti-

---

2. El cardenal Jorge Mejía falleció en su casa de Roma un año y medio después, el 9 de diciembre de 2014.

tuirlo cuando está fuera de Roma, lo que nos permite intercambiar impresiones.

—¿Que el Papa irá al hospital a visitar al cardenal? No creo —respondí.

Era más correcto decir que preferiría no creerlo. Teníamos tantas cosas sobre la mesa que sólo la idea de ir al hospital por-si-acaso-pasaba-el-nuevo-Papa me parecía un peso que no valía la pena afrontar.

—Si yo fuera tú, diría a uno de los cámaras de Rome Reports que le espere en la puerta de la clínica —insistió Juan Vicente.

César Espoz también pensaba que valía la pena arriesgar. La verdad es que si iba el Papa y conseguíamos las imágenes sería un modo de coronar la estupenda cobertura de esos días. En el fondo, el hospital no estaba demasiado lejos y podríamos hacer turnos para cubrir el trabajo. Comprobé la agenda y pedí a Marco Galassi que fuera a grabar. Le acompañaría una de nuestras periodistas, Victoria Cardiel.

—Si empieza a haber movimiento en la clínica, me llamáis y me acerco también yo. Pero, sobre todo, traed unas declaraciones del Papa —les pedí soñando en una pequeña exclusiva.

Pasaron las horas y fueron llegando otras noticias a la redacción. Estábamos esperando medidas como los primeros nombramientos del Papa, o datos sobre la marcha de las votaciones durante el cónclave. Mientras tanto, como dos soldados, Marco y Victoria hacían guardia en la puerta de la Clínica Pío XI, en la via Aurelia. En torno a las cuatro de la tarde me llamó Marco.

—Javi, esto está muy tranquilo y en la oficina hay mucho que hacer. ¿Te parece bien que regresemos?

—Sí, sí, tomad un taxi y regresad. Me han dicho que al cardenal lo operan mañana o pasado, hoy lo dejarán tranquilo. Habéis hecho un trabajo estupendo, volved con calma —les pedí.

Cada vez que recuerdo aquellos días, me repito a mí mismo que tuve la suerte de trabajar con personas extraordinarias humana y profesionalmente durante el cónclave. Fue un honor y una continua lección de disponibilidad. El caso es que retomé lo que estaba haciendo y, pocos minutos después, de nuevo me interrumpió una llamada de teléfono. Era otra vez Marco.

—Javier, aquí hay mucho revuelo, parece que el Papa está llegando, ven cuanto antes —dijo, y me colgó antes de que pudiera responderle.

En cuestión de segundos me puse una chaqueta de lana y me lancé a la calle. Llegué corriendo hasta donde había dejado aparcado mi imprescindible *motorino* gris y lo puse en marcha. Y entonces, claro, me di cuenta de que cuando vas con prisa te olvidas de lo más importante. «¿Dónde está la Clínica Pío XI?», pensé. No estaba seguro. «Recuerdo que en la via Aurelia, pero ¿a qué altura?». No sabía cómo llegar y tenía que estar allí inmediatamente. No había tiempo para detenerse en consideraciones. «¡Vamos, muévete!», me dije. Una contradicción que esta vez jugó a mi favor.

Me perdí a las afueras de Roma. Iba nervioso, pensando en mil cosas y di bastantes vueltas. No sabía ni qué dirección tomar y ni qué preguntar al Papa si lo encontraba en el hospital. Pensé en Juan Pablo II; en octubre de 1978, el día después de su elección, también él fue a un hospital, el policlínico Gemelli, para visitar a un amigo enfermo, el obispo polaco Andrzej Maria Deskur. Pensé en Benedicto XVI, porque en abril de 2005, el día después del cónclave también lo esperé y lo vi en la puerta de su antigua casa en la piazza Città Leonina, junto al cuartel de la Guardia Suiza.

Ahora que tengo un mapa delante, veo que seguí el camino más largo para llegar a la clínica Pío XI. Es un gran edificio protegido del tráfico romano y de la vista de los curiosos por un pequeño jardín con muros, rejas, árboles y plantas. Dejé la moto fuera, cerca del aparcamiento principal. Nada más entrar en el recinto vi a Marco y Victoria.

—Está dentro. Nos han echado —me dijo Victoria.

Les sonreí y les di las gracias, pero no me detuve con ellos y seguí caminando con forzada tranquilidad para no levantar sospechas.

Conozco esa clínica porque allí había estado ingresado un amigo mío. La lleva una orden religiosa, las Religiosas de San José de Gerona. Su carisma es «aliviar el dolor y llevar paz al corazón de quienes sufren». Muchas de las religiosas que lo atienden son españolas. Mientras me acercaba a la puerta, donde estaba aparcado el ya famoso Volkswagen gris, escuché que un policía preguntaba a otro:

—¿Siguen ahí esos dos periodistas?

—Creo que sí —respondió.

Entré con calma. Me recordé a mí mismo que también el nuevo papa estaba en ese edificio, probablemente en la habitación del cardenal Mejía. Lo mejor era esperarlo en la capilla, justo a la derecha de la salida.

La capilla estaba casi vacía. Ni rastro de Francisco. Me arrodillé y me senté confuso en el último banco. Unas monjas, un poco nerviosas, entraban, salían y cuchicheaban. Me miraron.

—¿Ha pasado ya por aquí? —les pregunté con la mejor de mis sonrisas.

Me dieron dos o tres respuestas evasivas. Teóricamente no podían decir nada por secreto profesional.

—¿Pero saben si va a pasar por aquí el Papa? —insistí directamente.

—¿Usted es del Vaticano? —me preguntó la que parecía la jefa. Lo hizo en italiano, pero con fuerte acento español.

Momento delicado. Pregunta delicada. Todo depende de cómo respondas. Pero en mi trabajo, si no dices la verdad, luego no puedes mirar a la cara a los demás.

—Soy un periodista... De una agencia especializada en el Papa y el Vaticano —dije con cierta candidez.

Estaba en su mano expulsarme de allí o dejar que me quedara. Yo era un intruso.

—¿Un periodista? ¡Estupendo! Así nos hace las fotos con el Papa —respondió resuelta otra monja del grupo.

Me di cuenta de que era inútil explicarle que en mi trabajo no hago fotos. Tampoco era el momento. Era un buen acuerdo.

—No se preocupen, que yo espero en esta esquina y no molesto —dije poniéndome a un lado.

—Póngase donde quiera y haga buenas fotos —insistió.

Y en ese momento, cuando habían pasado menos de dos minutos desde que entré en la capilla, llegó el papa Francisco.

Me pareció más alto, más sonriente y, aunque cojeaba un poco, mucho más ágil de como le había visto en televisión. Estaba tranquilo. Tuve la convicción de estar ante un hombre feliz.

Empecé a hacer fotos. El Papa se encaminó hacia la primera fila de la capilla y se detuvo a saludar una a una a cada monja. Silencio, palabras en voz baja y sonrisas. Yo hacía fotos. Una, dos, cinco, ocho...

Francisco se arrodilló en el reclinatorio del primer banco. La superiora me pidió en voz alta que me acercara al Papa para hacerle una foto de cerca. Un policía me hizo un gesto amenazador y me ordenó que no me moviera de donde estaba. La monja insistió. Hice una nueva foto sin moverme de allí y el agente se puso a mi lado.

—Ya has hecho tres fotos: ni una más.

Durante unos segundos obedecí al policía. El policía se fue a un banco en la última fila y se arrodilló. Me arrodillé junto a él. Tenía al recién elegido papa a unos tres metros de distancia. Estaba rezando en silencio, y me resultó espontáneo rezar con él. Allí de rodillas, aproveché para tomar otras fotos. Tenía que cumplir lo acordado con las hermanas.

Fueron pocos minutos. Francisco terminó, se puso de pie y se acercó a una estatua de san José. Le acarició el pie y rezó unos instantes ante ella. Luego, recorrió de nuevo el pasillo central y se detuvo a hablar otra vez con las simpáticas monjas que lo esperaban en los bancos.

Mientras tanto, entró también un médico en la capilla. Era el que estaba atendiendo al cardenal. El Papa le dio las gracias por cómo estaba tratando a su «hermano» Jorge Mejía y se interesó por la situación.

Mientras hablaban vi al padre Leonardo Sapienza, durante años jefe de protocolo del Vaticano y ahora regente de la Casa Pontificia. Era quien estaba guiando al Papa.

—¿Puedo saludar también yo al Santo Padre? —le pregunté en voz baja.

—Quédate ahí quieto —respondió fríamente señalándome la esquina.

«O sea, que no puedo saludarlo», pensé. Tenía a mi cámara fuera del hospital. Así que tampoco podría hacer ninguna entrevista. Nada... Luego todo pasó muy rápido. El Papa comenzó a caminar hacia la puerta, miró a su alrededor, y creo que me vio porque dijo:

—¿Me falta a alguien por saludar?

Era mi turno. Monseñor Sapienza me hizo un gesto con la mano, podía acercarme.

—A mí, Santo Padre.

Le tomé la mano y la besé. Vi su pequeño anillo de obispo, plateado, el que sigue llevando hasta ahora. Era muy pequeño. En la parte superior, tenía una circunferencia plana con una cruz grabada.

Le hablé en español.

—Soy periodista... —expliqué—. Trabajo también con el Canal 21 de Buenos Aires.

Se trata de un canal al que enviamos noticias a diario. Lo fundó hace algunos años él mismo, el entonces cardenal Jorge Mario Bergoglio.

—¿Y has venido desde Buenos Aires sólo para esto? —me preguntó un poco perplejo.

Me hizo gracia que el Papa usara conmigo el «tú», porque cuando hago entrevistas o encuentro a personas de la Curia Vaticana, todos usan el formal «usted». «¿Que si he venido de Buenos Aires sólo para esto?», pensé. «Amigo, a lo mejor no lo sabes, pero te han hecho Papa. En tu país es un notición. En el mundo es un notición». (Aunque obviamente no me atreví a responderle así).

—No, no, yo vivo en Roma desde hace años. Trabajo para la agencia Rome Reports. Hacemos noticias y un programa semanal sobre lo que hace el Papa... Sobre usted —le respondí.

El Papa sonrió.

—Ah, pues muchas gracias —me dijo alegre antes de salir de la capilla.

En la puerta le presentaron a un joven médico.

—¿Y tú de qué te ocupas?

—Soy cirujano, Santidad.

—¿Cirujano? Entonces déjame que te bendiga las manos, que son tu instrumento de trabajo.

Monseñor Sapienza se había adelantado unos pasos. Le esperaba fuera y sostenía abierta la puerta del ya famoso Volkswagen. Inmediatamente el coche se puso en marcha y en unos instantes se perdió en el caótico tráfico romano.

Me fui del hospital con un montón de fotos en el móvil, aunque sin entrevista exclusiva. Pero no teníamos las manos vacías: Marco y Victoria habían conseguido unas imágenes muy buenas de la llegada del Papa. Nos saludamos y ellos regresaron en un taxi a la oficina. Yo me subí de nuevo al *motorino* y les seguí. Y mientras conducía, con la cabeza despejada, empecé a hacer balance de las últimas 48 horas. Un cardenal del fin del mundo se convierte en el habitante más popular de la Ciudad Eterna. Sale del Vaticano para rezar en la capilla de la Virgen del pueblo. Luego, paga de su bolsillo la residencia en la que se había alojado. Y en un día de locos, como si tuviera todo el tiempo del mundo, visita casi a escondidas a un enfermo de 90 años en una clínica a varios kilómetros de su casa. A este punto tenía clara sólo una cosa: será un Papa imprevisible. Y extraordinario.

6

El mensaje más fuerte de Dios

A pocos metros del *colonnato* de Bernini que abraza la plaza de San Pedro, en Borgo Santo Spirito, está el cuartel general de los jesuitas. Es uno de esos edificios de Roma de cuatro o cinco pisos construidos en una época indefinida, quizá hace tres siglos, quizá hace treinta años. Se entra por un portón encerrado entre dos columnas que hace esquina con la via dei Penitenzieri. A esas alturas sus porteros merecían un premio a la paciencia por el chorreo continuo de llamadas y visitas de curiosos y periodistas en busca de viejos conocidos del nuevo papa, explicaciones sobre el significado de la elección para la Compañía de Jesús, o, sencillamente, la vida y la espiritualidad del sucesor de Pedro.

Por eso se entiende la reacción de Andreas cuando respondió al teléfono aquel viernes en torno a las diez de la mañana.

—Curia generalicia de los jesuitas, buenos días.

—Buenos días, llamo desde la Casa Santa Marta, soy el papa Francisco —le saludó alguien con acento argentino al otro lado de la línea—. ¿Puedo hablar con Adolfo Nicolás, el Padre general?

El pobre Andreas estuvo a punto de responder con sorna «¡Ah, claro...! ¡El Papa! Pues si tú eres el Papa, yo soy Napoleón». Algunas versiones dicen que así lo hizo. Sin embargo, él mismo asegura que apostó por la prudencia.

—¿Cómo dice? ¿De parte de quién? —preguntó de nuevo.

El Papa comprendió que le habían entendido perfectamente, pero que no le creían.

—No..., de verdad, soy el papa Francisco. ¿Usted cómo se llama? —preguntó desde el teléfono de su habitación en la Casa Santa Marta.

El portero comenzó a sudar. «¿Sería de verdad el Papa?», temió.

—Me llamo Andreas —respondió por si acaso.

—¿Cómo estás, Andreas? —escuchó que le decían.

—Bien, perdóneme, sólo un poco confundido —explicó.

—No te preocupes —le respondió el Papa—. Me gustaría hablar con el Padre general para darle las gracias por una carta preciosa que me ha escrito.

—Ahora mismo lo busco, Santidad —respondió nervioso el recepcionista.

—No te preocupes, con calma, no hay problema; yo espero lo que sea necesario —añadió el Papa, que temía que los nervios jugaran una mala pasada al pobre Andreas y perdiera la llamada.

Andreas llamó al hermano Afonso, el secretario privado de Adolfo Nicolás. Cuando constató asustado que era realmente el Papa, aturdido pasó el teléfono al general de la Compañía de Jesús. «Lo que siguió después no lo sabemos en detalle», explicó en un artículo uno de los testigos, el jesuita Claudio Barriga. «El Padre general le dijo que le gustaría verlo para saludarlo y el Papa respondió que daría instrucciones a su secretario para que pudiera ser lo antes posible», añadió en el relato.

Andreas se convirtió en el primero de una larga lista de personas en el Vaticano y alrededores que saltan de la silla cuando el Papa llama por teléfono a sus jefes. No es habitual que el Vicario de Cristo alce el auricular y marque un número. Lo normal es que lo hagan a través de sus secretarios, para confirmar la identidad y evitar esperas. Una mediación a la que el cardenal Jorge Bergoglio no estaba acostumbrado. Supe que nunca tuvo un secretario, y que su asistente en Buenos Aires era una amable señora jubilada que le ayudaba media jornada para responder llamadas telefónicas y gestionar la correspondencia.

Ya ese mismo día, el segundo de su pontificado, Francisco comenzó a añadir eventos a su agenda. El Papa dijo que quería celebrar misa en una parroquia, con gente de la calle, gente normal. Por eso, el Vaticano comunicó oficialmente que el domingo 17 de marzo a las diez de la mañana celebraría una «misa privada» en Santa Ana, la pequeña parroquia del Vaticano.

Fui tan ingenuo que pensé que como se había anunciado con tan poco tiempo, pocas personas lo sabrían y sería fácil participar. De hecho, animé a varios amigos a madrugar para poder estar allí. Llegaron con varias horas de anticipo, pero como no tenían invitación, se quedaron en la calle.

Compartieron idea y destino con un cura treintañero uruguayo que llevaba pocas horas en Roma y que tampoco tenía invitación. Se llamaba Gonzalo Aemilius. Unos días antes se le ocurrió decir en su país que si elegían papa a su amigo el padre Jorge, viajaría a la Ciudad Eterna; por eso, tras la fumata blanca, entre su familia y sus amigos le pagaron los billetes de avión. Después de aterrizar en Fiumicino llegó la hora de la verdad y se dio cuenta de que no sería tan fácil acercarse a Francisco. Había conocido al padre Jorge Bergoglio siete u ocho años antes, cuando él aún no era sacerdote. Era seminarista y dirigía el Liceo Jubilar Juan Pablo II, la primera escuela privada de Uruguay que imparte clases gratis a los alumnos. Allí estudian unos 400 niños de la calle y, por las noches, tienen clase los adultos, casi todos padres de quienes asisten por la mañana. El proyecto funciona porque en su país es uno de los colegios con menor índice de repetición y de abandono escolar[1].

---

1. El centro se financia exclusivamente con ayudas de ciudadanos privados. Tiene una interesante página web (www.liceojubilar.edu.uy/) que detalla varios modos de colaborar.

«A ver si el padre Jorge sigue acordándose de los amigos», pensó Gonzalo mientras esperaba en la calle la llegada del Papa. Estaba bien situado, en primera fila, tras las barreras metálicas que lo separaban de la puerta de la iglesia, pero tuvo que moverse justo cuando llegó el Papa. Y el cambio resultó providencial porque cuando Francisco estaba entrando en Santa Ana se cruzaron sus miradas.

—¡Padre Jorge! ¡Soy Gonzalo! —le llamó.

A Francisco se le iluminó la cara al verle, sonrió y le hizo un gesto con la mano.

—¡Ven aquí! —insistía.

Pero era imposible hacerlo, tanto por las barreras como por la cantidad de gente que los separaba. Por eso, tuvo que acudir personalmente un gendarme para ayudarle a saltar y conseguir que entrara.

—Te estuve llamando por teléfono y no me contestaste —le regañó entre bromas el Papa mientras le daba un abrazo.

Alguien le había avisado de que su amigo Gonzalo estaba en Roma.

—Es que no respondo a llamadas de números desconocidos... —se sonrojó el uruguayo.

Entraron juntos en la iglesia y el cura uruguayo se sentó en primera fila. Muchos se preguntaban intrigados quién sería aquel sacerdote rubio, sonriente y con un jersey azul a quien el nuevo papa daba tanta importancia. Pronto lo descubrirían.

La parroquia de Santa Ana, dedicada a la abuela de Jesús, está justo en la frontera entre el Vaticano e Italia. Es una iglesia muy pequeña, con espacio sólo para doce bancos a cada lado. Ese domingo estaba repleta de gente, la mayoría de pie. Eran familias con niños del barrio junto a un puñado de invitados especiales. Periodísticamente era un momento importante: el Papa ya había celebrado una misa con cardenales, pero era la primera vez que le escucharíamos dirigirse en una iglesia a personas corrientes.

Francisco estaba a gusto rodeado de gente, y quería que se notase. Me llamó la atención la desenvoltura con la que hablaba y miraba a las personas. Debo reconocer que en aquel momento no capté la importancia de la homilía que pronunció. Cuando unos meses después releí aquel texto y el ángelus de esa misma mañana, vi que allí adelantó el sello que quería dar a su pontificado. Ese domingo me fijé sólo en que el Papa no había preparado un texto escrito y que aparentemente improvisó la homilía. También destaqué su brevedad: sólo seis minutos. El Papa partió de la escena narrada en el Evangelio que se leyó en aquella misa: el intento de lapidar a una mujer adúltera.

«"Mira, Maestro, ésta es una tal y una cual... Tenemos que hacer lo que Moisés nos mandó hacer con estas mujeres". Creo que también nosotros somos como este pueblo que, por un lado, quiere oír a Jesús, pero, por otro, a veces nos gusta hacer daño a los otros, condenar a los demás», comenzó el Papa.

«El mensaje de Jesús es éste: la misericordia. Para mí, lo digo con humildad, es el mensaje más fuerte del Señor. Él mismo lo ha dicho: "No he venido para los justos"; los justos se justifican por sí solos», continuó. Efectivamente, también en la última entrevista que concedió como cardenal había dicho que la misericordia era la característica que más le impresiona de Jesús.

Luego recordó dos episodios paradójicos: «Pensad en aquella cháchara después de la vocación de Mateo: "¡Pero si éste va con los pecadores!" Y Él ha venido para nosotros, cuando reconocemos que somos pecadores. Sin embargo, si somos como aquel fariseo ante el altar —"Te doy gracias, porque no soy como los demás hombres, y tampoco como ese que está en la puerta, como ese publicano"—, no conocemos el corazón del Señor, y nunca tendremos la alegría de sentir esta misericordia».

«No es fácil encomendarse a la misericordia de Dios, porque es un abismo incomprensible. Pero hay que hacerlo aunque parezca difícil. "Ay, padre, si usted conociera mi vida, no me hablaría así". "¿Por qué? ¿Qué has hecho?". "¡Ay, padre! Las he hecho gordas". ¡Mejor! Acude a Jesús. A Él le gusta que se le cuenten estas cosas. Él se olvida, te besa, te abraza y te dice solamente: "Tampoco yo te condeno. Anda, y en adelante no peques más", sólo ese consejo. Después de un mes, si estamos otra vez en las mismas condiciones, volvamos al Señor». Luego, lanzó el eslogan de aquella primera homilía: «El Señor nunca se cansa de perdonar, ¡jamás! Somos nosotros los que nos cansamos de pedirle perdón. Pidamos la gracia de no cansarnos de pedir perdón, porque Él nunca se cansa de perdonar».

Fue una homilía aparentemente sencilla, en la que tocó directamente el elemento distintivo del cristianismo. A un lado del altar, le miraban sonrientes dos cardenales, Angelo Comastri, el Vicario del Estado Ciudad del Vaticano, y Prosper Grech, de la orden de los agustinos encargada de atender la parroquia. En primera fila, emocionados, un sacerdote que había viajado desde Argentina para traerle sus cosas y Gonzalo Aemilius, que aún no se creía que su amigo se había convertido en Papa y lo había colado allí de la mano.

Al acabar la ceremonia, antes de dar la bendición, Francisco y Gonzalo volvieron a cruzarse las miradas. Pienso que al Papa se le iluminaron los ojos y que quizá ahí trazó esta jugada maestra: la prueba de que alguien de verdad aprecia la misericordia de Dios es que practica la misericordia con las demás personas. Por eso, se acercó de nuevo al micrófono y apuntó hacia ese cura joven con el jersey azul, sentado en la primera fila.

—Quiero que conozcan a un sacerdote que ha venido de lejos, que desde hace mucho tiempo trabaja con los niños de la calle, con los drogadictos. Para ellos ha hecho una escuela, ha hecho muchas cosas para dar a conocer a Jesús. Todos estos niños de la calle hoy trabajan, con estudio, y tienen capacidad de trabajo. Creen y aman a Jesús —explicó Francisco—. Te pido, Gonzalo, que vengas y saludes a la gente. Recen por él —dijo.

Gonzalo no tuvo más remedio que ponerse de pie y acercarse junto al ambón, para que todos lo vieran.

—Trabaja en el Uruguay —lo presentó el Papa—. Es el fundador del Liceo Jubilar Juan Pablo II. No sé cómo hoy ha venido acá, pero lo sabré —bromeó antes de despedirlo con otro abrazo ante todos[2].

Pero las sorpresas de esa mañana acababan de empezar. Cuando concluyó la misa, el Papa no fue a cambiarse a la sacristía, sino que se detuvo en la misma puerta de la iglesia. Allí, como un párroco cualquiera, saludó uno a uno a los pasmados «parroquianos». Repartió apretones de manos, besos y abrazos. Y la frase que más veces escuché que repetía a la gente era «Reza por mí».

Mientras tanto, la plaza de San Pedro se iba llenando poco a poco de gente. Desde tiempos de Juan XXIII, cada domingo los papas tienen una cita fija en San Pedro a mediodía. A esa hora se asoman a la ventana de su estudio privado para rezar el ángelus y tener una breve homilía. Recuerdo que, aunque estábamos a las puertas de la primavera, en Roma aún hacía mucho frío.

Después de redactar la noticia sobre la misa en Santa Ana, me abrigué, bajé a la calle e intenté llegar a la plaza, a unos 50 metros de mi puerta. Faltaban pocos minutos para las doce y había tanta gente que no conseguí dar muchos pasos. Evidentemente, las bajas temperaturas habían asustado a muy pocos. Con un poco de esfuerzo y armado con mi acreditación de prensa, me abrí paso hasta los soportales que conducen a la plaza Pío XII, el último suelo italiano antes de acceder a la Ciudad del Vaticano. Vi que de la ventana del estudio del Papa colgaba el mismo tapiz burdeos que se usaba en estas ocasiones con Benedicto, pero que habían elegantemente cubierto su escudo con una tela de color blanco.

---

2. Gonzalo Aemilius aclaró más tarde que él no es el fundador del Liceo Jubilar Juan Pablo II. Lo fundó el arzobispo de Montevideo, monseñor Nicolás Cotugno.

A las doce en punto, Francisco se asomó a la ventana. «Fratelli e sorelle, buongiorno. Hermanos y hermanas, buenos días», comenzó.

Era su primer ángelus ante más de cien mil personas, pero no parecía preocupado. Estaba muy suelto, como si llevara toda la vida ejerciendo de obispo de Roma. Encontrándome en medio de la gente, pude percibir de modo más inmediato los rostros emocionados de las personas que le escuchaban, como si el Papa estuviera a su lado y hablara sólo para ellos.

Mi problema era que desde ese lugar no conseguía escuchar bien, así que entré en la cercana Sala Stampa para seguir sus palabras desde las pantallas televisivas. Cuando entré, me había perdido algunas frases, pero comprendí que estaba hablando de nuevo del encuentro de Jesús con la mujer adúltera.

«Conmueve la actitud de Jesús: no oímos palabras de desprecio, no escuchamos palabras de condena, solamente palabras de amor, de misericordia, que invitan a la conversión: "Tampoco yo te condeno. Anda, y en adelante no peques más"», dijo Francisco.

Gesticulaba con gran expresividad, movía las manos para reforzar sus palabras, leía el discurso, pero miraba más a la gente que a las páginas que tenía en las manos. «El rostro de Dios es el de un padre misericordioso, que siempre tiene paciencia. ¿Habéis pensado en la paciencia de Dios, la paciencia que tiene con cada uno de nosotros? Ésa es su misericordia. Siempre tiene paciencia con nosotros, nos comprende, nos espera, no se cansa de perdonarnos si sabemos volver a Él con el corazón contrito».

Luego, dejó a un lado los folios con el discurso que había preparado e improvisó unas palabras. «En estos días he podido leer un libro sobre la misericordia de un cardenal, el cardenal Walter Kasper, un gran teólogo, un buen teólogo. Y ese libro me ha hecho mucho bien», confió. «Pero no creáis que hago publicidad a los libros de mis cardenales. No es eso, es que me ha hecho mucho bien. El cardenal decía que al escuchar "misericordia", esta palabra cambia todo, cambia el mundo. Un poco de misericordia hace al mundo menos frío y más justo».

Intentó regresar al texto escrito, pero se le habían mezclado los folios y tardó unos segundos en encontrar el párrafo donde lo había interrumpido. «Necesitamos comprender bien esta misericordia de Dios, este Padre misericordioso que tiene tanta paciencia... Recordemos al profeta Isaías, cuando afirma que, aunque nuestros pecados fueran rojo escarlata, el amor de Dios los volverá blancos como la nieve».

No parecía satisfecho con lo que había escrito en aquellas páginas, por lo que se atrevió de nuevo a improvisar. Lo hacía con enorme soltura, a pesar de que no estaba hablando en su propio idioma.

«Es hermoso, esto de la misericordia. Recuerdo que en 1992, apenas nombrado obispo, llegó a Buenos Aires la Virgen de Fátima y se celebró una gran misa por los enfermos. Fui a confesar durante esa misa. Y, casi al final, me levanté porque debía ir a confirmar. Se acercó entonces una señora anciana, humilde, muy humilde, de más de ochenta años. La miré y le dije: "Abuela —porque así llamamos nosotros a las personas ancianas—, ¿desea confesarse?". "Sí", me dijo. "Pero si usted no tiene pecados...". Y ella me respondió: "Todos tenemos pecados". "Pero quizás el Señor no la perdona...". "El Señor perdona todo", me dijo segura. "Pero ¿cómo lo sabe usted, señora?". "Si el Señor no perdonara todo, el mundo no existiría". Tuve ganas de preguntarle: "Dígame, señora, ¿ha estudiado usted en la Universidad Gregoriana?". Porque ésa es la sabiduría que concede el Espíritu Santo: la sabiduría interior hacia la misericordia de Dios».

Miró de nuevo las páginas y decidió definitivamente abandonar el discurso escrito. «No olvidemos esto: Dios nunca se cansa de perdonar. Nunca. "Y, padre, ¿cuál es el problema?". El problema es que nosotros nos cansamos, no queremos, nos cansamos de pedir perdón. Él jamás se cansa de perdonar, pero nosotros, a veces, nos cansamos de pedir perdón. No nos cansemos nunca».

«Y ahora vamos a rezar el ángelus. *Angelus Domini nuntiavit Mariæ...*», rezó en latín.

Hasta entonces había hablado siempre en italiano. Tras la oración estaba previsto que leyera unos saludos en ocho idiomas, entre ellos, también el español. Pero como no se sentía seguro en francés ni en inglés, prefirió ignorarlos y se despidió en italiano. Quería que de aquel ángelus quedara sólo una idea y para asegurarse de que así era la repitió de nuevo: «No olvidéis esto: el Señor nunca se cansa de perdonar. Somos nosotros los que nos cansamos de pedir perdón». Luego, se despidió con un saludo muy poco solemne: «Que paséis un buen domingo y que tengáis un buen almuerzo».

No se quedó para escuchar los aplausos de aquellos miles de peregrinos. Habló sólo doce minutos, y se limitó a tocar un tema, la misericordia, el mismo que había tratado en la homilía de esa misma mañana. Es lo que me había advertido la mujer argentina que conocí en la plaza de San Pedro tras la fumata blanca: «El nuevo Papa habla muy claro, y repite las cosas hasta que se entienden».

Era domingo, pero Francisco no estaba dispuesto a tomarse el día libre. Por la tarde el Papa recibió algunas visitas en la Casa Santa Marta. Entre otros, estuvo con un viejo amigo, Marcello Semeraro, el obispo de Albano, la diócesis a la que pertenece Castel Gandolfo. Luego, como prometió dos días antes, y para tranquilidad del recepcionista de los jesuitas, pasó unas horas con Adolfo Nicolás.

El primer general de los jesuitas que se reunió con un papa de su orden llegó puntual a la Casa Santa Marta, a las 5:30 de la tarde. Lo que no se imaginaba era que el propio Francisco le estaría esperando en la misma puerta, como efectivamente ocurrió.

Fue un encuentro familiar, con una fuerte carga emotiva para los dos.

—Me recibió con el abrazo con que nos solemos saludar los jesuitas, y a petición suya nos hicimos algunas fotografías. Ante mis disculpas porque no me ajustaba al protocolo, insistió en que le tratara como a cualquier otro jesuita, llamándole de tú, de modo que no tuve que estar pendiente de darle el tratamiento de Santidad o Santo Padre —explicó.

Además de invitarlo a comer en la curia de los jesuitas, Adolfo Nicolás le ofreció «todos los recursos de que dispone la Compañía, ya que, en su nueva situación, va a verse necesitado de personas, grupos de consejo y reflexión, etc.».

—Se mostró agradecido por mi ofrecimiento.

Estuvieron hablando de muchas cosas, del pasado, presente y futuro, «y con paz y humor». No era el tipo de encuentro que el superior de la principal orden religiosa del mundo católico imaginaba que tendría con un papa.

—Cuando terminamos me ayudó a ponerme el abrigo y me acompañó a la puerta. Esto me proporcionó unos cuando saludos de parte de los guardias suizos que allí estaban —bromeó Adolfo Nicolás.

También yo estuve todo aquel domingo trabajando. Me tocó enviar una noticia en la que expliqué que la primera gran propuesta de Francisco había sido una invitación a contemplar la misericordia de Dios. Imaginé que lo había dicho porque coincidía con el texto del Evangelio de aquel día. Sin embargo, ahora comprendo que para Bergoglio es una cuestión tan fundamental que, si sólo hubiera podido hacer un discurso en su pontificado, habría hecho este mismo. Porque «la misericordia es el mensaje más fuerte de Dios».

7

Un programa de gobierno

La primera cita importante para cada nuevo papa es la misa de inicio de pontificado. Se trata del punto de partida oficial, el momento en el que recibe los signos del papado: el palio y el anillo del pescador. Lo habitual es que, en esta ceremonia en la plaza de San Pedro ante jefes de Estado de todo el mundo, el nuevo obispo de Roma adelante sus prioridades, más o menos su programa de gobierno.

En 1978, en esta misa, Juan Pablo II lanzó su poderoso grito: «No tengáis miedo, ¡abrid las puertas a Cristo!». En principio era un llamamiento a los países del Telón de acero, pero a lo largo de los años se convirtió en el hilo conductor de su mensaje, y lo aplicó a todas las facetas de la vida.

Muchos recordarán que Benedicto XVI, en su misa de inicio de pontificado, reivindicó la humanidad de la fe. Dijo que sólo en la amistad con Dios se despliegan «las grandes potencialidades de la condición humana, y experimentamos lo que es bello y lo que nos libera».

Personalmente, tenía mucha curiosidad por escuchar el primer mensaje explícitamente programático de Francisco. Por fin íbamos a conocer la idea recurrente de su pontificado. Había llegado el momento de que levantara sus cartas y mostrara sus auténticas intenciones.

En el fondo estaba convencido de que no sería una sorpresa clamorosa porque en sus primeros cinco días como obispo de Roma había dado ya suficientes pistas. Especialmente revelador fue el encuentro del sábado 16 de marzo con los cinco mil periodistas que se habían acreditado para informar sobre la renuncia, la sede vacante y el cónclave.

Allí se derrumbó mi primer prejuicio contra Jorge Mario Bergoglio: el de su supuesta alergia a los periodistas. O al menos, lo confundió: si era cierto que Francisco desconfiaba de los periodistas, lo disimulaba perfectamente. Durante el encuentro de casi una hora no paró de sonreírnos, bromeaba, saludaba de lejos a quienes reconocía... Incluso a mitad del discurso, dejó a un lado los papeles y reveló algunos detalles del cónclave, como las bromas que le hicieron algunos cardenales cuando tenía que elegir el nombre.

—Pero tú deberías llamarte Adriano, porque Adriano VI fue el reformador, y hace falta reformar —le dijo un cardenal.

Y otro:

—No, no, te deberías llamar Clemente.

—¿Clemente? ¿Y ¿por qué? —preguntaba el Papa.

—Llámate Clemente XV: así te vengas de Clemente XIV, que suprimió la Compañía de Jesús —le había respondido.

Nos contó también detalles mucho más importantes. Allí reveló que cuando obtuvo 77 votos y superó la mayoría necesaria de dos tercios, estalló «el acostumbrado aplauso» de los cardenales, y el brasileño Claudio Hummes, que estaba a su lado, le abrazó, le besó y le dijo:

—No te olvides de los pobres.

—En ese momento, pensando en los pobres, me vino a la cabeza el nombre Francisco de Asís —explicó—. Mientras proseguía el escrutinio hasta terminar todos los votos, pensé en las guerras. Francisco es el hombre de la paz. Así el nombre entró en mi corazón: Francisco de Asís.

Quiere ser un constructor de paz, anoté mentalmente.

Ocho años antes Benedicto nos había explicado en su primera audiencia general que él había elegido su nombre por el papa de la I Guerra Mundial, Benedicto XV, quien propuso un acuerdo de paz justo para todas las potencias. Era evidente que muy pocos entendieron esta emulación del pacífico Benedicto XV, un desconocido para el gran público. A san Francisco, sin embargo, lo conocen todos. Incluso los no católicos. Es un santo muy respetado por los ortodoxos y los protestantes. Allí ante la prensa, el Papa recordó que ese santo evoca «al hombre que ama y custodia la creación». «En este momento no tenemos una relación muy buena con la creación, ¿verdad? San Francisco es el hombre que nos da este espíritu de paz, el hombre pobre... ¡Ah, cómo quisiera una Iglesia pobre y para los pobres!».

Allí, en el gran salón de audiencias, lo miraba y me parecía ver un volcán en erupción. Nos sorprendía con algo, y un minuto después iba aún más allá: los pobres, la paz, el respeto a la naturaleza... Empezaba a entender que los gestos del nuevo papa eran imprevisibles porque le salían del corazón y que cada uno desplegaba un fuerte mensaje: la visita al cardenal enfermo, la factura de su hotel, el Volkswagen, los zapatos negros, sus familiares... Y ahora, una Iglesia pobre y para los pobres.

Desde el lugar que nos asignaron para la misa de inicio de pontificado, miré a los miles de personas que había en la plaza, y pensé en Malena Bergoglio y sus hijos, que seguramente estaban viendo la misma escena, pero por televisión y en su casa de Buenos Aires. Eran los grandes ausentes. En Roma, junto a los cien mil peregrinos, el Papa estuvo acompañado por tres «invitados personales», sentados en primera fila, delante de las autoridades. Eran un recogedor de cartones, un profesor vestido con la misma bata blanca que lleva ante sus alumnos y una misionera argentina que vive en Tailandia.

El primero se llama Sergio Sánchez, y es uno de los líderes de los «cartoneros» de Buenos Aires. Vestía el chándal azul y verde que usa cada día en su trabajo por las calles. Es portavoz del Movimiento de Trabajadores Excluidos, una cooperativa que reúne a cuatro mil personas e intenta dar empleo digno a quienes carecen de trabajo o formación. Como muchos otros, se gana la vida «reciclando»: buscando en las papeleras y basureros trozos de cartón y restos de periódicos para venderlos.

Después de la ceremonia lo encontré en la plaza de San Pedro. Me contó que muy pocas personas importantes les hacen caso, pero que desde hace tiempo Jorge Mario Bergoglio había apadrinado su causa y cada año celebraba una misa para ellos. Me contó que eran misas al aire libre, que iban siempre con sus carros y que también participaban costureras de talleres clandestinos, exprostitutas y niños explotados. Han organizado este movimiento para que el Estado les reconozca los servicios sociales, la pensión, el derecho a tener sindicatos. Tomé nota: un papa sensible a los abusos en el trabajo.

—Hoy lo he saludado antes que los presidentes porque éramos como la familia y él nos saludó como su familia —me dijo emocionado.

A partir de entonces, he vuelto a encontrar varias veces a Sergio Sánchez en el Vaticano. Francisco quiere que se ponga rostro, nombre y apellidos a quienes afrontan estas situaciones, para que todos reconozcan la dignidad del trabajo que realizan los cartoneros y contribuyan a mejorar sus condiciones de vida.

El segundo «invitado personal» a la misa en San Pedro era el profesor José María del Corral. Edad intermedia, cabello blanco, varios bolígrafos en el bolsillo de su bata blanca. Conversación amable, cercano y didáctico: el típico profesor.

—Me vine a Roma a pesar de que Francisco dijo que no lo hiciéramos, pero yo en algunas cosas no le hago caso. No sé cómo debo hacer ahora que es Papa —explicaba entre risas.

Como invitados personales, Sergio y José María se alojaban en la Casa Santa Marta.

—Francisco salió del ascensor por sorpresa —me contó el profesor Del Corral—. Él no sabía que yo estaba aquí, ni yo esperaba verlo tan rápido. Nos vimos, le di un abrazo y le dije:

—¿Cómo te llamo ahora?

—Por supuesto, llámame Jorge —me dijo—. ¿Cómo me vas a llamar si no?

Me emocioné y me puse a llorar. Luego me dijo:

—Quiero que estés sentado en el lugar de mi familia.

José María del Corral y Jorge Mario Bergoglio llevan más de quince años colaborando.

—Cuando fue nombrado arzobispo, su primer acto de gobierno fue organizar una Vicaría de educación —me explicó—. Queríamos mostrar que la educación no puede dejarse sólo en manos de los docentes en el aula, sino que es un compromiso de toda la sociedad.

José María representaba el trabajo educativo de Bergoglio, con quien impulsó proyectos para que se conocieran muchachos de religiones y clases sociales diferentes.

—Enseñamos a los chicos que lo más importante es lo que tienen a su lado: el prójimo. En los encuentros comparten algunas preocupaciones, como las drogas o la violencia. Intentamos enseñarles allí en la calle cómo cambiar el mundo —me explicaba para que entendiera quién era el arzobispo de Buenos Aires.

La tercera invitada personal era una mujer, Ana Rosa Sivori, religiosa argentina salesiana, prima segunda del Papa. Su abuelo era hermano del abuelo materno de Francisco, y ellos son primos segundos. Trabaja en una misión en Tailandia. Es una señora muy esquiva y discreta (lo lleva en los genes) y no pude conocerla personalmente. Supe que se ocupaba de una escuela infantil y que cuando viajaba a Buenos Aires y visitaba a su primo el cardenal, éste siempre le daba un encargo:

—Reza por mí y pide a las religiosas ancianas que también lo hagan.

Aquella mañana en la plaza de San Pedro, había 130 delegaciones oficiales con reyes, príncipes, presidentes y primeros ministros. Acudieron muchas personas con las que Jorge Mario Bergoglio había compartido momentos importantes a lo largo de su vida: políticos, periodistas, amigos... Sin embargo, sólo a estos tres les reservó un sitio para que estuvieran cerca de él, sentados donde los demás pudieran verlos. Un cartonero, un profesor y una misionera.

La tarde anterior, mientras preparábamos la cobertura especial, Rafa Cabrera, nuestro redactor jefe, me preguntó:

—Visto que es imprevisible, ¿tú qué crees que hará en la misa?

—¿A qué te refieres? —le respondí.

—¿Hacemos apuestas sobre qué sorpresa nos hace?

Como siempre, tenía demasiadas cosas en la cabeza como para pensar en apuestas. Rafa había sabido mirar más allá y fue al grano.

—Yo creo que será el primer papa que va a detener el papamóvil y va a bajarse para saludar a la gente —dijo.

Sonreí y pensé que era poco probable. Me equivocaba. Obviamente.

En torno a las 8:50 del martes 19 de marzo de 2013 los guardias suizos se pusieron firmes y el papamóvil entró en la plaza de San Pedro por el Arco delle Campane. Francisco parecía tranquilo, listo para aquella importante ceremonia. Bendecía, saludaba y extendía los brazos para acortar distancias con las personas que estaban allí. Había decenas de miles de peregrinos en la plaza, y muchos más que llegaban hasta la mitad de via della Conciliazione. No se habían distribuido invitaciones para la ceremonia para facilitar que acudiera todo el que lo deseara.

El papamóvil descubierto avanzaba despacio entre la gente. Junto al conductor estaba sentado Sandro Mariotti, el mayordomo de los papas, y, detrás de él, el sacerdote Alfred Xuereb. Don Alfred, que atendió durante los últimos años a Benedicto XVI y que respondió al teléfono en Castel Gandolfo tras la fumata blanca, se acababa de convertir en el secretario de Francisco.

El Papa iba de pie. Volvía la cabeza hacia los lados para responder a las miradas de las personas. Levantaba el pulgar para sonreír con las manos. Le aplaudían, le llamaban por su nombre, le saludaban, le hacían fotos, le acercaban niños para que los bendijera... A pesar de la confusión que le rodeaba, yo tenía la impresión de que estaba muy atento a lo que sucedía a su alrededor. Si no fuera así, no habría hecho lo que hizo.

Entre los miles de personas, de repente vio a un enfermo italiano: Cesare. Estaba en uno de los laterales, en primera fila. A sus 50 años lucía una estupenda sonrisa. Como tenía que estar recostado en una camilla, su amigo Corrado y otros voluntarios lo sostenían en brazos y lo alzaban. También él gritaba con su voz ronca el nombre del Papa. Francisco le escuchó, se conmovió y pidió que detuvieran el papamóvil. El chófer dudó.

—Detenga el coche, por favor, debo bajar un momento —insistió Francisco.

Los agentes de seguridad tampoco se lo esperaban, pero no tuvieron más remedio que aceptar. Se detuvo el papamóvil en medio de la plaza. Francisco bajó, volvió unos pasos atrás y se acercó hasta Cesare. Lo acarició, le besó la cabeza, luego el rostro, lo volvió a acariciar. Lo bendijo. Dio la mano a los voluntarios que lo llevaban. A su alrededor algunos coreaban emocionados «¡Francisco, Francisco!».

—Gracias, porque este saludo a Cesare ha hecho que sus esfuerzos y la espera valgan la pena —le dice uno de los voluntarios.

El Papa lo acarició de nuevo. Ni él ni Cesare consiguieron hablar. Sobraban las palabras. Les sonrió y regresó al papamóvil. Como si nada.

El protagonista de este pequeño gesto padece la esclerosis lateral amiotrófica desde los ocho meses de edad. Su rostro aquel día en el Vaticano era la imagen de la felicidad.

—En 1982, en una audiencia a peregrinos de mi ciudad, San Benedetto del Tronto, Juan Pablo II me dio un beso. Hoy el papa Francisco me ha besado de nuevo la frente. Soy muy feliz —dijo—. Nosotros no entendíamos por qué había detenido el coche, y de repente nos dimos cuenta de que se había parado por mí —relató emocionado.

—¿Sabe una cosa? Abrazando a Cesare ha abrazado a cada hombre que sufre —explicó a los periodistas el enfermero que lo acompañaba.

Cuando vi esa escena por televisión, recordé que estábamos esperando un discurso programático. Francisco iba a leerlo en menos de 30 o 40 minutos. Pero me pareció que ese gesto encerraba ya un ambicioso programa y valía más que mil discursos. Y me alegré de no haber apostado nada con el redactor jefe[1].

Por fin comenzó la misa. Se trataba, lógicamente, de una ceremonia muy solemne. El Papa había revisado el ritual y había eliminado varios elementos no esenciales para que no se alargara más de lo necesario. Por ejemplo, según lo previsto, todos los cardenales debían pasar ante él y, arrodillados, prometerle obediencia. Pero asistían 160 cardenales, muchos de ellos ancianos, y por eso Francisco limitó el saludo a seis de ellos, que lo harían en representación de los demás.

Al principio de la ceremonia, el cardenal decano Angelo Sodano le entregó el anillo del pescador. Era de plata dorada, con una hermosa imagen de san Pedro. El Papa lo usó durante aquella ceremonia y desde entonces no se lo he vuelto a ver puesto.

---

1. Cesare Cicconi falleció dos años después.

No lo ha llevado nunca, igual que tampoco solía ponerse antes su anillo cardenalicio. Sigue llevando su pequeño anillo episcopal.

Por primera vez en la historia asistió también el patriarca ecuménico, líder de la Iglesia ortodoxa. Seguro que le gustó escuchar el Evangelio en griego, un homenaje a las Iglesias cristianas orientales. Tras esa lectura, el Papa se acercó a un atril y de pie, en lugar de sentado, comenzó su homilía.

Arrancó con voz tímida, serena. Hablaba despacio. No se limitaba a leer, ponía énfasis en algunas palabras para ayudar a seguir el texto. Las subrayaba con dulzura, con gestos que no distraían.

Algunos quizá pensaron que iba a enumerar una lista de reformas, los puntos del programa de su pontificado. Pero no lo hizo. En su lugar, pronunció una homilía desarmante, extremadamente sencilla, que me ayudó a comprender el sentido de los gestos que habíamos visto en los últimos días, y a prever los que veríamos a partir de entonces.

Como titular de la noticia escogí su frase: «No tengáis miedo a la ternura». En el texto dije que había pronunciado 30 veces la palabra *custodiar* e intenté explicar que Francisco había invitado a las personas a custodiarse unos a otros «con ternura». Ahora era explícito su programa de gobierno: custodiar con ternura.

Se trata en primer lugar de custodiar toda la creación, como explicó Francisco. «Es tener respeto por todas las criaturas de Dios y por el entorno en el que vivimos. Es custodiar a la gente, preocuparse por todos, por cada uno, con amor, especialmente por los niños, por los ancianos, por quienes son más frágiles y a menudo se quedan en la periferia de nuestro corazón. Es preocuparse uno del otro en la familia: los cónyuges se guardan recíprocamente y luego, como padres, cuidan de los hijos, y con el tiempo, también los hijos se convertirán en cuidadores de sus padres. Es vivir con sinceridad las amistades, que son un recíproco protegerse en la confianza, en el respeto y en el bien. En el fondo, todo está confiado a la custodia del hombre, y es una responsabilidad que nos afecta a todos».

Acababa de inaugurarse oficialmente un pontificado de gestos, y de algunas palabras. Pensé en el abrazo a Cesare. Pensé en la alegría que había generado alrededor. Francisco tenía razón: la ternura es capaz de cambiar el mundo. Quizá sea la única medicina capaz de empezar a curar a un mundo herido como el nuestro.

A lo largo de estos primeros años, seguir al papa Francisco y contemplar cómo despliega ternura me ha permitido mirar con ojos nuevos «periferias existenciales» que hasta entonces había visto sólo de lejos: las cárceles, las personas que han sufrido abusos, los inmigrantes ilegales, los ancianos abandonados, los mendigos... He visto cómo busca continuamente ocasiones para acercarse a quienes sufren. Luego, no les dice nada, simplemente los custodia con ternura.

8

Donde sea más necesario

Pasó el cónclave, se marcharon los cardenales y teóricamente debía volver la normalidad a la vida de los vaticanistas. Al menos, eso pensábamos. En pocos días comenzó la Semana Santa. Y el Jueves Santo, como hacía en Buenos Aires, Francisco decidió saltarse la tradición de celebrar la misa en su catedral, en este caso la basílica de San Juan de Letrán. Su razonamiento fue: «¿Quiénes necesitan tener cerca al Papa en un día como hoy?».

Llevaba pocos días en la Ciudad Eterna, por lo que preguntó a los veteranos. Pidió consejo a dos o tres colaboradores sobre cuál era el lugar más oportuno, y tras pensarlo un poco, decidió pasar su primer Jueves Santo como obispo de Roma en la cárcel de menores de Casal del Marmo para rezar con las 72 personas que cumplían condena. La mayoría estaba allí por robos o atracos, pero dos habían sido acusados de homicidio premeditado. Los cinco más jóvenes tenían 14 años, y los mayores, 21. En esta cárcel siguen siempre la misma rutina: a las 8:00 suena el despertador. Después del desayuno reciben cursos para aprender un oficio: de aquí salen carpinteros, tapiceros y sastres. Otros trabajan en la granja con las gallinas y las cabras. Eso sí, mientras están en la cárcel, pasan encerrados en las celdas todos los días desde las 12:45 hasta las 15:30, y por la noche, desde las 19:45.

Francisco llegó a media tarde. No había multitudes esperándole en la puerta, sólo la ministra italiana de Justicia y cuatro o cinco policías. Sin detenerse en protocolos, el Papa entró en la pequeña capilla de la cárcel, decorada con sobrios mosaicos dedicados a Dios Padre Misericordioso. Era pequeña y estaba abarrotada de gente. Algunos presos improvisaron un coro junto a los voluntarios y se encargaron de los cánticos de la ceremonia. Francisco les escuchaba orgulloso, sin esconder la emoción. Se le veía feliz.

Como prevé el rito, llegado el momento, se quitó la casulla y se quedó sólo con el alba, la túnica blanca que usan los sacerdotes. Le entregaron una toalla tejida con hilos de Tierra Santa y restos de una red de pescadores del Lago de Tiberíades, el mismo en el que pescaba san Pedro. A su lado, un sacerdote sujetaba una jarra y un cuenco para recoger el agua.

Francisco se acercó a la primera fila de bancos. Allí, sentados, le observaban doce jóvenes que estaban cumpliendo condena, diez chicos y dos chicas. Eran los veteranos de la prisión, los que llevaban más tiempo pagando por sus culpas. Al Papa no le importó que entre ellos, además de católicos, hubiera ortodoxos y musulmanes. El capellán les hizo un gesto para que se quitaran los zapatos. Y aunque ya les habían avisado, vieron atónitos cómo Francisco se arrodillaba ante cada uno e, inclinado, echaba un poco de agua sobre el pie, lo secaba y lo besaba. Después alzaba los ojos y les miraba con respeto y agradecimiento. Comprendí que ese gesto, pequeño, pero de gran fuerza, devolvía de alguna forma la dignidad a estas personas.

«¿Sabéis qué significa todo esto?», les preguntó durante la homilía. «Que tenemos que ayudarnos unos a otros. A veces me enfado con uno o con otra... Déjalo pasar. Y si te pide un favor, hazlo. Esto es lo que Jesús nos enseña y lo que yo hago. Y lo hago de corazón porque es mi deber».

Después de la misa, se detuvo a charlar algunos minutos con ellos en el gimnasio. Les había traído del Vaticano huevos de chocolate y unas *colombas*, el dulce que se regala en Italia con motivo de la Pascua. Y entre sonrisas, silencios y abrazos, los jóvenes le entregaron un crucifijo y un reclinatorio de madera que habían hecho con sus propias manos en el taller de carpintería.

Uno de ellos lo miraba intrigado.

—¡Padre! Muchas gracias por haber venido —le dijo. Se veía que algo le intrigaba, que quería seguir hablando, pero no se atrevía. El Papa lo miró invitándolo a continuar—. Padre... Yo quiero saber una cosa: ¿por qué has venido justo aquí, a Casal del Marmo? Sólo esto. ¿Por qué?

—Lo tenía en el corazón, lo he sentido —empezó a responder el Papa—. Me pregunté: ¿dónde están las personas que pueden ayudarme a ser más humilde, a servir como debe servir un obispo? Lo he preguntado a otros: ¿A quiénes les gustaría que les visite el Papa? Y me dijeron: Quizá a los de Casal del Marmo. Y por eso he venido. Pero me sale del corazón. Lo que nos sale del corazón no puede explicarse. Se hace sin pensar las razones.

Ninguno de los prisioneros pudo acompañar a su invitado hasta la salida de casa. Francisco salió solo, se subió al coche y se marchó de vuelta al Vaticano. Dentro, cuando se cerraron las puertas, todos se quedaron en silencio. La visita les había cambiado.

—Es la primera vez en mi vida que me he sentido amado —murmuró uno.

Allí en Casal del Marmo el Papa había predicado con el ejemplo. Estaba custodiando con ternura a jóvenes heridos, que a menudo se desprecian a sí mismos, se sienten despreciados por sus errores del pasado y buscan una segunda oportunidad. Custodiar con ternura para curar las cicatrices más dolorosas del pasado.

—Santo Padre, nos envían desde Brasil la nueva propuesta de actos para su viaje —le dijo uno de sus colaboradores mostrándole un dosier.

Benedicto XVI había legado a Francisco una cita en Río de Janeiro para la Jornada Mundial de la Juventud prevista para ese mismo año. Estos encuentros multitudinarios fueron una intuición genial de Juan Pablo II: movilizar a chicos y chicas de todos los continentes, ayudarles a aprender unos de otros cómo vivir la fe, y a darse cuenta de que no están solos, como podría parecer a veces en sus lugares de origen. Las fechas ya estaban decididas: 27 y 28 de julio. Los obispos brasileños habían propuesto a Benedicto un programa tranquilo, compatible con sus fuerzas y con los 86 años que tendría en aquel momento. Pero al comprobar la reserva de energías que tenía Francisco, preguntaron al Papa si podían añadir otros encuentros. Enviaron esta propuesta con ideas muy variadas como una reunión ecuménica, una visita a deportistas del Mundial de Fútbol y atletas olímpicos, un concierto...

Francisco confirmó que podía participar en muchos más encuentros y leyó detenidamente la lista de propuestas: jugadores de fútbol, un concierto... La devolvió sonriente, sin señalar ninguna de ellas y les pidió que la agenda definitiva incluyera visitas a pobres, a personas marginadas y a enfermos. Les dijo que también le gustaría ir a un lugar dedicado a la Virgen María, quizá Aparecida, donde ya estuvo en el año 2007.

A partir de entonces, sus viajes han seguido este mismo esquema: encuentros con pobres, enfermos y marginados, y visitas a la Virgen María. Ése es su estilo.

La eficaz maquinaria *brasileira* se puso en marcha y en pocas semanas ya era pública una nueva agenda a la medida de Francisco: El Papa llegaría a Brasil un lunes por la noche tras catorce horas de vuelo. El martes tendría el día libre para recuperarse del *jet lag*. El miércoles podría visitar el santuario de Aparecida, la patrona de Brasil, a unos 200 kilómetros de Río; por la tarde, iría a un hospital de indigentes, toxicómanos y alcohólicos. El jueves, iba a recibir las llaves de la ciudad y bendecir las banderas olímpicas de 2016; a continuación, iría a una favela y más tarde a un encuentro en la catedral con jóvenes argentinos. El viernes, Francisco escucharía las confesiones de algunos jóvenes y se reuniría con chicos de la cárcel en la residencia del arzobispo. El sábado, reunión con empresarios y políticos; y el domingo, encuentro con representantes de los obispos latinoamericanos.

Ésa es la lista de «añadidos». Obviamente, se confirmó el resto de eventos ya previstos: varias misas, un Vía Crucis, una vigilia al anochecer, encuentros con la presidenta, etc. Era un plan bastante duro para una persona de 76 años, pero era su modo de custodiar con ternura a los cientos de miles de jóvenes que llegarían de todo el mundo para verle y escucharle.

En la geopolítica de sus viajes le guía el mismo criterio del Jueves Santo: ir donde sea más necesario. El primer país europeo que visitó fue Albania y el segundo Bosnia-Herzegovina, quizá los dos más pobres del continente. Se plantó en Seúl para rezar por la reconciliación con sus vecinos de Corea del Norte; viajó a Filipinas para abrazar a los supervivientes del tifón Yolanda; en Turquía entró en la mezquita más importante del país, rezó junto al Gran Muftí de Estambul, y luego cambió la agenda para detenerse en un hospital y rezar junto a Mesrob II, el patriarca de la Iglesia armenia gravemente enfermo de alzhéimer; en Sri Lanka visitó un santuario católico en el que se refugiaron miles de personas de todas las religiones durante la guerra civil; en Palestina detuvo el coche para rezar ante el muro de cemento que les separa de Israel; y en Jerusalén visitó un memorial que recuerda a los israelíes fallecidos en atentados terroristas. La lista es interminable. El hilo conductor de estas visitas es siempre el mismo: que quien sufre se sepa acompañado, comprendido y consolado por el Papa.

Pocos meses después de ser elegido, el 4 de octubre, fiesta de San Francisco de Asís, viajó a esta ciudad italiana para rezar ante la tumba de su patrón. Aprovechando la visita, avisó al obispo de que le gustaría poder reunirse también con jóvenes, familias, catequistas, sacerdotes, frailes franciscanos... Y, por supuesto, con pobres y enfermos.

Con los pobres se reunió a media mañana, en la residencia del obispo; más tarde, almorzó con un grupo de personas asistidas por Cáritas, para conocerles personalmente y escuchar sus historias. A los enfermos les reservó el primer encuentro de la jornada, el más emocionante del breve viaje.

El helicóptero del Papa despegó del Vaticano poco después de las 7:00 de la mañana y llegó a Asís a las 7:30, con un cuarto de hora de adelanto. Pocos minutos después ya estaba en la puerta del centro de rehabilitación del Instituto seráfico, que atiende a unos 60 jóvenes con graves discapacidades. Le esperaban dentro de una iglesia. Cada uno estaba atendido por un voluntario.

No era una visita protocolaria. No quería estar con ellos para pronunciar un discurso de cortesía. De los 45 minutos reservados para el encuentro, el Papa dedicó treinta a saludar a los muchachos. Se detuvo con cada uno de ellos, con gran respeto y enorme soltura. Les tomaba la mano, les besaba en la frente, les hablaba aunque no dieran muestra de escucharlo o entenderlo. Saludaba a los voluntarios, pero se volcaba con cada paciente, como si fuera el único presente en aquel lugar. No había un coro. No había aplausos. El único rumor era la respiración fuerte de los jóvenes, los gemidos de los enfermos más graves y el llanto contenido de sus acompañantes.

A su lado estaba Francesca Di Maolo, la directora del centro. Ella puso palabras a lo que el Papa estaba haciendo con sus besos y abrazos.

—Necesitamos que se nos mire con ojos nuevos. Está en juego la dignidad y la vida del hombre. Todos somos responsables. Todos somos custodios de los demás. No podemos ser indiferentes —dijo emocionada.

Por su parte, el Papa explicó por qué derrocha ternura con los enfermos. Lo había aprendido de un santo chileno, el jesuita Alberto Hurtado.

—En el altar adoramos la carne de Jesús; en estas personas encontramos las llagas de Jesús. Jesús oculto en la Eucaristía y Jesús oculto en estas llagas —dijo.

Dios oculto en las heridas de los hombres. Esa misma imagen me vino a la mente meses después, cuando besó con devoción religiosa las manos de varios supervivientes del genocidio en el Memorial del Holocausto de Jerusalén, o cuando se salió de la ruta prevista en Manila para visitar un orfanato, o cuando dedicó una mañana entera a atender a víctimas de abusos en la Casa Santa Marta. Para Francisco, Dios está presente en la humanidad que sufre. Y él va a buscarlo en esas heridas.

Miércoles 26 de junio de 2013. En Santa Marta, tres cardenales concelebran la misa con Francisco y después desayunan con él. Uno cumple ese día 50 años de sacerdocio. Es un encuentro entre amigos, una fiesta familiar. Mientras toman café con leche y pan con mermelada, hablan de temas variados. Recuerdan a amigos comunes, experiencias paralelas, preocupaciones, las dificultades del sacerdocio... Francisco les confía que le ha conmovido una carta que acaba de recibir. Es del párroco de Lampedusa, una isla italiana a medio camino entre las costas de África y las de Europa. Esta tierra es el punto de llegada para miles de personas que escapan de la guerra, de las torturas y del hambre en busca de una vida mejor. Es un viaje de la esperanza que muchos emprenden, pero que muy pocos consiguen coronar: al menos veinte mil personas han perdido la vida intentando atravesar el Mediterráneo.

«Padre Francisco, las lágrimas que recorren los rostros de quienes aquí son rescatados hablan de sol y de sal, de calambres de frío y hambre, de nostalgia de paisajes y pueblos dejados atrás pero no abandonados. Han partido movidos por la búsqueda de un destino mejor para ellos y para sus hijos, escapando de una persecución que humilla a sus almas antes que a sus cuerpos, y que anula la libertad del corazón», había escrito el párroco de la isla, Stefano Nastasi.

«Le invito a peregrinar a este santuario de la Creación, en el que, gracias a la amistad que les brindamos hoy, en miles de emigrantes sin patria y sin nombre ha renacido la esperanza en el mañana. Santidad, el corazón del Mediterráneo le espera».

Ya algunas semanas antes le había invitado formalmente el arzobispo de Agrigento, Francesco Montenegro, a quien dos años más tarde nombraría cardenal. Para convencerle, el arzobispo le había regalado una cruz pectoral de madera, tallada por un carpintero de Lampedusa con restos de una barca que había naufragado mientras transportaba inmigrantes desde las costas de Argelia.

—Estas personas que llegan sin nada necesitan un gesto de misericordia... ¿Qué diríais si mi primera salida de Roma fuera a la isla de Lampedusa? —preguntó el Papa a los tres cardenales en aquel desayuno entre sorbos de capuchino. No sé qué respondieron. Pero estoy convencido de que Francisco ya había tomado la decisión.

Al Papa le habían impactado las fotografías de un naufragio en el Mediterráneo publicadas quizá un par de días antes. Para salvar la vida, decenas de personas pasaron horas agarradas a unas redes de pesca de atunes. Cuando descubrieron a los polizones, los tripulantes del barco cortaron las redes y los dejaron a la deriva. La Guardia Costera italiana consiguió rescatar a 95 de ellos, pero al menos otros siete no tuvieron fuerzas para seguir agarrados, se soltaron y murieron ahogados.

El 1 de julio de 2013 el Vaticano publicó el anuncio oficial: «El papa Francisco está profundamente conmovido por el reciente naufragio de un barco que transportaba inmigrantes procedentes de África, última de una serie de episodios trágicos similares, y quiere rezar por quienes han perdido la vida en el mar, visitar a los supervivientes y refugiados, animar a los habitantes de la isla y hacer un llamamiento a la responsabilidad de todos para asegurar el cuidado de estos hermanos y hermanas en situación de extrema necesidad». Sería su primer viaje papal.

Según el plan previsto, el Papa estaría cuatro horas en la isla. Uno de sus más estrechos colaboradores explicó que el objetivo de la visita era «llorar por las víctimas». Por eso ni siquiera se quedaría a almorzar allí y pidió que se limitara al máximo la presencia de autoridades religiosas o civiles. Quería estar solo con los emigrantes.

Despegó del aeropuerto romano de Ciampino a las ocho de la mañana del 8 de julio y llegó a la isla mucho antes de lo previsto. Al pie de la escalerilla abrazó emocionado al párroco don Stefano y al arzobispo Montenegro, «culpables» del viaje. Con ellos, se trasladó hasta la Cala Pisana, y subió a la embarcación 282 de la Capitanía del Puerto. Ese barco es un héroe del mar: ha rescatado a unos 30.000 náufragos. Junto al Papa navegaban en sus barcas muchos pescadores lampedusanos, que hacían sonar sus sirenas para saludar al sucesor del pescador de Galilea.

Estaban prácticamente sobre un cementerio marino en el que descansan miles de náufragos de barcazas débiles como cáscaras de nuez, que habían intentado sin éxito cruzar el canal de Sicilia. La embarcación de Francisco se detuvo a una cierta distancia de la isla, en la llamada Puerta de Europa, desde donde miles de norteafricanos ven por primera vez la «tierra prometida». Allí, mirando al mar, rezó unos instantes y lanzó a las aguas una corona de margaritas blancas y amarillas.

Poco después, desembarcó en Lampedusa por la Punta Favarolo, el mismo puerto al que llegan los inmigrantes cuando son rescatados en alta mar. Justo esa noche, algunas horas antes, habían desembarcado allí mismo 166 personas, y se estaban recuperando del agotamiento en el centro de acogida. Otros cuarenta inmigrantes esperaban al Papa en el muelle. Me impresionó lo jóvenes que eran. La mayoría eran hombres, pero reconocí al menos a una mujer. Algunos dijeron que se habían fugado de un campo de adiestramiento en Eritrea. Miraban a Francisco, y cuando se les acercó, rompieron a cantar una canción que hablaba sobre la Virgen María.

—Pues cantáis muy bien, ¿eh? —les dijo sonriendo.

Luego, los saludó uno a uno. A los más tímidos, un apretón de manos. A los más atrevidos, un abrazo. Les visitaba no sólo para apoyarlos, sino para consolarlos personalmente. Estaban alegres, aunque mirando las imágenes trataba de imaginar lo que habrían visto sus ojos antes de llegar hasta ahí: han pagado a funcionarios corruptos sin escrúpulos para escapar; han atravesado el desierto con sed, sol, frío, miedo, hambre; han debido dejar atrás a los compañeros que no tenían fuerzas para seguir adelante.

—Estamos aquí porque hemos escapado de nuestros países por motivos políticos o económicos. Para llegar hasta aquí hemos superado muchos obstáculos, nos han secuestrado traficantes de personas. Hemos sufrido mucho. Santo Padre, queremos su ayuda y que otros países nos ayuden —le dijo uno en nombre de todos.

—Rezo por vosotros, y rezo por los que ya no están —se escuchó que respondía el Papa.

Los gestos en Lampedusa fueron fuertes, pero también lo fueron las palabras. Celebró la misa junto al puerto, con el susurro de las olas de fondo. Llevaba vestiduras moradas, las que usan los sacerdotes para los funerales. Fue una ceremonia penitencial para pedir perdón a Dios por los sufrimientos que padece cada inmigrante ilegal.

Con el brazo izquierdo sostenía un pastoral, un bastón con forma de cruz confeccionado con maderas sin pintar de un barco naufragado. El ambón para las lecturas tenía tres timones de barcos destrozados. También el cáliz había sido hecho con maderas de barcas destrozadas, empapadas de sufrimiento, excepto el vaso, que era de metal dorado como prevén las normas litúrgicas. En la base llevaba un clavo, en recuerdo de la Pasión de Jesús y del sufrimiento de los inmigrantes. El altar estaba apoyado en la barca con la que un pescador había rescatado a varios náufragos.

Un diácono leyó el episodio narrado en el segundo capítulo del Evangelio de san Mateo. Se trata de la historia de Herodes y la terrible matanza de los inocentes.

Luego habló el Papa: «Miramos al hermano medio muerto tirado en la calle y quizá pensamos "pobrecillo", y seguimos por nuestro camino: "No depende de nosotros". Y nos sentimos justificados», comenzó. «¿Quién ha llorado por estas personas que iban en barca? ¿Por estas jóvenes madres que escapaban con sus niños? ¿Por estos hombres que buscaban un modo de sostener a sus familias? Somos una sociedad que ha olvidado la experiencia del llanto, del compadecer, "padecer con": la globalización de la indiferencia».

Tuvo palabras para los responsables a todos los niveles. «Dios, te pedimos perdón por quienes, con sus leyes y decisiones a nivel mundial, han creado situaciones que conducen a estos dramas. Perdón, Señor, perdón».

—Gracias por venir, Santo Padre —le dijo la joven alcaldesa de la ciudad.

—Gracias a vosotros por lo que hacéis —le respondió Francisco.

También en la homilía había hablado de ellos. Los había comparado con un faro y había pedido al resto del mundo que los imitara, que tuviera el coraje de recibir a quienes huyen de su tierra en busca de una vida mejor.

—Tenía que venir aquí. Hay veinte mil muertos en el fondo del mar. No se puede hacer como si nada —añadió Francisco dirigiéndose a la alcaldesa—. Leí en el periódico la noticia: inmigrantes muertos en el mar, en una de esas barcas que, en vez de una vía de esperanza, fue una vía de muerte. La noticia me volvía a la cabeza una y otra vez, como una espina clavada en el corazón. Y entonces sentí que tenía que venir aquí a rezar, a mostrar mi cercanía, pero también a despertar nuestras conciencias para que lo que ha sucedido no se repita. Que no se repita, por favor —suplicó.

En Lampedusa tocó personalmente las heridas de los refugiados, y abrazó a quienes los tratan como personas. «Ya nadie puede decir que no ha visto».

Meses después, en Roma, visitó una casa de acogida de refugiados. Se trata del Centro Astalli, que gestiona la Compañía de Jesús. Allí escuchó también sus historias y se conmovió por la indiferencia con que los trata la sociedad. Por eso, lanzó una idea casi extrema. Ante la crisis de vocaciones, muchos conventos tienen habitaciones libres; en Roma algunas órdenes religiosas los han convertido en albergues de peregrinos para asegurarse una fuente estable de ingresos que los sostenga. A Francisco, esta idea no le convence. «Estos conventos no sirven a la Iglesia para transformarlos en hoteles y ganar un poco de dinero. Los conventos vacíos no nos pertenecen, son para la carne de Cristo, que son los refugiados».

Manila, 17 de enero de 2015. Un Airbus A320 de la compañía Philippine Airlines había despegado rumbo a la isla de Leyte, a la ciudad de Tacloban. Francisco había dicho que era la etapa más importante de su viaje a Filipinas. Cuando en noviembre de 2013 vio en televisión el desastre que dejaba a su paso el tifón Yolanda en ese lugar (diez mil muertos por vientos de 200 kilómetros por hora y olas de más de 9 metros; una ciudad prácticamente arrasada) decidió que iría allí para abrazarlos lo antes posible.

Y cumplió su promesa a pesar de que en el último momento un nuevo tifón de grado 2 amenazó con anular la visita. Se trataba del ciclón tropical Amang, que en tagalo significa «padre» y que en Tailandia llamaron más tarde Mekkhala, algo así como «ángel del trueno». Se llamase como se llamase, era una tormenta muy peligrosa: Dos mil familias habían sido ya evacuadas de la zona que visitaría el Papa. El viento soplaba a 85 kilómetros por hora, con ráfagas de 120 que estaban alzando olas de hasta 6 metros de altura.

Durante el vuelo, el cardenal de Manila, Luis Antonio Tagle, propuso al Papa celebrar la misa en un lugar cerrado, por ejemplo, en la catedral.

—Pero ¿cuántas personas caben en la catedral? —le preguntó Francisco.

—Pienso que varios cientos, quizá mil —respondió el cardenal.

—¿Y cuántos me esperan para la misa en la explanada del aeropuerto? —insistió.

—Calculamos que en torno a medio millón de personas —respondió el cardenal.

—Pues entonces no hay cambio de planes —zanjó el Papa.

Y así llegó a Tacloban. Efectivamente, en el mismo aeropuerto, además del ciclón le esperaban cientos de miles de personas. Estaban allí a pesar de la lluvia, el viento y el barro. Había también un *jeepney*, un papamóvil descubierto al que habían añadido un grueso plástico por delante para protegerle un mínimo del agua. Con plástico o sin él, Francisco no dejó que la terrible tormenta aguara la fiesta, se enfundó un impermeable amarillo y pasó saludando sonriente entre las filas como si luciera un espléndido sol. Luego, comenzó la misa.

No era fácil sonreír aquella mañana en Tacloban. El Papa y el nuevo ciclón habían vuelto a abrir las heridas. Por eso, a muchos se les saltaron las lágrimas recordando todo lo que les fue arrebatado de la noche a la mañana: familiares, amigos, casa, trabajo... Francisco, que no pudo quitarse el impermeable, los miraba desde el altar. Estaba lloviendo tanto que las páginas de su discurso quedaron empapadas. Cuando se dio cuenta de que no iba a poder leerlo, se detuvo en silencio unos instantes, dejó los folios a un lado y, ante el dolor de aquellas personas, improvisó una vibrante homilía.

«Cuando vi desde Roma esta catástrofe, sentí que tenía que estar aquí; ese mismo día decidí hacer este viaje para estar con ustedes. Dirán que llego un poco tarde, y es verdad, pero bueno, aquí estoy. Y quiero decirles que Jesús es el Señor; y que Jesús no defrauda». Podrían parecer palabras vacías para quienes lo han perdido todo. Pero no era ésa la clave de lectura que se respiraba aquel sábado en Tacloban.

El viento agitaba violentamente las palmeras, vacilaban incluso el altar, las luces, los altavoces y el escenario. «Padre —me puede decir uno de ustedes—, a mí Jesús me defraudó porque perdí mi casa, perdí todo lo que tenía, ahora estoy enfermo... Es verdad, y yo respeto tus sentimientos. Pero veo a Jesús en la cruz y desde ahí no nos defrauda», les dijo señalando un crucifijo.

«Tenemos un Señor que es capaz de llorar con nosotros; que es capaz de acompañarnos en los momentos más difíciles de la vida. Tantos de ustedes han perdido todo. Yo no sé qué decirles. ¡Él sí sabe qué decirles! Tantos de ustedes han perdido parte de la familia. Solamente guardo silencio, los acompaño con mi corazón en silencio».

Acabó la ceremonia y los pilotos avisaron al Papa de que no podía seguir allí mucho tiempo más. Había que despegar lo antes posible, porque si llegaba el centro del ciclón, sería imposible despegar de regreso a Manila. Francisco tenía previsto almorzar con familiares de víctimas del tifón, y les preguntó si aún tenía margen para esa visita. Le dijeron que tenía poco tiempo, y le pidieron que en cualquier caso regresara lo antes posible. Habría que salir antes de la una de la tarde.

Se subió al coche y de camino al arzobispado visitó la casa de un pescador en una de las zonas más azotadas por el tifón. Estuvo allí lo que pudo, diez minutos. Llegó con prisa a la residencia del obispo y pudo almorzar con treinta familiares de víctimas, varias horas antes de lo previsto.

—¿Qué almorzaron? —preguntó más adelante un reportero.

—No lo recuerdo —respondió el cardenal Tagle—. Pero creo que el Papa no pudo comer nada porque estuvo todo el tiempo hablando y escuchando a las personas.

En la catedral de Palo se reunió con supervivientes y voluntarios que habían ayudado en aquellas semanas terribles. La ceremonia debía durar tres cuartos de hora, pero Francisco pudo detenerse sólo algunos minutos.

—El avión debía regresar a Manila a las cinco, pero hay un tifón de grado 2 y los pilotos nos han dicho que tenemos que irnos a la una —les explicó nervioso, mezclando palabras en español e italiano.

—Ooooh —respondieron con pena.

—Os pido perdón, me da lástima marcharme porque tenía escritas algunas cosas para deciros, pero no tengo más remedio —añadió.

No renunció a rezar con ellos por los fallecidos. Así lo hicieron y luego tuvo que despedirse.

En el discurso escrito que les entregó, se leía: «Hoy, desde este lugar que ha conocido un sufrimiento y una necesidad humana tan profundos, pido que se haga mucho más por los pobres. Por encima de todo, pido que en todo el país se trate a los pobres de manera justa, que se respete su dignidad, que las medidas políticas y económicas sean equitativas e inclusivas, que se desarrollen oportunidades de trabajo y educación, y que se eliminen los obstáculos para la prestación de servicios sociales. El trato que demos a los pobres será el criterio con el que seremos juzgados por Dios».

De regreso al aeropuerto pidió detenerse unos instantes en el cementerio para bendecir una fosa común en la que se encuentran los cuerpos de las víctimas del tifón no identificadas. Luego, desde el automóvil, bendijo una residencia de niños y ancianos, el llamado Pope Francis Center for the Poor.

Llegó al aeropuerto completamente empapado. El coche le dejó al pie de la escalerilla. El arzobispo le acompañó hasta la misma puerta del avión. Y cuando lo abrazó para despedirse, un golpe de viento se llevó el solideo blanco. Pocos minutos después, el avión papal despegó en Tacloban rumbo a Manila, cuatro horas antes de lo previsto. Los pilotos habían acertado con sus previsiones. Un jet del gobierno con quince funcionarios que intentó despegar pocos minutos después se salió de la pista por culpa del viento.

—Es el primer tifón de su vida, ¿verdad, Santo Padre? ¿Le ha asustado? —le preguntó el cardenal de Manila.

—Este viaje me está ayudando mucho, estoy aprendiendo mucho —respondió—. El cariño de aquellas personas era mucho más fuerte que el miedo.

Viendo las imágenes del viaje a Filipinas, pensé en el cónclave, en la Capilla Sixtina y en el cardenal Claudio Hummes. El Papa estaba siguiendo a la letra su consejo: «No te olvides de los pobres».

9

Misericordia con la Tierra

Era un frío domingo de febrero. Después de almorzar, el Papa se retiró a su habitación y se preparó para visitar la parroquia de San Michele Arcangelo en Pietralata, un barrio casi a las afueras de Roma. No es que no le gusten las iglesias del centro de la Ciudad Eterna. Es que está convencido de que desde la periferia las cosas se ven desde una perspectiva que permite comprender la realidad de un modo más pleno y auténtico.

Antes de salir, Francisco cayó en la cuenta de que iba a estar muy cerca de un campo de chabolas del que le había hablado Camillo Ripamonti, el jesuita encargado de Astalli, un centro de atención a refugiados. El padre Ripamonti le había dicho que en ese lugar malviven muchos prófugos en condiciones bastante difíciles y el Papa quiso tener un gesto con ellos. Cuando se subió al coche, se lo dijo al conductor.

—Mira, antes de llegar vamos a pararnos en una zona de barracas que está en la calle Messi d'Oro.

El policía le miró un poco sorprendido.

—Sí, sí, no te preocupes, que no pasa nada. Vamos a darles una sorpresa.

No fue en absoluto fácil llegar hasta allí. El conductor escribió la dirección en el navegador del coche, para que les guiara. Pero, una vez en la calle Messi d'Oro, no había ni rastro de la entrada al campo de barracas. Dieron varias vueltas hasta que al Papa se le ocurrió una idea.

—Espera, espera. Voy a llamar al párroco, a ver si él nos puede llevar.

Sacó su teléfono móvil y marcó un número. Don Aristide, que así se llama el cura, estaba bastante ocupado porque teóricamente Francisco estaba a punto de llegar a su iglesia. Estuvo a punto de no responder la inoportuna llamada, pero cambió de opinión y demostró ser un hombre con buenos reflejos.

—¿Que quiere ir a la zona de barracas? Se van a perder, es muy difícil llegar. Quédense donde están y yo los recojo y los llevo.

Efectivamente, en dos minutos don Aristide llegó, se subió al coche del Papa y con su ayuda descubrieron que, casi escondida tras unos árboles y plantas, había una especie de puerta rodeada de planchas de aluminio y telas, que delimitaba la zona de cabañas.

Dentro sólo había dos niños que jugaban en una especie de callejón con un coche amarillo.

—¡Mamá, mamá, ahí fuera está el Papa! —avisó uno de ellos.

La buena mujer se asomó y vio a un hombre alto vestido de blanco en la puerta del recinto. A su lado, el jefe de la policía vaticana les hacía un gesto para que se acercaran. Y lo hicieron a toda prisa. ¡El Papa!

—¡Oh, Dios, qué emoción! —decía mientras caminaba a toda prisa.

—¡Qué lindo! —se escuchaba a una anciana muy bien peinada que no apartaba la vista de Francisco con ojos llenos de fe y emoción.

—¡Un aplauso! —dijo un señor mirando al Papa. En pocos segundos Francisco estaba rodeado de una nube entusiasmada de personas.

—¿Cuántos hablan español aquí? —preguntó.

—¡Todos! —respondieron a una.

—Somos de Sudamérica —aclaró uno.

—Pues vamos a rezar juntos un padrenuestro —les propuso el Papa.

Después, entre selfies, apretones de manos y abrazos comenzaron las bromas.

—Esta niña come bien, ¿eh? —dijo al papá de una bebé regordeta.

—Sí...

Estuvo allí con ellos unos diez minutos y se detuvo con cada uno. Pero tenía una cita en la parroquia y no quería hacer esperar al resto de la gente del barrio.

—Dios les bendiga, recen por mí.

—Estamos muy felices —le repitió uno, muy agradecido.

Al día siguiente, nuestra periodista Katia López-Hodoyán fue a visitarlos, para hacer una noticia sobre sus historias.

—Me vinieron las lágrimas a los ojos —le contó uno de ellos, un hombre curtido y con poca apariencia de sentimental.

—No pude ni dormir por la emoción —le contó otro—. Yo no le fui a buscar, él vino y nos buscó a nosotros. Quizá es que Dios le ha dicho: Mira esta gente humilde, dales nuestra bendición —explicó.

Cuando regresó a la oficina, Katia me contó que eran emigrantes llegados de Ecuador, y que muy pocos de ellos vivían en esa zona. Estaban en ese lugar porque habían organizado un almuerzo muy curioso. Todos llevaban comida y bebidas, pero también cinco euros por persona. Esa cantidad la daban a una de las participantes, una mujer de su país enferma de cáncer, que vivía en aquellas cabañas y que estaba lejos de su familia. No estaba sola, los tenía a ellos.

Ya antes de que llegara el Papa, entre aquellos trozos de aluminio, plásticos, barro y telas, este grupo de emigrantes daba muestras de una humanidad, de una riqueza humana que quizá en otros lugares no somos capaces de expresar. Es lo que tiene ver el mundo desde las periferias.

Todavía no me he acostumbrado a las visitas de Francisco a las cárceles. Quiero decir, que sigo conmoviéndome en estos lugares. En casi todos sus viajes incluye una parada en una prisión. En Nápoles incluso le invitaron a comer allí y almorzó junto a 120 reclusos. Al principio pensaron que lo mejor sería encargar la comida a un catering externo, pero el Papa les dijo que quería almorzar lo mismo que hubieran tomado si él no hubiera venido. Le hicieron caso sólo en parte porque los presos encargados de la cocina hicieron un curso con un chef de Caserta para que Francisco probara las maravillas que son capaces de preparar.

El menú fue sencillo y muy italiano: pasta al horno y filete con brócoli. De postre, dos dulces napolitanos: *sfogliatelle* y *babà*. Y además, como excepción en la cárcel, medio vaso de vino para cada uno. Francisco apreció sin duda los manteles, que las mujeres de una cárcel cercana habían cosido a mano.

Cuando acabaron los dulces hubo tiempo para hacer preguntas al Papa. Claudio y Pasquale hablaron en nombre de todos.

—Estamos marcados para toda la vida, marginados, excluidos de programas de reinserción, ¿encontraremos a alguien que nos acoja cuando salgamos de aquí? —preguntó uno de ellos.

Francisco los miró y les pidió que no perdieran la esperanza.

—Es cierto, a veces nos sentimos decepcionados, desanimados, abandonados por todos: pero Dios no se olvida de sus hijos, nunca los abandona. Él está siempre a nuestro lado, especialmente en el momento de la prueba —les dijo—. Aunque nos hayamos equivocado, el Señor no se cansa de indicarnos el camino del regreso y del encuentro con Él. Nada podrá jamás separarnos del amor de Dios, ni siquiera las barras de una cárcel. Lo único que nos puede separar es nuestro pecado; pero si lo reconocemos y lo confesamos con arrepentimiento sincero, precisamente ese pecado se convierte en lugar de encuentro con Él, porque Él es misericordia. El Señor nos perdona, por esto todos deberíamos perdonar. La sociedad no es justa cuando no perdona.

—Sí, sí, ¿pero qué debo hacer yo cuando salga de la cárcel? —insistió uno de los prisioneros, en busca de una respuesta más concreta.

El Papa sonrió de nuevo, le miró y le dio una pista: le habló de uno de los personajes más fascinantes del Evangelio. Uno de los dos delincuentes condenados a muerte y crucificados en el Calvario al lado de Jesús. Según la tradición, se llamaba Dimas y dice el Evangelio que no le pidió que le librara de aquel suplicio, sino que tuviera misericordia de él. Cristo lo beatificó sobre la marcha: «Yo te aseguro: hoy estarás conmigo en el Paraíso».

—Acuérdate de que el primer santo fue un ladrón —añadió Francisco—. Ya sabes qué tienes que hacer.

Pocos meses después, en mayo de 2015, hizo otra visita sorpresa a un campo de autocaravanas en el que viven los empleados de un parque de atracciones cerca de Roma. Le invitó la monja francesa sor Geneviève Joseph, que vive allí en una roulotte con otras dos hermanas de su Orden. Tiene 73 años y aspecto frágil, aunque cuando la ves moverse entiendes que es mejor no dejarse llevar por las apariencias. En su currículum debería incluir que es una de las pocas personas que han echado un rapapolvo al futuro Papa. Y que por eso Francisco la aprecia tanto.

La historia es dramática y tiene que ver con su tía Léonie Duquet, una monja que desde 1949 trabajó con los pobres en Buenos Aires. Durante la dictadura de los años 70 fue arrestada por permitir que las madres se reunieran en la iglesia para recoger información sobre familiares desaparecidos. Primero la torturaron y luego la arrojaron viva al mar desde uno de aquellos terribles vuelos de la muerte en los que hicieron desaparecer sin rastro a miles de personas. Con el tiempo, los esqueletos de muchos de ellos llegaban a la orilla y eran lanzados a fosas comunes. En las últimas décadas, gracias a las pruebas del ADN algunos restos han sido identificados. Es el caso de sor Léonie. Identificarla permitió celebrar un funeral y darle sepultura.

Era el año 2005 y el arzobispo Jorge Mario Bergoglio dio permiso para que la religiosa fuera enterrada en una iglesia de la ciudad. Sin embargo, ni él ni ningún representante de la diócesis asistieron al funeral. Cuando algunas semanas después, en octubre, el arzobispo llegó a Roma para participar en una reunión de obispos, sor Geneviève se las ingenió para hacerle llegar una dura carta de protesta a su residencia romana en via della Scrofa. Ese mismo día, por la noche, Geneviève recibió una llamada por teléfono. Era el arzobispo Bergoglio.

—Hermana, he leído su carta...

La monja, que estaba enfadada, no se dejó llevar por la emoción y le repitió las cosas que había escrito:

—No bastaba con haber permitido que mi tía fuera enterrada en una iglesia. Alguno de ustedes tenía que haber participado en la ceremonia. Al menos tendría que haber enviado un representante o un mensaje —le dijo sin giros de palabras.

El arzobispo se quedó en silencio.

—Lo siento, le pido perdón. Y sepa que tendré en cuenta esto que me dice en la próxima ocasión que ocurra algo parecido —respondió con sinceridad—. Y otra cosa, hermana —añadió—. Muchas gracias por haberme dicho que he actuado mal. Así es como tenemos que comportarnos entre hermanos.

Desde que lo eligieron Papa, he visto a sor Geneviève en varias audiencias y encuentros, siempre discreta, en segundo plano, acompañando a otras personas. Parece que en una de esas visitas invitó de pasada al Papa a visitar a las personas de su misión, los feriantes del Parco Lido de Ostia, un parque de atracciones cerca de Roma. Sor Geneviève los acompaña continuamente, vive en su mismo poblado en una caravana prestada, junto a otras dos monjas.

Y allí mismo se presentó el Papa por sorpresa, aunque les llamó por teléfono media hora antes para avisarles. Fue una visita muy doméstica. Tanto que Francisco incluso entró en su caravana y rezó ante el pequeño sagrario que cuidan allí. Se le veía feliz, pero también impresionado por las condiciones en las que viven estas tres ancianas monjas.

En la puerta de la caravana le esperaban los feriantes y sus hijos.

—¡Denos su bendición!

Sor Geneviève le iba presentando a la gente.

—Está esperando un hijo —le avisó señalando a una joven, para que la saludara.

—¿Y cuándo nacerá? —le preguntó el Papa.

—En julio —dijo con voz entrecortada la pobre mujer.

Otra le puso directamente a su hija en brazos para hacerle una foto con el teléfono móvil.

—Tienes una hija preciosa —le comentó entre risas Francisco mientras se la devolvía.

También esta vez le esperaban en una parroquia cercana y debía marcharse. Para despedirse, hizo la señal de la cruz en la frente a las religiosas, bendijo a los feriantes, y se fue por el mismo camino por el que había llegado, rodeado de paredes de maderas de colores reutilizadas, láminas de metal y rejas. De aquellas imágenes recuerdo cómo le aplaudían alegres y lo rodeaban con globos.

Televisivamente, en este tipo de encuentros se consiguen las mejores imágenes del Papa. Se transforma cada vez que está con presos, enfermos o pobres. Ahí derrocha humanidad, pero también espiritualidad.

—No podemos amar a este Jesús y adorarlo, y desentendernos de la carne del hermano que está al lado —explica.

Es una frase que repite más con hechos que con palabras. Por eso pienso que no sólo va a estas periferias para visitar a estas personas, que las visita para abrirnos los ojos.

Su propuesta de contemplar el mundo con los ojos de las periferias (de las periferias geográficas, pero también de las periferias existenciales) es bastante provocadora. Sobre todo porque mirar las cosas desde esa perspectiva obliga a replantearse las prioridades de la propia vida. Estar cerca de enfermos, presos, emigrantes, personas sin hogar, parados, madres solteras o ancianos abandonados, obliga a interrogarse sobre qué huella queremos dejar a nuestro paso.

Francisco ha conseguido que muchos católicos miren con los ojos de quien está solo y angustiado situaciones que admiten como única respuesta la misericordia y la ternura. Con sus gestos ha superado las trasnochadas proclamas de quienes convierten la pobreza en ideología. Y se ha construido un espacio de legitimidad que muestra que la propuesta cristiana está muy por encima del debate entre corrientes políticas.

La propuesta del papa Francisco es precisamente ésa, mostrar la fuerza de la misericordia y la ternura. Y la otra cara de la moneda de este mensaje es desenmascarar el egoísmo que nos envenena a todos los niveles.

En esa línea escribió la primera encíclica de la historia sobre la ecología. La tituló *Laudato si'* («Alabado seas»), «sobre la custodia de la creación», y la firmó el 24 de mayo de 2015. Aunque no era la primera vez que un Papa abordaba estas cuestiones, sí podemos considerarla la ocasión más ambiciosa. Tanto que algunos en Roma dijeron que era una *summa ecológica*, en referencia a la *Summa Teológica* de santo Tomás de Aquino.

El sugestivo título es uno de los primeros versos del *Cántico de las criaturas* escrito por san Francisco (uno de los primeros poemas en italiano) y que en 1992 el entonces cardenal Joseph Ratzinger ya incluyó en la nueva versión del Catecismo de la Iglesia católica.

Con la encíclica, la provocación del Papa fue mostrar que la Tierra es como un pobre («uno de los más maltratados y abandonados», escribe). Y pidió valentía para aprender a dolerse «por lo que le está pasando al mundo y así reconocer cuál es la contribución que cada uno puede aportar». Como ocurre con la pobreza o la marginación, la solución a la cuestión ecológica no es sólo técnica. Hace falta que cambie «el ser humano, porque de otro modo afrontaríamos sólo los síntomas».

Antes de publicarla, el Papa nos había hablado bastantes veces de su encíclica. Reconoció que, obviamente, había solicitado la opinión de decenas de expertos para que el texto final fuera realmente útil a las personas y diera contenido al debate público. Parece que le ayudaron en distinta medida unas 200 personas. El resultado fue un texto muy valiente, que ya levantó ampollas antes de publicarse. Tantas que no faltaron maniobras de *lobbies* y empresas para desacreditarlo o eclipsarlo.

Como los documentos papales suelen ser complejos, los periodistas nos las arreglamos para conseguir el texto por adelantado y poder preparar la información con seriedad. Cuando solicitamos la acreditación para la Sala Stampa nos comprometemos por escrito a respetar las normas éticas del periodismo, especialmente en lo relativo al «embargo»; es decir, declaramos que no publicaremos ningún documento papal hasta que sea oficial.

Esta vez el Vaticano anunció que la encíclica *Laudato si'* sería presentada un jueves 18 de junio de 2015 a las 12:00 de la mañana y que hasta ese momento el texto debía considerarse bajo «estricto embargo». Recuerdo que tres días antes, el lunes por la tarde, durante una importante reunión recibí una llamada del vaticanista italiano Francesco Grana. Una corazonada me dijo que debía responder. Me levanté discretamente y apreté el botón verde del teléfono.

—¿Francesco?

—Javi, han publicado la encíclica... Ya está toda en internet.

—¿Cómo? ¿La han filtrado sin permiso?

—Sí, sí... Ponte a leerla, que hoy trabajaremos hasta tarde. Han roto el embargo.

Estaba enfadado porque era una maniobra bastante desagradable. Mientras que nadie se atreve a publicar sin permiso los libros de grandes autores o de líderes mundiales, con el Papa muchos se toman esta licencia con total tranquilidad.

Comencé a preparar mi crónica sobre la encíclica, aunque no estaba seguro de si debía publicarla o no. Me interrumpió un correo electrónico de la Sala Stampa Vaticana. El portavoz explicaba que el texto filtrado no era la versión final. «Por eso, el embargo se mantiene en vigor. Invito a respetar la corrección periodística que exige esperar a la publicación oficial». «O sea, que hasta dentro de tres días no podemos escribir sobre ella». Respiré con alivio. ¡Menos mal! Era un texto apasionante y habría sido un desperdicio intentar resumirlo con tan poco tiempo.

A pesar de todo, la filtración organizó un buen revuelo y desvió la atención durante unos días. «Por ahora parece una encíclica sobre la custodia del embargo periodístico. El jueves os cuento por qué es mucho más», tuiteé para desdramatizar lo ocurrido.

Cuando leí la versión final me impresionó el certero diagnóstico y la llamada a la responsabilidad de todos que estaba reclamando el papa Francisco. La había escrito con su estilo tan personal que a veces desconcierta a algunos, porque combina sin avisar profundas intuiciones con consejos, digamos, bastante domésticos.

El Papa tenía mensajes para los extremistas de ambos lados. A quienes creen que la ecología es una cuestión irrelevante que no tiene nada que ver con la fe, respondía que «les hace falta una "conversión ecológica", [porque] vivir la vocación de ser protectores de la obra de Dios es parte esencial de una existencia virtuosa, y no consiste en algo opcional ni en un aspecto secundario de la experiencia cristiana»[1].

Por otro lado, explicaba que no se puede ser misericordioso con la tierra si no se mira con ternura al ser humano. Por ejemplo, escribió esto: «Es evidente la incoherencia de quien lucha contra el tráfico de animales en riesgo de extinción, pero permanece completamente indiferente ante la trata de personas, se desentiende de los pobres o se empeña en destruir a otro ser humano que le desagrada».

También criticaba a quienes proponen reducir la natalidad para solucionar el cambio climático, un ejemplo de falsa misericordia. «Culpar al aumento de la población y no al consumismo extremo y selectivo de algunos es un modo de no enfrentar los

---

1. *Cfr.* Carta encíclica *Laudato si'* sobre la custodia de la creación, firmada el 24 de mayo de 2015, números 2, 91, 217.

problemas. Se pretende legitimar así el modelo distributivo actual, donde una minoría se cree con el derecho de consumir en una proporción que sería imposible generalizar, porque el planeta no podría contener los residuos de semejante consumo».

En un encuentro a puerta cerrada él explicó que no se trataba de una encíclica ecológica, sino de una encíclica «social», preocupada por problemas de personas concretas. Por eso, lo que más me conmovió de *Laudato si'* es que muestra el rostro de quienes están pagando los platos rotos.

«Muchos pobres viven en lugares particularmente afectados por fenómenos relacionados con el calentamiento, y sus medios de subsistencia dependen fuertemente de las reservas naturales y de los servicios ecosistémicos, como la agricultura, la pesca y los recursos forestales. No tienen otras actividades financieras ni otros recursos que les permitan adaptarse a los impactos climáticos o hacer frente a situaciones catastróficas, y poseen poco acceso a servicios sociales y a protección. Por ejemplo, los cambios del clima originan migraciones de animales y vegetales que no siempre pueden adaptarse, y esto a su vez afecta los recursos productivos de los más pobres, quienes también se ven obligados a migrar con gran incertidumbre por el futuro de sus vidas y de sus hijos», detallaba en la encíclica. «Lamentablemente, hay una general indiferencia ante estas tragedias, que suceden ahora mismo en distintas partes del mundo. La falta de reacciones ante estos dramas de nuestros hermanos y hermanas es un signo de la pérdida de aquel sentido de responsabilidad por nuestros semejantes sobre el cual se funda toda sociedad civil»[2], denunció el Papa.

«Esto es mirar la cuestión con los ojos de las periferias», pensé.

El diagnóstico del Papa era claro: «La dificultad para tomar en serio este desafío contra el medio ambiente tiene que ver con

---

2. Carta encíclica *Laudato si'* sobre la custodia de la creación, firmada el 24 de mayo de 2015, número 2. A continuación, las citas textuales proceden de los números 91 y 217.

un deterioro ético y cultural, que acompaña al deterioro ecológico». Como la causa del problema es el egoísmo que se atrinchera en el corazón del hombre, más adelante avisó de que si no cambiamos, «a las próximas generaciones podríamos dejarles demasiados escombros, desiertos y mugre. [...] La atenuación de los efectos del actual desequilibrio depende de lo que hagamos ahora mismo, sobre todo si pensamos en la responsabilidad que nos atribuirán los que deberán soportar las peores consecuencias».

Pero «nuestra incapacidad para pensar seriamente en las futuras generaciones está ligada a nuestra incapacidad para ampliar los intereses actuales y pensar en quienes ahora quedan excluidos del desarrollo. No imaginemos solamente a los pobres del futuro, basta que recordemos a los pobres de hoy, que tienen pocos años de vida en esta tierra y no pueden seguir esperando», pidió.

Y concluyó su encíclica con un desafío: «Es de esperar que la humanidad de comienzos del siglo XXI pueda ser recordada por haber asumido con generosidad sus graves responsabilidades».

Igual que al pobre no se le puede ayudar desde un pedestal, ser misericordiosos con la tierra consiste en mirarla con ternura: «Si nos acercamos a la naturaleza y al ambiente sin esta apertura al estupor y a la maravilla, si ya no hablamos el lenguaje de la fraternidad y de la belleza en nuestra relación con el mundo, nuestras actitudes serán las del dominador, las del consumidor o las del mero explotador de recursos, incapaz de poner un límite a sus intereses inmediatos. En cambio, si nos sentimos íntimamente unidos a todo lo que existe, la sobriedad y el cuidado brotarán de modo espontáneo. La pobreza y la austeridad de san Francisco no eran un ascetismo meramente exterior, sino algo más radical: una renuncia a convertir la realidad en mero objeto de uso y de dominio».

Se ama con hechos, no sólo con palabras. Por eso, me gusta resumir así su propuesta «ecológica»: mirar con ojos nuevos y cambiar de estilo de vida. De este modo repararemos lo que hemos destruido en las periferias: ya sea en las de la naturaleza o en los corazones de las personas.

10

El papa-inmóvil

Cuando un cardenal acepta ser papa, en pocas horas lo pierde todo. Primero pierde el propio nombre, el que recibió de sus padres y por el que lo conocen sus amigos y sus familiares.

Luego pierde sus vestidos: a partir del *Habemus Papam* aparca sus sotanas negro y púrpura y comienza a vestir siempre de blanco. Se convierte en Jefe de Estado de la Ciudad del Vaticano, un país en el que no ha nacido y en el que quizá ni siquiera ha vivido antes. Deja de ser dueño de su tiempo: fijará su agenda en función de las necesidades de otros, en primer lugar de la Iglesia católica y la Santa Sede. Pierde la posibilidad de desplazarse libremente: no puede salir a la calle cuando quiere, ni tomar el autobús, ni irse de vacaciones con la familia. Pierde la intimidad: se convierte en una persona continuamente observada, cuyos gestos serán escrutados y comentados por millones de personas.

En vez de resignarse a esta sobreexposición mediática, Francisco la aprovecha para provocar. Apuesta por la coherencia con coherencia, y eso le ha otorgado un espacio de legitimidad del que no goza ningún otro líder en el mundo. Es coherente en primer lugar con el nombre que ha elegido, el del santo del desprendimiento y la austeridad.

Una de sus pequeñas revoluciones en el Vaticano tiene que ver con los interruptores de la luz. Cuando entraba en los grandes salones y atravesaba los pasillos del Palacio Apostólico, las luces estaban siempre encendidas. Por eso, empezó a buscar interruptores para apagarlas.

—Muchos sacerdotes de América Latina no tienen dinero para pagarse la electricidad. Yo no puedo derrocharla —se justificaba.

Ahorra también en pantalones. No le importa que bajo su sotana blanca se transparenten los de color negro:

—Me los pondré hasta que se rompan —dijo a quienes se ocupan de su armario.

Con el coche ocurre algo parecido. El primer día dejó aparcado el Mercedes y, poco después, aparcó también el Volkswagen. Preguntó qué coche utilizan las familias de clase media en Italia.

—El Ford Focus —le respondió alguien.

Desde entonces, sólo utiliza este modelo. Quién sabe si su decisión fue la causante de que el Ford Focus se convirtiera en 2013 en el coche más vendido del mundo. Más de 1.100.000 unidades, el doble del año anterior.

El caso es que, sin quererlo, su coche se ha convertido en su bandera cuando circula por Roma, y en uno de los elementos característicos de sus viajes, porque quienes le acogen le proporcionan uno de esa misma gama para sus desplazamientos. En Corea, en agosto de 2014, usó un modelo muy espiritual, el Kia Soul. En Brasil, le prepararon un Fiat Idea que protagonizó un curioso episodio.

Aunque Dilma Rousseff le esperó a pie de pista, la ceremonia de bienvenida con la presidenta no fue en el aeropuerto, sino en el elegante Palacio de Guanabara, en el centro de la ciudad. Por eso, nada más aterrizar, el Papa se subió con prisa al pequeño coche y la comitiva se puso rápidamente en marcha hacia Río de Janeiro. Probablemente debido a la emoción y la confusión, uno de los conductores se despistó durante el recorrido y llevó el coche del Papa a un carril normal abierto al tráfico en la avenida Presidente Vargas. En cuestión de segundos el Fiat Idea se quedó bloqueado en medio de un atasco carioca y no había modo de sacarlo de allí.

Quienes paseaban se llevaban las manos a la cabeza al ver al Papa bloqueado en medio de otros coches, sin barreras ni distancias de seguridad. Ni cortos ni perezosos, primero decenas y luego cientos de personas se le acercaron a toda prisa. Francisco no se asustó y abrió la ventanilla para verlos mejor y poder darles la mano. Sus guardaespaldas comenzaron a sudar y a intentar apartar a los espontáneos. Venían con el *jet lag* y catorce horas de vuelo, pero mantuvieron la calma, incluso cuando una mujer se acercó con un bebé en brazos y el Papa lo introdujo unos segundos en el «papa-inmóvil» para poder besarlo.

También les dio mucho trabajo el papamóvil descubierto que le prepararon en Río. Francisco se había negado a que tuviera cristal antibalas y pidió que los policías que lo escoltaran de cerca no fueran armados.

—¿Cómo voy a decir a la gente que les quiero desde detrás de un cristal antibalas, como si pensara que me van a disparar? —explicó.

En el vuelo de regreso a Roma bromeaba sobre esta decisión.

—Con menos seguridad, he podido estar con la gente, abrazarla, saludarla, sin coches blindados: es la seguridad de fiarse de un pueblo —nos dijo—. Es verdad que siempre está el peligro de que haya un loco que haga algo, pero también está el Señor. Crear un espacio blindado entre el obispo y el pueblo es una locura, y yo prefiero esta otra locura. La cercanía nos hace bien a todos.

«Excepto a sus guardaespaldas», pensé yo.

Un mes después de su elección visitó San Pablo Extramuros, una de las cuatro basílicas mayores de Roma. Es un lugar imponente que custodia uno de los tesoros más importantes de la Ciudad Eterna, el sepulcro de san Pablo.

En su primera misa ante la tumba del apóstol de las gentes, Francisco recordó qué hicieron los primeros cristianos para darle la vuelta a la tortilla y cambiar el mundo pagano: fueron coherentes hasta el extremo, hasta entregar su vida. «Recordémoslo bien: no se puede anunciar el Evangelio de Jesús sin el testimonio concreto de la vida. Quien nos escucha y nos ve debe poder leer en nuestros actos eso mismo que predicamos, y dar gloria a Dios por lo que hacemos». Las mil o dos mil personas que habían podido entrar en la basílica y le escuchaban directamente respondieron con un fuerte aplauso.

«Me viene ahora a la memoria un consejo que san Francisco de Asís daba a sus hermanos: predicad el Evangelio y, si fuese necesario, predicadlo también con las palabras. La incoherencia de los fieles y los pastores entre lo que dicen y lo que hacen, entre la palabra y el modo de vivir, mina la credibilidad de la Iglesia».

Ya cuando era arzobispo se había mostrado siempre en pie de guerra contra la incoherencia. Decía, «con vergüenza», que había asistido a cenas de beneficencia en las que se rifaban joyas y objetos lujosos para ayudar a los pobres. «Esto no es una ONG normal. Si perteneces a Cáritas, debes cambiar de vida: vas a ser amigo de los pobres y te vas a empobrecer, con la austeridad de vida. Ayudando al pobre con Cáritas se abre un nuevo horizonte: primero lo ayudaste, luego lo acompañaste, luego lo amaste, lo incluiste en tu vida, y al final tú le das esperanza a él, y él te dará esperanza a ti».

Se muestra coherente hasta el extremo, también para apagar los incendios que provocan los sacerdotes que no son ejemplares. Me impresionó el tono que usó precisamente en Brasil, durante un sugestivo Vía Crucis a la orilla de una de las playas más famosas del mundo, Copacabana. A lo largo de los 900 metros de la avenida Atlántica, con el rumor de las olas de fondo, 280 artistas evocaron la Pasión de Jesús recordando también el sufrimiento de los jóvenes de hoy. Cada una de las 14 estaciones recogía un episodio, desde la Coronación de espinas y la Flagelación hasta la

Crucifixión y muerte de Cristo. Partían de textos del Evangelio y los relacionaban con originalidad con cuestiones de actualidad como los problemas en el noviazgo, los desafíos de las redes sociales o las adicciones.

Me impresionó el silencio con el que cientos de miles de jóvenes siguieron la representación y las meditaciones. También el Papa las escuchaba. Antes de despedirse, tomó la palabra y en un rotundo discurso pidió perdón a Dios por la incoherencia de los cristianos que ha provocado que muchos se alejen de la Iglesia.

—Jesús está junto a tantos jóvenes que han perdido su confianza en las instituciones políticas porque ven el egoísmo y corrupción, o que han perdido su fe en la Iglesia, e incluso en Dios, por la incoherencia de los cristianos y de los ministros del Evangelio —dijo—. ¡Cuánto hacen sufrir a Jesús nuestras incoherencias! —añadió.

Aunque dedique sus mejores energías a predicar con el ejemplo, no se presenta como un hombre perfecto. En la Sixtina, nada más ser elegido, se definió ante los cardenales como un pecador, un hombre que comete pecados. Y lo ha repetido varias veces. «Es lo más exacto que me define. No es un modo de hablar o un género literario. Soy un pecador», dijo en una entrevista al periodista jesuita Antonio Spadaro. Por eso no tiene inconveniente en contar públicamente que se confiesa al menos cada quince días, para pedir perdón a Dios por pecados concretos que ha cometido.

En Río de Janeiro solicitó al arzobispo Orani João Tempesta que le buscara un sacerdote porque necesitaba confesarse. En pocas horas llegó un anciano cura a la residencia de Sumaré y el Papa se confesó con él. Luego, Francisco le regaló un rosario para darle las gracias.

—Para que digas que has confesado al Papa —le explicó poniéndoselo en la mano.

—Pero, Santo Padre, ¿no es mejor ser discretos, que nadie sepa que he estado aquí? —le preguntó el sacerdote.

—¡Por supuesto que no! Es importante que la gente sepa que el Papa es un pecador y que se confiesa. Dilo a todos. Diles que has confesado al Papa.

Francisco es el Papa de la misericordia, pero no esconde la realidad del pecado. «Todos somos pecadores, lo que no podemos es ser corruptos». Corrupto es quien no se arrepiente, quien no reconoce sus debilidades. Quien no es coherente entre lo que dice y lo que hace. Quien lleva una doble vida. Quien reza y no se preocupa de las personas que tiene a su alrededor.

Cuando los periodistas de la revista gratuita italiana *San Francesco* visitaron al Papa, le pidieron que enviara un mensaje a sus 100 mil lectores.

—Mejor que escribiros una carta, os lo digo en voz alta y vosotros se lo contáis, ¿de acuerdo? —propuso el Papa.

—Sí, sí —le respondió uno de ellos.

Francisco pensó unos instantes, y sonriendo les dijo:

—Decidles que no se olviden de que Dios es bueno, y que la bondad es contagiosa. No es una enfermedad, pero es contagiosa. Nuestro mundo necesita que se contagie la bondad.

Para el Papa, igual que la incoherencia destruye todo lo que encuentra a su paso, el buen ejemplo no pasa desapercibido y puede bastar un pequeño gesto para cambiar el mundo.

Vinicio tiene 53 años. Vive con su hermana y su anciana tía en el norte de Italia, en una ciudad llamada Isola, relativamente cerca de Venecia. A los quince años tuvo los primeros síntomas del síndrome de Von Recklinghausen, o neurofibromatosis de tipo 1. Se trata de una enfermedad genética que provoca lo que Vinicio llama «ñoquis», excrecencias que cubren y deforman totalmente su rostro y su cuerpo.

—Me pican mucho, continuamente. Pero lo que más me duele es la soledad que provocan: las personas tienen miedo a acercarse —explica—. Una vez, en el hospital, entró un médico justo cuando me estaba quitando la camisa y vio mi cuerpo lleno de bultos. Se asustó tanto que incluso más tarde me pidió perdón. Me dijo que a lo largo de su vida había visto enfermedades terribles, pero que nunca había visto algo como esto.

A su padre le ocurre lo mismo que al médico. Ya cuando era pequeño prefería mandarlo lejos de la gente, a trabajar solo en el campo criando faisanes. Dice Vinicio que su padre todavía no es capaz de abrazarlo, pero que, «a su modo, le quiere mucho».

Un frío miércoles de noviembre de 2013, los voluntarios de Unitalsi, una asociación italiana que acompaña a peregrinos enfermos, llevaron a Vinicio a la plaza de San Pedro, a la audiencia general del papa Francisco.

Allí descubrió los pequeños privilegios que tienen los enfermos que visitan el Vaticano.

—Nos abrieron paso y nos pusieron en primera fila, junto a los niños.

Lo llevaron hasta allí en una silla de ruedas.

—Pero no porque no pudiera caminar —dice—. Sino porque no podía estar demasiado tiempo de pie.

Como todos los miércoles, en torno a las 9:30 Francisco entró en la plaza en papamóvil por el Arco delle Campane. Recorrió los recovecos de la plaza y pasó entre los peregrinos durante unos veinte minutos. Luego se bajó del coche y se fue caminando hasta el atrio para empezar la audiencia. Comienza siempre con un discurso en italiano que suele ser una catequesis; a continuación siempre saluda en español, y luego varios intérpretes le traducen mensajes específicos a los idiomas de las personas que asisten a la audiencia.

Pasaban los minutos y, con la emoción, Vinicio no conseguía estar atento a lo que sucedía a su alrededor. Sabía que después de los discursos el Papa se acercaría para saludar personalmente a los enfermos y se preguntaba qué le diría si llegaba hasta él. Quizá le hablaría de su tía, la única que se ocupa de él, y de su hermana, que tiene la misma enfermedad, pero en una fase menos desarrollada. También tenía cosas que contarle de la residencia de enfermos en la que trabaja cuatro horas al día. Se ocupa del jardín y de la basura... Pensó y pensó, y al final decidió hablarle de lo que más le dolía porque lo llevaba en lo más hondo de su corazón.

—Le diré que se acerque, que no tenga miedo de mí, que esta enfermedad no es contagiosa.

En torno a las 11:00, Francisco dio la bendición final, saludó a algunos cardenales y autoridades y, antes de atender a los otros visitantes, bajó de nuevo a la plaza para estar un rato con los enfermos. Los despide primero a ellos, para no hacerles esperar. Son los que están sentados en primera fila, acompañados por la Cruz Roja y Unitalsi.

El Papa iba a pie. Los saludaba uno a uno, sin prisa. Vinicio vio cómo se iba acercando, cómo decía algo a cada uno, o se detenía a escucharles. Y así llegó hasta él.

Primero Francisco lo miró a los ojos. Luego, le puso una mano en la cabeza, sin miedo a los granos, ni a las llagas, ni al pelo encrespado. Le besó, le tomó la mano y se la acercó al corazón. Es cierto que su padre todavía no ha encontrado el valor para besarle. Pero Francisco le dio un abrazo que a Vinicio le pareció interminable. Durante el encuentro ninguno de los dos fue capaz de articular palabra. Tampoco hizo falta.

—Me he sentido amado —explicó Vinicio.

La ternura fue más fuerte que el miedo. Ha pasado el tiempo y el abrazo del Papa le ha cambiado la vida.

—Me dio ánimos. Ahora salgo más fácilmente a la calle, consigo ser más espontáneo —asegura—. El año que viene pienso regresar a Roma para llevar a mi hermana. Quiero que el Papa la conozca. Y que si hay más personas enfermas como yo, que vean que no deben tener miedo.

Según las crónicas más antiguas, la vida de san Francisco cambió un día a las afueras de Asís, cuando se cruzó por el camino con un leproso. Primero sintió repugnancia, pero cayó en la cuenta de que no era un sentimiento cristiano. Entonces regresó sobre sus pasos, se bajó del caballo, dio una moneda al enfermo y le besó la mano. Este beso cambió al joven Francisco. El abrazo del Papa a Vinicio nos cambió a quienes lo vimos.

11

Primero, las personas

—A ver si me saben contestar esta pregunta. —El cardenal Jorge Mario Bergoglio llevaba una casulla blanca con un dibujo de Jesús un poco infantil bordado en el centro.

No estaba en su imponente catedral de Buenos Aires, sino en un estadio de fútbol, celebrando una misa especial para miles de niños. Era un auditorio complicadísimo: Los niños son curiosos, quieren saber los porqués de todo. Hace falta mucha habilidad para mantenerlos atentos y se dan cuenta inmediatamente de las mentiras. Para afrontar cuestiones complejas con ellos hay que ponerse a su altura sin ser ridículos, y acompañarlos en el razonamiento sin dar por supuesta ninguna conclusión.

—Escuchen bien —les desafió durante la homilía—. ¿Ustedes creen que Jesús se pasaba todo el día encerrado en la iglesia?

—Noooo —respondieron.

—¿Y dónde estaba? —les preguntó.

Desde las gradas partieron varias tímidas respuestas hasta que uno de los pequeños dio en el clavo.

—¡En la calle!

—¡Muy bien! —dijo el cardenal Bergoglio mirándole—. ¿Y qué hacía Jesús en la calle? ¿Vendía manises? ¿Era vendedor ambulante?

De nuevo los niños susurraron respuestas perplejas hasta agotar una lista de posibilidades: «caminaba», «hablaba», «enseñaba», «trabajaba»... El cardenal puso punto final al suspense y les dio la respuesta:

—¡Buscaba! Ése era Jesús. Vivía buscando a la gente. Buscaba a la gente —dijo, y entonces cambió de tono y, como si fueran pequeños adultos, les insistió—: ¿Y creéis que Jesús salía en busca sólo de los que eran católicos como Él?

—Noooooo —los niños estaban al juego.

—¡Claro que no! Iba en busca de los que estaban lejos, de los que no le conocían. Salía en su búsqueda. ¿Sabéis una cosa? Jesús se pasó toda la vida buscando a las personas que no le conocían.

Han pasado muchos años de este diálogo. Pero curiosamente ahora, como Papa, lo propone con hechos, saltándose los muros físicos, virtuales y culturales del Vaticano, para ir en busca de la gente, en busca de cada persona. Busca nuevos caminos para llegar donde le esperan y también donde no le esperan. Es un Papa «en posición de salida» que ha encontrado a su paso muchas más personas de las que imaginaba.

A finales de noviembre de 2013 publicó su primer gran documento magisterial. Técnicamente se trata de una Exhortación apostólica, una carta dirigida a los católicos. En la práctica es una bomba, el programa de su pontificado. Una movilización general a proponer la fe con entusiasmo, con hechos y con palabras.

La preparó personalmente en la tranquilidad de su primer verano en Roma, cuando se reservó unos días para pensar y escribir con relativa calma. Le dedicó horas y horas porque lo consideraba un texto decisivo.

La carta desborda optimismo ya desde el título, *Evangelii gaudium*, «La alegría del Evangelio». Pide a la Iglesia que dedique sus energías más a proponer un mensaje que a protegerlo; explica que hablar de Dios no consiste en «imponer obligaciones a las personas, sino en compartir una alegría»; y desafía a los católicos a que actúen con la misma bondad que derrochaba Jesús.

Esta propuesta tiene muchas consecuencias sociales, que Francisco propone con un lenguaje nuevo: el Papa recuerda, por ejemplo, que la mayor parte de las personas de nuestro tiempo viven en condiciones humillantes y que deben trabajar muy duro sólo para sobrevivir. Denuncia que nuestra cultura «descarta» a los hambrientos, a los ancianos, a los niños no deseados, a los sintecho, sólo porque no son productivos. Pide a los católicos que no sean ciudadanos con los brazos cruzados, que cuiden a los más débiles: los drogadictos, los refugiados, los indígenas, los emigrantes.

No es la primera vez que un pontífice denuncia estas situaciones, ni tampoco Francisco es el primero que pide a los cristianos que «cooperen para resolverlos». Pero es el primero que aprovecha cualquier oportunidad que se le presenta para decir a los católicos de su tiempo que no pueden seguir mirando hacia otro lado.

Él no mira para otro lado. No se conforma con mostrar solidaridad hacia quienes sufren, con declaraciones contra los abusos, con denunciar las injusticias. Busca cambiar las cosas.

En *La alegría del Evangelio*, el Papa reivindica que la economía esté al servicio de la persona, y no la persona al servicio de la economía. Avisa del peligro real de que la sociedad se convierta en una dictadura de la economía, sin rostro ni finalidad.

Escribe que «mientras las ganancias de unos pocos crecen exponencialmente, las de la mayoría se quedan cada vez más lejos del bienestar de esa minoría feliz. Este desequilibrio proviene de ideologías que defienden la autonomía absoluta de los mercados y la especulación financiera. De ahí que nieguen el derecho de control de los Estados, encargados de velar por el bien común».

Este duro diagnóstico del capitalismo financiero levantó críticas en varios círculos conservadores norteamericanos: «Es un comunista, un marxista», dijeron los mismos que tampoco habían digerido la encíclica social de Benedicto XVI, *Caritas in veritate*.

El periodista Andrea Tornielli, director de *Vatican Insider*, le preguntó qué opinaba sobre estas críticas: «La ideología marxista está equivocada», respondió el Papa. «Pero en mi vida he conocido a muchos marxistas que eran buenas personas, y por eso las críticas no me han ofendido». La respuesta no esconde dobles sentidos. Para Francisco, ninguna idea —ni falsa ni verdadera— puede estar por encima de las personas.

Bergoglio se había referido en varias ocasiones a su primera jefa, Esther Ballestrino de Careaga. Era su supervisora en el laboratorio Hickethier y Bachmann de Buenos Aires, donde hacía análisis para controlar la higiene de alimentos. «Allí aprendí lo bueno y lo malo de toda tarea humana», explicó como cardenal a Sergio Rubin y Francesca Ambrogetti[1]. «Tuve una jefa extraordinaria, una paraguaya simpatizante del comunismo que años después, durante la última dictadura, sufrió el secuestro de una hija y un yerno, y luego fue raptada y asesinada. Yo la quería mucho. Recuerdo que cuando le entregaba un análisis, me decía: "Che, ¡qué rápido que lo hiciste!". Y, enseguida, me preguntaba: "¿Pero comprobaste la dosis o no?". Entonces, yo le respondía que para qué lo iba a hacer si, después de haber comprobado todos los anteriores, ése debía dar más o menos así. "No. Hay que hacer las cosas bien", me reprendía. En definitiva, me enseñaba la seriedad del trabajo. Realmente, le debo mucho a esa gran mujer».

---

1. Los periodistas argentinos Francesca Ambrogetti y Sergio Rubin publicaron en 2010 un libro entrevista con Jorge Mario Bergoglio titulado *El jesuita*. Posteriormente, en 2013, lo reeditaron bajo el título *El Papa Francisco. Conversaciones con Jorge Bergoglio*.

En el año 2001, Elisabetta Piqué, la corresponsal en Roma del diario *La Nación*, le recordó que muchos lo ven conservador en la doctrina, pero crítico con los excesos del capitalismo, y le preguntó directamente si era conservador o liberal. «Siempre las definiciones recortan, y ésa es una definición», respondió el futuro papa. «Yo trato de ser no conservador, sino fiel a la Iglesia, pero siempre abierto al diálogo».

«De él me impresiona el diálogo con todos, aun con los más lejanos y con los adversarios; su piedad sencilla, cierta probable ingenuidad, su disponibilidad inmediata, su atento discernimiento interior, el ser un hombre de grandes y fuertes decisiones que hace compatible con ser dulce». Un buen retrato —de los mejores que he encontrado— del papa Francisco.

Pero el texto lo escribió él mismo y no es autobiográfico. Es la descripción que hace de uno de los primeros jesuitas, san Pedro Fabro[2].

Obviamente, Francisco es un apasionado de su fundador, san Ignacio de Loyola, y de san Francisco Javier. Del primero ha heredado esa búsqueda tenaz de modos creativos de ser fiel al Papa y servir a la Iglesia en lo que necesite; y del segundo, ese espíritu misionero incansable de quien no tiene miedo a adentrarse en lugares inexplorados para hablar de Dios. Pero, al mismo tiempo, Francisco es sobre todo un jesuita con el estilo de Pedro Fabro. «Diálogo con todos, aun con los más lejanos y con los adversarios; piedad sencilla, cierta ingenuidad, disponibilidad inmediata, atento discernimiento interior, un hombre de grandes y fuertes decisiones, pero siempre dulce».

«El amor es algo concreto. Los conceptos no se aman, las palabras no se aman, se aman las personas», decía en el año 2009. Primero las personas y luego las ideas.

Por eso, cuando en una de sus ruedas de prensa a bordo del avión le preguntaron sobre el lobby gay, respondió poniendo a las

---

2. Su nombre original es Pierre Favre, pero fue castellanizado.

personas en primer lugar. «Creo que cuando uno se encuentra con una persona así, debe distinguir el hecho de ser una persona gay, del hecho de hacer un lobby, porque ningún lobby es bueno. Son malos. Si una persona es gay y busca al Señor y tiene buena voluntad, ¿quién soy yo para juzgarla? El Catecismo de la Iglesia católica explica esto de una manera muy hermosa; dice: "No se debe marginar a estas personas por eso, deben ser integradas en la sociedad". El problema no es tener esta tendencia; no, debemos ser hermanos, porque éste es uno. [...]. El problema es hacer el lobby de esta tendencia: lobby de avaros, lobby de políticos, lobby de los masones, tantos lobbies. En mi opinión, éste es el problema más grave».

Ciertamente, este ponerse en el lugar del otro no significa renunciar a las propias convicciones. Durante el mismo encuentro con periodistas, fue muy interesante su diálogo con la brasileña Patricia Zorzan, corresponsal de Rede TV.

—En sus encuentros con los jóvenes usted no ha hablado sobre el aborto, el matrimonio entre personas del mismo sexo. En Brasil han aprobado una ley que amplía el derecho al aborto y ha permitido el matrimonio entre personas del mismo sexo. ¿Por qué no ha hablado sobre esto? —le preguntó.

—La Iglesia se ha expresado ya perfectamente sobre eso. No era necesario volver sobre eso, como tampoco hablé sobre la estafa o la mentira, u otras cosas, en las cuales la Iglesia tiene una doctrina clara —respondió Francisco.

—Pero es un asunto que interesa a los jóvenes —insistió Patricia.

—Sí, pero no era necesario hablar de eso, sino de las cosas positivas que abren camino a los chicos, ¿no es cierto? Además los jóvenes saben perfectamente cuál es la postura de la Iglesia —continuó el Papa.

—¿Y cuál es su postura sobre este tema, Santidad? —le rebatió la periodista.

—La de la Iglesia. Yo soy hijo de la Iglesia —le recordó el Papa.

El jesuita Antonio Spadaro dirige la revista *La Civiltà Cattolica*, una prestigiosa publicación de análisis de la actualidad cultural y religiosa, escrita por jesuitas y revisada en la Secretaría de Estado vaticana. Spadaro es además el autor de la primera gran entrevista al Papa. Fue una conversación en profundidad a lo largo de tres días, en la que Francisco se explicó a sí mismo. La publicó mas adelante en un libro titulado *Mi puerta siempre está abierta*[3].

«¿Cuándo deja de ser válida una idea?», se preguntaba Francisco a sí mismo durante ese apasionante diálogo. La idea deja de ser válida «cuando el pensamiento pierde de vista lo humano, cuando le da miedo el hombre o cuando se deja engañar sobre sí mismo».

Primero las personas, luego las ideas. Su fórmula es guiarse por la amistad y el respeto recíprocos como vía para llegar a la verdad. En Buenos Aires, en su propio canal televisivo, protagonizó los ya mencionados programas de diálogos con un rabino y un pastor protestante. De esas conversaciones nacieron dos libros, pero sobre todo una intensa amistad.

En mayo de 2014, como papa, pidió a ese rabino, Abraham Skorka, y al musulmán Omar Abboud, con quien había colaborado en el Instituto del Diálogo Interreligioso de Buenos Aires, que lo acompañaran en su séquito oficial durante el viaje a Tierra Santa. La foto de los tres abrazados tras la oración del Papa ante el Muro Occidental del Templo de Jerusalén dio la vuelta al mundo. Al verlos, entraba por los ojos que es posible dialogar en paz, que es posible escucharse y que el diálogo siempre da buenos frutos.

También ahora Francisco procura mantener abiertas las puertas de la Casa Santa Marta. Y eso tiene sus riesgos. A veces sus

---

3. *Mi puerta siempre está abierta: Conversaciones con Antonio Spadaro*, Editorial Planeta, Barcelona, 2014.

interlocutores no están a la altura de las circunstancias. Recuerdo que una tarde invitó a Eugenio Scalfari, exdiputado del Partido Socialista Italiano, fundador del Partido Radical, y del histórico periódico *La Repubblica*. Es un prestigioso intelectual, que se declara ateo y que ha impulsado campañas en la sociedad italiana a favor del divorcio y del aborto. Un personaje francamente poliédrico, pero no el tipo que esperarías encontrarte tomando un café con el Papa en el Vaticano. Antes de conocerse cara a cara, Francisco respondió públicamente a una larga y provocadora carta abierta que Scalfari le envió en verano desde las páginas de su periódico.

Algunos días después de ese encuentro, el anciano periodista publicó una supuesta entrevista al Papa. Aparentemente se trataba de una reconstrucción de memoria del diálogo privado que habían mantenido. El portavoz del Vaticano no tuvo más remedio que aclarar que «las palabras atribuidas al Papa eran fiables en términos generales, pero no lo eran las formulaciones concretas».

A pesar del gesto, el Papa siguió hablando en privado con ese anciano periodista. Y Scalfari volvió a publicar una segunda «entrevista» con supuestas declaraciones del Papa, que tampoco se correspondían con lo hablado privadamente, y que el portavoz educada y puntualmente volvió a desmentir.

Lo normal hubiera sido dejar de ver a esta persona. Pero el Papa prefiere fiarse, a pesar de los problemas que surjan. «Quien está siempre limpio, es que no camina», responde a quien le pide prudencia.

Independientemente de la fiabilidad de las entrevistas, como dijo Julián Carrón, presidente del movimiento Comunión y Liberación, lo relevante de estos dos encuentros es que «el papa Francisco muestra que el terreno para el verdadero diálogo ya no es el intercambio dialéctico, sino el encuentro de dos experiencias humanas». Por eso, el riesgo del malentendido valió la pena.

Me impresionó un episodio que muestra cómo trata a sus detractores. Los periodistas italianos Alessandro Gnocchi y Mario Palmaro publicaron en el periódico italiano *Il Foglio* un provocador artículo titulado «Por qué no nos gusta el Papa». Uno de los colaboradores de Francisco se lo mostró y comentó que le asombraba que el periodista escribiera estas cosas a pesar de estar gravemente enfermo.

—¿Está enfermo? —se interesó el Papa.

—Sí, sí, tiene una enfermedad muy seria —le respondió el monseñor.

—Vaya... ¿Me podrías buscar su número de teléfono? Me gustaría hablar con él.

Y así fue.

El mismo Mario Palmaro contó la conversación durante una entrevista de radio. «Me dijo que había sabido que estaba enfermo, y que me apoyaba, me acompañaba. Noté claramente su profunda empatía, la atención por una persona que está sufriendo, independientemente de sus ideas y opiniones. Le dije que en el artículo, además de criticar sus decisiones, había renovado mi plena fidelidad como hijo de la Iglesia. Pero el Papa casi no me dejó terminar la frase y me dijo que se veía que habíamos hecho las críticas con cariño y que para él había sido importante recibirlas»[4].

Cuando habla de críticas, Francisco dice que se siente cómodo rodeado de colaboradores leales que le dicen lo que no funciona. «Me gusta cuando una persona me dice: "Yo no estoy de acuerdo. Esto no lo veo, no estoy de acuerdo: yo se lo digo, usted verá". Así se comporta un verdadero colaborador».

Lo aprendió hace mucho tiempo. «Me acababan de nombrar obispo, y en la vicaría que me asignaron tenía como secretario a un sacerdote joven, recién ordenado. Y yo tomé una decisión de-

---

4. Mario Palmaro falleció algunos meses más tarde, el 9 de marzo de 2014.

masiado diplomática, con las consecuencias que vienen de esas decisiones que no se toman ante el Señor», contó Francisco ante un grupo de sacerdotes que estudian en Roma. «Y le dije: "¡Hay que ver este problema, no sé cómo arreglarlo!". Y él me miró a la cara y me dijo: "Porque usted lo ha hecho mal. Usted no ha tomado una decisión como padre", y me dijo tres o cuatro cosas fuertes. Muy respetuoso, pero me las dijo. Y luego, cuando se marchó, pensé: "A éste no lo alejaré nunca del cargo de secretario: ¡este es un verdadero hermano!"».

El verdadero líder no busca el consenso con su persona, sino con su misión. «¿Pues sabe, Santo Padre, que hay sacerdotes a los que no les gusta lo que usted está haciendo? No comprenden que sea cordial con quienes atacan a la Iglesia, no comprenden tampoco sus expresiones...», le dijo un conocido arzobispo latinoamericano durante un encuentro a puerta cerrada. «¡Claro que sé que hay curas a los que no les gusto!», le respondió más o menos. «Pero lo importante es que no se queden bloqueados con las críticas. Lo importante es que se arremanguen las sotanas y se pongan a trabajar», añadió.

«A mí nunca me fue mal por escuchar a las personas», respondió en una entrevista realizada por *La Cárcova News*, revista de una de las «villas» de Buenos Aires. Le habían preguntado cómo se comporta con quienes no están de acuerdo con él. «Las veces que no escuché a las personas me fue mal. Porque, aunque no estés de acuerdo, siempre, siempre te van a dar algo o te van a poner en una situación en la cual vos tenés que repensar tus cosas». Según el Papa, «si yo no estoy de acuerdo con aquél y dejo de saludarlo, le cierro la puerta en la cara o no le dejo hablar, no le pregunto nada, es evidente que me anulo a mí mismo. Ésta es la riqueza del diálogo. Dialogando, escuchando, uno se enriquece».

Y este no rodearse sólo de quienes le dan la razón es otro modo de acercarse a lo que él llama periferias. Hace falta coraje para escuchar y aceptar las críticas. Pero mucho más para no alejarnos de quienes nos critican, aunque sea con lealtad.

La murmuración es como un roedor que destruye la confianza recíproca y resta energías imprescindibles. Como el Vaticano es también una pequeña comunidad de empleados (unas 3.500 personas, entre sacerdotes, religiosos y laicos), tiene los mismos problemas que cualquier otra corporación. Por eso, Francisco se refiere con frecuencia al mal que provoca quien murmura.

Cada año, el 29 de septiembre, los gendarmes de la Ciudad del Vaticano celebran a su patrono, el arcángel San Miguel, general de los ejércitos celestiales. Se trata del cuerpo de policía del país más pequeño del mundo. Se encargan de vigilar sus fronteras, de la seguridad en la plaza de San Pedro cuando está el Papa y de custodiar las calles del pequeño Estado. San Miguel es su patrón porque, como se narra en el Apocalipsis, derrotó al diablo y lo encerró con cadenas en el infierno.

El día de su patrón, en su primer año como papa, Francisco celebró una misa para ellos en la gruta de la Virgen de Lourdes que hay en los Jardines Vaticanos. Y les pidió que se concentraran en luchar contra un enemigo aparentemente inocuo, pero letal para la seguridad interna.

«Os pido que no defendáis sólo las puertas y las ventanas del Vaticano. Defendednos también de una tentación que tenemos todos. La tentación contra la unidad, los ataques a la unidad de los que viven y trabajan en el Vaticano. El diablo intenta crear una especie de guerra civil que no se hace con las armas, sino con la lengua», les dijo.

«Las habladurías son un idioma prohibido en el Vaticano, porque es un idioma que genera el mal. Alguno de vosotros podría decir: "Padre, que nosotros debemos defender la seguridad del Estado, que no haya ladrones, ni delincuentes, que no nos ataquen...". ¡Es cierto! Pero no parece que vaya a venir un ejército a atacarnos. Ahora estamos ante una guerra diferente. Es la guerra de la oscuridad contra la luz, de la noche contra el día».

«Defendeos recíprocamente de las habladurías. Que nunca hablemos mal de los otros, que nunca escuchemos habladurías», les pidió. Y como un general estratega, les dio una instrucción precisa, una táctica de ataque: «Hablad bien de los otros, eso es sembrar buena semilla. Hablar mal es sembrar cizaña».

Ese mismo mes condenó otras tres veces con extrema dureza las malas lenguas. Dijo que son letales porque «no hay habladurías inocentes» y porque «siembran envidias, celos y sed de poder», y «con ellas transformamos nuestras comunidades y nuestras familias en un infierno».

Desde pequeño aprendió tres palabras que si se combinan correctamente garantizan la felicidad: gracias, perdón, permiso. En el libro *El jesuita* asegura que «quienes no las pronuncian, es porque carecen de algo en su existencia; porque estas tres palabras definen a las personas y son un compendio de actitudes». («No sé si yo las tengo», aclaraba).

Cuando las escuché, recordé algo que me había contado don Flavio. Don Flavio es un simpático sacerdote de Milán que trabaja en el Vaticano. Siempre tiene la paciencia de responder a mis preguntas sobre la situación de las Iglesias orientales, que son su especialidad. Se trata de cristianos que siguen un rito distinto al latino, pero que reconocen la autoridad del papa. Es el caso de algunos coptos de Egipto, de algunos cristianos armenios, de los siro católicos de Oriente Medio, o los de rito malabar y malankara en India.

Don Flavio está siempre disponible para hablar de las Iglesias orientales, pero es mucho más discreto cuando se habla de los cardenales que pasan por su dicasterio, o de los que acompaña a la Casa Santa Marta para ver al Papa. Lo encontré en San Pedro justo antes de la primera fumata (negra) del cónclave. Luego, tras la misa de inicio de pontificado, nos volvimos a ver en la plaza. Él iba con un grupo de jóvenes del norte de Italia, y llevaba la silla de ruedas de una de ellas, Sara, que, a pesar de las incomodidades de la ocasión, no quería perderse aquel momento.

Don Flavio estaba muy contento y, de pasada, me contó que algunos días antes, durante el precónclave, se encargó de llevar de regreso a su residencia al cardenal Jorge Mario Bergoglio tras una cena de cardenales. Él no sabía de qué habían hablado allí dentro, pero sí aseguraba que el cardenal, en el coche, estuvo todo el tiempo en silencio, muy serio.

Pocos días después de la elección, una mañana, cuando estaba en su oficina, sonó el teléfono. El acento argentino al otro lado de la línea era inconfundible: el Papa preguntaba por su jefe, el prefecto del dicasterio.

—No, en este momento no está, Santo Padre —respondió con cierta perplejidad.

—No pasa nada. Por favor, dile que le he llamado y que lo llamaré más tarde.

—Perfecto. Así lo haré —respondió don Flavio.

Entonces, se hizo un pequeño silencio.

—Por cierto, ¿eres tú el que me llevó en coche a mi residencia, antes del cónclave? —preguntó el Papa.

—Sí, sí, soy yo, Santidad —respondió don Flavio con cierto rubor.

—¡Oh! ¡Entonces, gracias por la caridad que tuviste conmigo de llevarme tan tarde a casa! Muchas gracias, de verdad. Reza por mí.

Don Flavio se quedó sin palabras. Yo me acordé de tres: gracias, perdón, permiso.

12

Ni Tarzán ni Supermán

En una entrevista con el periódico italiano *Il Corriere della Sera,* el Papa dijo que no le gusta la mitología que se está construyendo en torno a su persona. Citó de memoria al padre del psicoanálisis Sigmund Freud, para quien cada idealización esconde una agresión. «Pintar al Papa como si fuese una especie de supermán, una especie de estrella, me resulta ofensivo. Soy un hombre que ríe, llora, duerme tranquilo y tiene amigos como todos. Soy una persona normal», dice de sí mismo.

Es cierto que es una persona normal. Pero también lo es que en un tiempo récord pasó de ser un apreciado obispo latinoamericano a convertirse en el líder más apreciado del mundo. Tiene buenas ideas, capacidad para proponerlas de un modo atractivo a interlocutores de lo más variado y el don de conseguir que las pongan en práctica. Y lo más importante es que no necesita hacer gestos extraordinarios para conseguirlo.

Vanity Fair lo coronó «Hombre del año» en julio de 2013 (llevaba sólo cuatro meses como papa), mucho antes de diciembre, que es cuando se suele publicar este artículo. En noviembre de 2013 *Forbes* le dedicó la portada de su edición en español bajo el título «Hay 7.200 millones de personas en el mundo, pero sólo 72 importan». A pesar de que Francisco no escatima críticas contra el capitalismo, esta revista lo considera el cuarto hombre más poderoso del planeta, y el primer líder religioso.

Para *Time* fue la «Persona del Año 2013» y lo bautizó «el Papa del pueblo». La americana *Esquire* lo consideró el hombre más interesante y el mejor vestido. Para *Le Monde* era «un héroe». El diario liberal francés destacaba que suscita entusiasmo entre los creyentes porque «recupera los orígenes del mensaje cristiano», y que gusta también a los que están lejos de la Iglesia católica porque en él vislumbran «algo que se parece a la modernidad, al menos en el discurso». El diario judío *Forward* lo citó entre las 50 personalidades no judías más importantes del mundo (siempre reserva dos puestos a no judíos); y según la revista *Rolling Stone* Francisco suena como una canción de Bob Dylan, *The Times They Are A-Changin'*, «Los tiempos están cambiando», la banda sonora de las protestas de los años 60.

No son elogios fruto del entusiasmo del primer año. Otros ejemplos: cuando en enero de 2015 viajó a Filipinas, el periódico *The Philippine Daily Inquirer* tituló «Why you need a Pope Francis in your life» y explicó que «su impacto es más o menos igual a lo que hicieron los Beatles con el rock & roll». También, a finales de marzo de 2015, la revista *Fortune* actualizó su ranking de las 50 personas más influyentes del mundo y mantuvo al papa Francisco en el *top five* de figuras extraordinarias que han «transformado los negocios, los gobiernos, la filantropía y muchas más cosas». Francisco, que había estado el año anterior en primera posición por «haber electrificado la Iglesia y atraído a no católicos», ocupaba el cuarto puesto por «predicar con el ejemplo» y evitar derroches en la burocracia del Vaticano «para destinar el máximo de recursos posibles a obras de caridad».

En definitiva, la lista de portadas, títulos y artículos sobre el «efecto-Francisco» es interminable. Y aunque no todas captan la esencia de su mensaje, son reflejo de una ola de simpatía sin precedentes hacia la Iglesia católica y gracias a su principal representante en la tierra, el obispo de Roma.

Desde que empecé a ver semana tras semana la plaza de San Pedro repleta de personas que querían conocerlo, he intentado desentrañar el secreto de su éxito, descubrir qué hace para conseguir resultados tan extraordinarios. No es fácil dar una respuesta exhaustiva, porque tampoco depende sólo de él. Pero lo que él mismo dijo en la isla italiana de Cerdeña puede ofrecer algunas pistas.

El viaje no fue casual, pues hay lazos entre la capital de Argentina y esta isla: «La ciudad de Buenos Aires y Cagliari están hermanadas gracias a una historia antigua», explicó el Papa al anunciar la visita de un solo día. Cuando el hidalgo español Juan de Garay fundó la ciudad porteña, quería llamarla Ciudad de la Santísima Trinidad, «pero los marineros que le habían guiado hasta allí eran sardos y querían que se llamara Ciudad de la Virgen de Bonaria. Discutieron y al final llegaron a un acuerdo, de forma que el nombre de la ciudad quedó un poco largo: Ciudad de la Santísima Trinidad y Puerto de Nuestra Señora de Buen Aire. Al ser tan largo, sólo permanecieron las dos últimas palabras, Buen Aire, Buenos Aires, en recuerdo de vuestra imagen de la Madonna di Bonaria».

La agenda de aquel domingo fue realmente agotadora: a las 7:30 de la mañana despegaba su avión desde el aeropuerto de Ciampino. Aterrizó media hora después en Cagliari, la capital de Cerdeña, una de las islas más bellas del Mediterráneo. A las 8:45 en punto comenzó el primer encuentro, una reunión con miles de trabajadores y empresarios que sufrían las consecuencias de la crisis económica.

A las 9:45 saludó a las autoridades locales y a los enfermos; a las 10:30 celebró la misa en el Santuario de Nostra Signora di Bonaria. A las 12:00, como todos los domingos, rezó el ángelus retransmitido por Mundovisión en decenas de países.

A las 13:00, después de una maratoniana mañana, almorzó en el seminario con los obispos de la isla. Dos horas después (siempre le reservan al menos 40 minutos de tranquilidad para que pueda afeitarse de nuevo y descansar en su habitación), a las 15:00, se reunió en la catedral con pobres y con personas de la cárcel y, luego, con unas monjas de clausura.

Podemos imaginar que estaba físicamente agotado cuando a las 17:00 llegó al último encuentro, en un palco construido en el paseo Carlo Felice. Allí le dieron cita miles de jóvenes de toda la isla. Los organizadores pidieron que fuera una especie de conversación de preguntas y respuestas con sabor de intimidad. Y consiguieron que por primera vez el Papa hablara de sí mismo.

Francisco evocó cómo a los 16 años, el 21 de septiembre de 1953 (recordaba perfectamente la fecha), entendió que Dios le pedía algo más, que no se conformara con lo que ya estaba haciendo, que le estaba esperando y que le proponía hacerse sacerdote. No se trató de una aparición, ni de un fenómeno místico. Sucedió en una iglesia normal, en su parroquia del barrio de Flores, la de San José. Jorge Mario era un adolescente que iba camino de una fiesta, pasaba por allí, tenía tiempo y casi sin saber por qué decidió detenerse unos instantes en la iglesia.

Se sentó en un banco y vio que entraba un sacerdote nuevo. Algo debía tener aquel hombre que despertó en Jorge Mario el impulso de confesarse, de contarle sus pecados para recibir el perdón de Dios. Así lo hizo y después de la absolución preguntó al sacerdote si estaba allí de paso o si volverían a verse. El anciano cura le explicó que vivía en Buenos Aires, pero que no podía ir a menudo a esa iglesia porque estaba muy enfermo. Tenía una leucemia muy avanzada.

Quizá en esa respuesta el futuro papa vislumbró la valentía de aquel hombre sencillo que había donado su vida a un gran ideal, la felicidad de quien ha entregado su vida a los necesitados, que recorre los últimos tramos de la vida con el corazón repleto; o tal vez pensó que no había personas dispuestas a ocupar su puesto en el confesionario cuando ya no estuviera.

Como en todo paso que se da con el corazón, sólo quien se ha enamorado puede sospechar qué notas resonaron en aquel instante. Lo impactante es que allí mismo resolvió hacerse sacerdote. Lo recordó ante los jóvenes en Cagliari, ya que un día antes se habían cumplido justo 60 años de esa decisión.

«Pero esto no lo digo para que hagáis un pastel... No lo digo por eso —dijo entre risas—. ¿Sabéis una cosa?», continuó mientras miraba a los ojos de decenas de miles de chicas y chicos que lo escuchaban en silencio. «Pasaron algunos años antes de que esta decisión, esta invitación, llegase a ser concreta y definitiva. Desde entonces, a lo largo de los años, he experimentado muchas cosas: momentos alegres, pero también fracasos, fragilidad, pecado... Sólo os digo una cosa: no me he arrepentido de haber dado el paso. ¿Y sabéis por qué? ¿Porque me siento Tarzán y soy fuerte para seguir adelante? No. No me he arrepentido porque siempre, incluso en los momentos más oscuros, en los momentos de pecado, en los momentos de fragilidad, en los momentos de fracaso, he mirado a Jesús y me he fiado de Él, y Él no me ha dejado solo. Fiaos de Jesús».

Es un hombre físicamente fuerte y con una enorme capacidad de decisión. Pero no cuenta sólo con sus propias fuerzas. No es Tarzán. Su eficacia se enraíza en su convicción de que Dios existe, y de que Dios cree en él, cree en el hombre, cree en cada persona, aunque se equivoque, aunque se aleje, aunque no sea católico. Se sabe portador de un mensaje capaz de encender corazones apagados, de dar sentido a quien cree que su vida ya no lo tiene, un mensaje que hace al hombre más humano. El mensaje por el que miles de cristianos han dado la vida a lo largo de la historia. Un mensaje con una fuerza imponente, que aparentemente había dejado de interesar a la gente corriente.

El elemento esencial de su vida es la búsqueda de una relación personal con Dios. Para él la Iglesia católica no es «una ONG piadosa» que dedica sus energías a hacer cosas buenas, sino la portadora de ese mensaje divino que humaniza al hombre, le muestra quién es realmente y por eso le empuja a preocuparse por las necesidades de las personas con las que convive.

El cardenal Joseph Ratzinger decía que existen tantos modos de rezar como personas. Cada hombre ama a su mujer de un modo único, y cada mujer ama a su marido de un modo totalmente suyo. Con Dios ocurre lo mismo. También, la oración del papa Francisco es un reflejo de su personalidad y de su propia historia.

Ingresó en el seminario diocesano de Buenos Aires a los 21 años. Habían pasado más de cuatro desde aquella tarde de primavera en la que decidió entregarse a Dios. A lo largo de ese tiempo terminó el instituto técnico y trabajó en un laboratorio de análisis de alimentos.

Durante el primer curso en el seminario descubrió la espiritualidad de los jesuitas. Le atrajo «su condición de fuerza de avanzada de la Iglesia, orientada a la tarea misionera». Quería prepararse a conciencia para hablar al mundo de Dios, estar listo y disponible en primera línea del campo de batalla, en los frentes más complicados, en las fronteras, en las periferias. Le ilusionaba entregar su vida a Dios para llevarle al otro lado del mundo, a Japón, una tierra donde Jesús era prácticamente un desconocido.

Decidió ser jesuita, pero todo estuvo a punto de estropearse. Un día, de repente, el mundo pareció caérsele encima y pareció que debía dejar de lado todos sus proyectos.

«Dios le dio un alma misionera, pero no la salud para cumplirla», explica Evangelina Himitian, autora de una de sus primeras biografías[1]. Pocas semanas antes de entrar en el noviciado de la Compañía de Jesús se enfrentó al primer gran revés de su vida: le diagnosticaron una grave pulmonía y le tuvieron que extirpar unos quistes del pulmón derecho.

La enfermedad fue un obstáculo serio a todos sus proyectos. ¿Le dejarían irse a las misiones? ¿Podría ser jesuita? Y si no, ¿le permitirían regresar al seminario? Esas dudas le hacían sufrir todavía más que el terrible dolor que sentía en el pulmón. Por eso

---

1. *Francisco, el Papa de la gente*, Editorial Aguilar, Madrid, 2013.

no aguantaba las frases de circunstancias de quienes le visitaban: «Se te pasará pronto», «dentro de nada volverás a tu casa».

Lo único que en aquellos momentos reconfortó al joven seminarista fue una frase soltada casi de pasada por la hermana Dolores, la monja que lo cuidaba, la misma que le había preparado para la primera comunión: «¿Sabes? Así, con este dolor, estás imitando a Jesús». «Me dio mucha paz y me enseñó a afrontar el dolor», explicó.

Efectivamente, con el tiempo y el descanso, se recuperó completamente y todo se resolvió. Pero sus nuevos superiores le pidieron que renunciara a trasladarse a Japón. La vida del misionero es dura y su salud, demasiado delicada para afrontarla. Tuvo que aparcar su sueño. No se fue al país del sol naciente, pero se convirtió en misionero en su propia tierra.

Me acordé de este episodio cuando Julio me contó su historia. Él es un cura misionero brasileño que ahora vive en África. Nos conocimos por casualidad, cuando vino a Rome Reports a acompañar a alguien que debíamos entrevistar. Nos presentamos y me dijo que estaba de paso en Roma y que dos días antes había estado con el Papa. Yo tenía que coordinar la entrevista y redactar urgentemente una noticia, por lo que pedí a nuestro director de marketing que lo atendiera. El despacho de Carlos Garde está providencialmente junto a la puerta de la oficina. Y no es casualidad porque tiene el don de la paciencia para recibir visitas inesperadas y olfato para encontrar grandes historias.

Yo había regresado a mi mesa y estaba escribiendo cuando Carlos se acercó sonriente.

—Oye, que este cura tiene mucho que contar. Creo que vale la pena incluirlo en una noticia —me dijo.

Acepté un poco de mala gana y busqué un cámara para grabarlo, pero Julio tenía poco tiempo y acordamos vernos dos o tres días después.

Supe que es formador de futuros sacerdotes, uno de los responsables de un seminario, y que estaba buscando fondos para construir el nuevo edificio. Me dijo que, aprovechando la visita a la Ciudad Eterna, había participado en una audiencia general y había conseguido hablar unos segundos con Francisco.

—Le conté que soy misionero y como vi que le gustó, me atreví a pedirle que me invitara a concelebrar misa con él.

Cuenta que lo que más le sorprendió es lo rápido que respondió el Papa. «Eso está hecho. Te espero mañana a las siete en Santa Marta».

Cada día, a las 6:45 de la mañana, unas 35 o 40 personas entran en la Casa Santa Marta para asistir a la misa de Francisco. Celebra en una capilla situada en la planta baja y dedicada al Espíritu Santo. Cuando acaba la misa, el Papa se sienta entre la gente, en una silla en el lateral izquierdo, para rezar en silencio unos minutos. Luego, espera en la salida de la capilla y saluda uno a uno a los participantes.

—Yo no quería ir a Santa Marta sólo para hacerme una foto con él. Quería contarle mi historia, que supiera lo que Jesucristo ha hecho conmigo, cómo me ha cambiado —me decía Julio.

Por eso se puso el último de la fila, para estar más tiempo con él.

—¿Y qué le contaste? —le pregunté.

—Todo... Le conté mi vida, porque fui una cabra loca y no me gustaba la Iglesia, pero que un día me sentí muy amado por Dios, con todos mis defectos, y por eso acabé siendo cura —sonreía al recordarlo—. Le conté lo que hacemos en mi nuevo país, cómo ayudamos a trece seminaristas que se preparan para ser sacerdotes.

Parece ser que el secretario del Papa interrumpió la conversación porque Francisco tenía invitados, pero el Papa le pidió que esperasen, ya que quería seguir escuchando su historia.

—Le hablé de los problemas de la gente y de la Iglesia donde yo vivo, y le dije que estoy muy contento de ser misionero allí, de dejarme la vida por Jesucristo, de ser sacerdote. El Papa me escuchaba emocionado, y me dijo: «Muchísimas gracias por haberme contado estas cosas, me has ayudado muchísimo. Sigue así, sigue allí, que hacen falta sacerdotes santos. Gracias porque me has consolado; en medio del sufrimiento me has ayudado». Luego, Francisco le hizo una petición que no se esperaba: «¿Te puedo dar un abrazo?», le preguntó. «Es que, ¿sabes una cosa?, un misionero es mucho más importante que un papa. Es un honor abrazar a un misionero», se justificó.

Francisco se hizo jesuita porque soñaba con ser misionero en tierras lejanas. Una grave infección pulmonar estuvo a punto de costarle la vida y le obligó a cambiar de planes. Jorge Mario se quedó en Argentina, pero no tiró la toalla. Aprendió a ser misionero con los que tenía cerca. De los antiguos misioneros aprendió a hablar de Dios mostrando sus obras: la caridad, la misericordia, el interés por cada uno, el perdón. Cuando quienes lo escuchan deciden cambiar de vida, no experimentan una «conversión culposa», no cambian de vida porque se sientan culpables del mal que han hecho, sino porque sienten gratitud hacia un Dios que ama y perdona. No levanta dedos acusadores, sino que corrige como Jesús corregiría, ayudando a descubrir un proyecto mucho mejor.

Por cierto. Sé que mi amigo Julio no consiguió reunir todo el dinero para construir el nuevo seminario y que sigue buscando ayudas. Pero también que el abrazo del Papa le dio energías para empezar a soñar con abrir otros cinco o seis seminarios en su nuevo país.

13

Durmiendo las dificultades

Francisco no tiene fuerzas para la imponente tarea que le ha tocado. Por eso hace siempre a quienes encuentra la misma petición: «Reza por mí». Nada más salir al balcón de la basílica de San Pedro, tras la *fumata bianca* del 13 de marzo de 2013, rogó a los católicos que pidieran a Dios que lo bendijese.

«Rezad por mí». Se lo dice a los enfermos que encuentra en la plaza de San Pedro, a los jóvenes, a los ancianos, a las parejas, a los niños, a los abuelos, a los periodistas. Se lo pide a los representantes del patriarcado ortodoxo de Moscú, a monarcas musulmanes, a jugadores de fútbol y a cantantes. Y también, saltándose todos los protocolos, a los líderes mundiales. La lista es interminable: se lo pidió al poderoso Vladimir Putin, que reaccionó con cierta sorpresa y respondió con un gesto parecido a una sonrisa; a Barack Obama, que le respondió rogándole que él rece también por su mujer Michelle, y a sus hijas Sasha y Malia; se lo pidió a la presidenta de Argentina, Cristina Kirchner, con la que en el pasado las relaciones institucionales eran bastante frías; y a la dura presidenta de Brasil, Dilma Rousseff, a quien preguntó si la podía «utilizar como mensajera» para hacer llegar un rosario a su hija. También se lo pidió a un emocionado Raúl Castro, que, además de presidente de Cuba, es el primer secretario del Partido comunista en la isla.

—No, yo no... Usted, rece usted por mí —le respondió Castro tocándose el pecho.

—Ya lo hago —le dijo ágil el Papa.

Se lo pidió a los reyes Juan Carlos y a Sofía de España, y dos meses después, a sus sucesores Felipe y Letizia:

—Recen por mí, y saluden de mi parte a sus padres.

«Recen por mí». Lo sigue pidiendo sin distinción a todos los que le visitan. Busca movilizar oraciones en la Tierra y en el Cielo. El lugar de Roma en el que ha estado más veces es la basílica de Santa María la Mayor. La visitaba cuando era cardenal cada vez que venía a la Ciudad Eterna; estuvo allí también pocas horas después de ser elegido papa, y sigue yendo bastante a menudo, especialmente antes de emprender un viaje fuera de Roma y nada más regresar.

El 1 de enero de 2014, al ver que tenía un poco de tiempo libre, decidió acercarse a esta basílica. Avisó sólo al chófer y a alguien más.

—Vamos solos, no hace falta molestar a la policía —vino a decirles.

Llegaron sin escolta ni guardaespaldas, y cuando entró, los turistas y peregrinos lo reconocieron inmediatamente y muchos se abalanzaron sobre él para saludarlo, que bendijera niños o hablarle personalmente. La situación se fue un poco de control, Francisco se asustó y tuvo que regresar a la Casa Santa Marta. Comprendió que por la seguridad de todos era mejor ir siempre con los guardaespaldas. Volvió con un poco de pena.

—Me siento como un hijo que no puede ir a visitar a su madre —confió a uno de sus acompañantes.

Cuando le dijeron a Juan Pablo II que en la plaza de San Pedro faltaba una imagen de la Virgen María, el Papa la «completó» con un gran mosaico que dedicó a la Madre de la Iglesia. También Francisco, cuando vio que en la biblioteca del Palacio Apostólico, donde cada mañana recibe las visitas oficiales, faltaba una imagen de María, hizo poner una pequeña talla de la patrona de Argentina, la Virgen de Luján.

La vi por primera vez a principios de septiembre de 2013, cuando el embajador polaco Piotr Nowina-Konopka presentó sus cartas credenciales. Al protocolario encuentro le acompañaron sus dos nietos, dos niños de cuatro o cinco años que regalaron al Papa unos ramos de margaritas blancas y amarillas.

—Éstas se las damos a la Virgen —les dijo el Papa.

Y con ellos de la mano, las dejó a los pies de la pequeña estatua. Luego, tocó la imagen y se santiguó. Me pareció un gesto que traslucía bien el corazón del pontífice.

Recordé que había hecho lo mismo ante la pequeña talla de la Virgen de Aparecida. Me tocó acompañarlo hasta ese santuario, el más importante de Brasil y quizá el más grande del mundo dedicado a María. Está a medio camino entre Río de Janeiro y São Paulo, a unas tres horas en autobús desde Río. Era a finales del mes de julio de 2013 y dicen que fue uno de los días más fríos y lluviosos de la historia del país. Recuerdo que en algunos momentos me pareció estar dentro de una pesadilla: sueño y frío, los calcetines y la camisa empapados, temblando en medio de la espectacular basílica por una corriente de aire que se colaba por sus ventanales y buscando entre la muchedumbre a Marco, el cámara que me acompañaba, a quien perdí de vista al inicio de la ceremonia. Sin él, no iba a ser posible grabar entrevistas.

En cualquier caso, yo estaba mucho mejor que la gran mayoría de los peregrinos, que no habían dormido y llevaban horas completamente empapados tras una noche al aire libre a la espera del Papa. Una pareja de argentinos me contó que habían viajado más de 24 horas en autobús y que habían pasado la noche en la puerta del santuario para poder entrar de los primeros en cuanto abrieran las puertas.

Decían que la ocasión lo merecía: Era la primera misa pública del Papa en Latinoamérica, en un lugar muy ligado a la biografía espiritual de Jorge Mario Bergoglio. Aquí estuvo en mayo de 2007, durante una importante reunión de obispos de América Latina para fijar las prioridades de la Iglesia en el continente. El papa Benedicto inauguró ese encuentro y luego los obispos continuaron las reuniones durante aproximadamente un mes. El cardenal Bergoglio se ocupó entonces de unificar las propuestas y redactar las conclusiones. El resultado fue el Documento de Aparecida, una llamada a los católicos iberoamericanos a no conformarse con lo que hacen y a ponerse «en estado permanente de misión».

Quizá estaba reviviendo aquellos días de intenso trabajo, porque cuando Francisco entró en el santuario y pasó a la sala de los doce apóstoles que custodia la pequeña talla de la Virgen, se le empañaron los ojos, y se acercó emocionado a acariciar los pies de la imagen y a santiguarse. «En tus manos coloco mi vida», rezó en voz alta.

Pocos minutos después, en la homilía de la misa, dijo que había venido «para poner a los pies de María la vida del pueblo latinoamericano. Vengo a llamar a su puerta para que nos ayude a todos a transmitir a los jóvenes los valores que los hagan artífices de una nación y de un mundo más justo, solidario y fraterno».

Luego citó dos de las claves del programa de su pontificado: dar esperanza y vivir con alegría. «No miréis las dificultades, mirad a Dios, que es más fuerte. Tengamos una visión positiva de la realidad. Dios es más fuerte que el mal y no deja que nos hundamos. Tenemos que vivir con alegría: El cristiano no puede ser pesimista».

Cuando terminó la misa le esperaba una pequeña sorpresa. El cardenal Raymundo Damasceno Assis, arzobispo de Aparecida, le regaló una réplica exacta de la talla. Es una imagen muy pequeña, de unos 40 centímetros, de color canela. «Simboliza los sufrimientos de los pobres y los excluidos, especialmente los del pueblo negro», le explicó el purpurado. Pienso que, precisamente por esa descripción, el Papa tomó la imagen y la llevó acurrucada en sus brazos durante varios minutos.

Con ella se asomó a la gran explanada del santuario, desde donde cientos de miles de personas que no habían conseguido entrar a la basílica seguían la ceremonia.

—Perdonadme. Voy a hablar en español —les dijo excusándose por no saber portugués.

Casi todos venían de Brasil, muy pocos hablaban español.

—Muchas gracias, *obrigado* por estar aquí.

No sé exactamente qué entendía la gente, pero le aplaudían y le escuchaban felices. El Papa primero los bendijo y luego entabló un curioso diálogo con ellos.

—A ver, ahora me voy a dar cuenta de si consiguen entender lo que digo. Les hago una pregunta: ¿Una madre se olvida de sus hijos?

—Noooo —respondieron.

—Pues Ella tampoco se olvida de nosotros —les dijo señalando la pequeña talla de la Virgen—. Ella nos quiere y nos cuida, y ahora le vamos a pedir la bendición. La bendición de Dios Todopoderoso, el Padre y el Hijo y el Espíritu Santo descienda sobre ustedes, y permanezca para siempre.

En el salón que hay junto a su habitación personal en la Casa Santa Marta, conserva una pequeña escultura muy parecida a otra que tenía en su hogar de Buenos Aires. Es una imagen muy poco común de san José. El padre de Jesús está recostado, con los ojos cerrados, durmiendo. Lo que más llama la atención cuando la ves en la habitación del Papa es que la mesa parece desordenada porque alrededor de la escultura hay muchos papeles doblados, mensajes, sobres...

Y es que ahí Francisco deja algunas de las cartas que recibe después de leerlas. Están las que le han entregado personalmente en las audiencias de los miércoles, pero también las que le llegan por correo postal. La mayoría son de personas normales que le cuentan dificultades y problemas o le piden ayuda. Él no consigue responder a todas, pero se las confía a esa imagen de san José, que duerme para escuchar a Dios.

«Yo quiero mucho a san José, porque es un hombre fuerte y de silencio y en mi escritorio tengo una imagen de san José durmiendo, y así durmiendo cuida a la Iglesia», explicó en Filipinas, durante un encuentro con miles de familias. «Y cuando tengo un problema, una dificultad, yo escribo un papelito y lo pongo debajo de san José, para que lo sueñe, para que rece por ese problema». Que se encargue él de avisar a su Hijo. «¿Ves? Parece que está dormido, pero está muy activo», explicaba señalando la escultura.

Además de los papeles que rodean a san José, en esa mesa hay un crucifijo, una imagen de san Francisco, otra de la Virgen de Luján, y luego, algunas flores. Son rosas blancas. Unas están secas, otras más o menos frescas. Rodean una pequeña figura de santa Teresa de Lisieux, a quien él con confianza llama «Teresita». Es muy importante para el Papa. Es la santa a la que más veces cita después de la Virgen María y san José.

Le confía cuestiones de todo tipo. Y no lo esconde. En el avión de la compañía SriLankan Airlines, desde Colombo a Manila dedicó mucho tiempo a una intensa rueda de prensa con los periodistas. Para darle las gracias, la enviada especial de *Paris Match*, Caroline Pigozzi, le entregó un regalo, un medallón con el rostro de Teresita. «¿Saben una cosa?», dijo el Papa. «Cuando no sé cómo están las cosas, tengo la costumbre de pedir a santa Teresita del Niño Jesús que, si ella se quiere encargar del problema, que me envíe una rosa. Y lo hace algunas veces, pero siempre de un modo curioso. Le he pedido a ella que se encargue de este viaje, y que me envíe una rosa para confirmármelo. Pero en vez de una rosa, ha venido usted a saludarme con este regalo. Muchas gracias a usted, Caroline, y a Teresita, y ustedes».

Conocíamos ya algo de esta costumbre gracias a la entrevista que Francesca Ambrogetti y Sergio Rubin hicieron al cardenal Bergoglio, donde describen muy bien su habitación en Buenos

Aires. Ella, una mujer atenta a los detalles, le preguntó por qué en su estantería tiene un cuenco lleno de rosas blancas junto a una imagen de santa Teresita.

El cardenal le dio una curiosa respuesta: «Cuando tengo un problema, le pido a la santa no que lo resuelva, sino que lo tome en sus manos y me ayude a asumirlo y, como señal de que lo está haciendo, recibo casi siempre una rosa blanca».

La realidad es que Teresa de Lisieux le ha sacado de más de un apuro y que a ella le confía las situaciones más delicadas. Cuentan que en Buenos Aires, en octubre del año 2000, convocó en la Plaza de Mayo a representantes de otras confesiones cristianas para conmemorar los dos mil años del nacimiento de Jesús. Acudieron ortodoxos, anglicanos, luteranos, baptistas y evangélicos... Y, por supuesto, católicos. La ceremonia estaba prevista para las siete de la tarde. Habían acudido miles de personas, pero estalló una fuerte tormenta. El futuro papa, que abría la procesión desde el interior de la catedral, se acercó a la capilla de Teresita y casi se encaró con ella. El obispo auxiliar Eduardo García vio que estaba apuntando con el dedo a la santa.

—¿Qué estás haciendo? —le preguntó.

—La estoy retando, diciéndole que esto no se hace y que va a ser mejor que cambie el tiempo.

De hecho, la tormenta había sido tremenda, y se mojó toda la gente que venía caminando. Pero su desafío a Teresa funcionó porque se levantó un agradable viento y las personas se secaron un poco, lo suficiente como para poder seguir la ceremonia, que duró varias horas.

No es la única vez que Teresita le ha ayudado. En Buenos Aires, cada 7 de agosto miles de personas van al santuario de San Cayetano en el barrio de Liniers para rezar ante el patrón del pan y del trabajo. Quienes han visitado el lugar saben que, además de tener siempre sacerdotes disponibles para las confesiones, allí se recogen vestidos, medicinas e incluso ofertas de trabajo para los necesitados. Ese día la iglesia permanece horas y horas abierta y se forma una interminable cola de peregrinos. Unos acuden para pedir ayuda, pero la mayoría lo hace para dar las gracias.

Durante sus 15 años como arzobispo, Jorge Mario Bergoglio no faltó nunca a esa cita. Para él era una de esas fiestas centrales en las que se encontraba con la gente normal y recargaba las baterías. Se conmovía al ver esa cola de miles de personas de «periferias existenciales», de todas las edades y clases sociales. Por eso, aunque debía caminar mucho, le gustaba recorrer la fila para saludarlos a todos.

Federico Wals, su entonces joven y prudente portavoz, lo acompañó durante los últimos años. Cuenta que, una vez, el arzobispo llegó al santuario de San Cayetano con fiebre.

—Me he tomado un analgésico, no me siento bien. Esta vez celebro la misa y luego regresamos inmediatamente a casa —le dijo nada más entrar. Pero luego añadió—: Lo he dejado en manos de santa Teresita. Si ella quiere que después de la misa camine las dieciocho cuadras hasta el final de la cola de gente que está esperando, que me mande una señal. Eso fue lo que le pedí.

A pesar del analgésico, el cardenal celebró misa con un poco de fiebre y bastante cansancio. Tuvo una breve homilía, distribuyó la comunión, bendijo a los asistentes y, aunque le dolía la cabeza y no se sentía bien, decidió salir a saludar al menos a quienes estaban más cerca de las puertas. Bendecía a sus bebés y preguntaba a los papás si los habían bautizado:

—No, padre Jorge, todavía no —respondió uno.

—Pues no te olvides... No esperes mucho, que el bautizo hará mucho bien al niño —le dijo sonriendo.

—Señoras, ¿cómo tratan a sus vecinas, hablan mal de ellas? —bromeó con dos amas de casa.

—No, no, por supuesto que no —le dijeron con respeto.

Y mientras seguía caminando, se le acercó un hombre. Era más alto que él y vestía de negro. Llevaba un abrigo largo y escondía la mano derecha bajo la solapa.

—Como Napoleón —recuerda Federico—. Se comportaba de un modo extraño.

Efectivamente, se paró frente al cardenal y le cortó el paso. Se miraron y el hombre de negro le mostró lo que estaba escondiendo: una rosa blanca.

—Yo te la bendigo, hijo mío —le dijo el cardenal—. En el nombre del Padre, y del Hijo, y del Espíritu Santo.

Luego Bergoglio amagó con esquivarlo, pero el hombre se lo impidió.

—Padre, usted no entendió nada —le dijo—. Ésta es la señal que esperaba.

El arzobispo miró a Federico.

—¿Viste que santa Teresita no me abandonó? Vamos a seguir saludando hasta el final. Dile al conductor que espere.

También ahora confía a Teresita cuestiones de todo tipo. El 21 de agosto de 2013 tuvo lugar en Siria un ataque con armas químicas. Fue en un suburbio de Damasco llamado Guta. No está claro el número de fallecidos, 350 según unos y 1.400 según otros. La comunidad internacional acusó de la matanza a las tropas de Bashar al-Asad, quien aseguró que no tenía nada que ver con lo ocurrido. El presidente de Estados Unidos dijo que Asad había cruzado la línea roja y anunció una inminente represalia. Rusia respondió que no apoyaría la eventual intervención militar y que la vetaría en el Consejo de Seguridad de la ONU.

En el Vaticano, Francisco convocó a sus más estrechos asesores de política mundial y a varios expertos sobre Oriente Medio para informarse con detalle de lo ocurrido y del posible desenlace. No quería sólo datos. No le parecía justo quedarse de brazos cruzados y les pidió ayuda para tomar una decisión. «¿Saben? Esta mañana, mientras rezaba, he comprendido que debo hacer algo por la paz, pero todavía no sé bien qué».

Los participantes pusieron sobre la mesa varias ideas: el Papa podría condenar el ataque y pedir la paz durante una audiencia general o tras un ángelus del domingo; podría enviar una carta a

Asad; o reunir a los embajadores para hacer pública la posición de la Santa Sede.

El Papa asentía, pero no se le veía completamente satisfecho. Sabía perfectamente que para construir la paz no bastan las condenas y los llamamientos. «¿Y si hacemos una oración por la paz?», les propuso. La medida no es habitual en círculos diplomáticos, pero sería un gesto coherente con la misión del principal líder religioso del mundo. A nadie puede ofender una oración. Asintieron. «Podríamos hacer algún encuentro especial en el Vaticano, como una misa o un rosario»... Todos estaban de acuerdo en que era una buena idea. Alguno incluso apuntó que podrían invitar en la basílica a la curia vaticana y a los embajadores para rezar juntos por la paz.

¿Embajadores? ¿Curia vaticana? El Papa estaba pensando en algo diferente. Él cree que la oración es realmente capaz de cambiar el curso de los eventos. Y no se conforma con una oración de circunstancias. Así, pidió a todos los católicos del mundo que ayunasen juntos un día para implorar la paz, y convocó a los de Roma para rezar con él por esta intención en San Pedro, al anochecer del sábado 7 de septiembre. No unos minutos, ni una hora. Desde las siete de la tarde hasta las once de la noche, cuatro horas en total. Francisco dijo que asistiría a toda la vigilia, aunque fuera larga y al aire libre. Y efectivamente, se convirtió en la ceremonia más larga en la que ha participado un pontífice.

La respuesta de la gente fue impresionante. No se trataba de un encuentro político. No podían mostrar banderas ni gritar proclamas en la plaza. Allí sólo estaba permitido rezar. Es lo que hicieron junto a Francisco unas cien mil personas. Como parte de la vigilia, se rezó el rosario. Francisco sacó del bolsillo de su sotana uno con las cuentas de color marrón gastadas por el uso, el mismo que tenía en Buenos Aires. Era sábado, y ese día la Iglesia católica invitaba a considerar los misterios gozosos. Al final de cada decena de avemarías, por decisión del Papa, se leyeron unos escritos de Teresita de Lisieux, unas poesías. «Tus palabras de amor son como rosas misteriosas que deberán perfumar los siglos futuros», escribe la santa a la Virgen María.

«Que cada uno mire dentro de su propia conciencia y escuche la palabra que dice: sal de tus intereses que atrofian tu corazón, supera la indiferencia hacia el otro que hace insensible tu corazón, vence tus razones de muerte y ábrete al diálogo, a la reconciliación; mira el dolor de tu hermano —pienso en los niños, solamente en ellos—, mira el dolor de tu hermano, y no añadas más dolor, detén tu mano, reconstruye la armonía que se ha roto; y no lo hagas con el enfrentamiento, sino con el encuentro», dijo el Papa.

A las once de la noche en punto concluyó la vigilia de doscientos cuarenta minutos, un sereno testimonio de unidad por la paz y de apoyo al Papa. En silencio y sin prisa, los miles de peregrinos abandonaron la plaza.

Personalmente, creo que la mayoría de los participantes pensaban que no habría servido para nada, que la decisión de atacar ya había sido tomada y que ninguna potencia política se siente amenazada o presionada por la oración.

Al día siguiente, domingo 8 de septiembre, también el Papa sentía una mezcla de temor y decepción. «¿Y si en cualquier caso lanzan un ataque en represalia por el uso de armas químicas, habré hecho bien organizando esta vigilia? ¿Habrá servido para algo? ¡No me dejes solo!», rezaba. Un poco preocupado, decidió salir a tomar un poco el fresco por los Jardines Vaticanos. Iba con uno de sus secretarios. Uno de los jardineros lo vio de lejos y como el Papa iba a pasar a su lado, decidió prepararle un regalo. No conoce la devoción de Francisco y talla una flor cualquiera, la que tiene más cerca. «Santidad, ¿cómo está?», le preguntó mientras le entregaba una rosa blanca.

Francisco la tomó en la mano y le sonrió casi con timidez. La rosa blanca le recordó a santa Teresita y a la petición de paz del día anterior. Sintió mucha paz. Era la señal de que su oración había sido escuchada, no tenía que preocuparse por un ataque.

Martes 12 de marzo de 2013. Primer día del cónclave. Desde primera hora, los cardenales van llegando a la Casa Santa Marta y reciben las llaves de su habitación. Deshacen la maleta y comienzan a prepararse para empezar las votaciones.

Están preocupados, es un momento muy delicado para la Iglesia. Tras la renuncia de Benedicto, sea quien sea el nuevo papa, no lo tendrá fácil. Hace falta un nuevo obispo de Roma con energías, que sepa responder a los desafíos del siglo XXI, que sepa consolar a los que sufren, guiar a los católicos y atraer a los lejanos. Ellos tienen la responsabilidad de buscar a esa persona. Cada uno reza al santo del que más se fía para que interceda ante Dios y les ayude a no equivocarse en la elección.

A Jorge Mario Bergoglio le han asignado por sorteo la habitación 207. Cuenta con un pequeño estudio, un dormitorio y un baño con ducha. Cuando entra, sonríe al ver encima de la cama un regalo inesperado. «¡Qué amables!», piensa. Intrigado, pregunta a los demás cardenales si también el servicio doméstico les ha dejado a ellos algo parecido en su habitación.

Y descubre que no. Que es el único que tenía una rosa blanca en su cuarto.

Puede estar tranquilo. Es la señal de que el cónclave está en buenas manos. De aquí saldrá un buen pontífice.

14

EL PODER DEL PAPA

Francisco es lo más lejano que existe a un gestor burócrata. Pone el corazón en lo que hace. Se fía de sus intuiciones, pero antes de ponerlas en práctica las pasa por el filtro de la capilla, las pasa por las páginas de su breviario para que estén en sintonía con Dios y no consigo mismo, las pasa por las cuentas de su rosario para asegurarse de que son coherentes con la misión que recibió durante el cónclave en la Capilla Sixtina. Reza y luego corre el riesgo de poner en práctica sus decisiones, sin miedo a los errores. Pide ayuda a Dios y se queda tranquilo. Es su principal arma.

Lo pudimos comprobar también cuando en junio de 2014 invitó al Vaticano a los presidentes de Israel y de Palestina para rezar por la paz. La propuesta rompió los esquemas diplomáticos. Nunca nadie había intentado algo parecido: que dos de los principales actores de un conflicto armado imploraran juntos a Dios el don de la paz.

En aquella soleada tarde de fines de primavera resonaron oraciones en hebreo, árabe, griego y latín en los Jardines Vaticanos, para implorar la paz en esa tierra sagrada para las tres grandes religiones monoteístas. Tuve la sensación de estar ante una especie de milagro.

El Papa pidió al principal líder de la Iglesia ortodoxa, el patriarca Bartolomé, que le acompañara, puesto que era un encuentro espiritual y la mayoría de los cristianos de Tierra Santa son ortodoxos. Los dos presidentes, el palestino y el israelí, llegaron por separado a Santa Marta. Francisco salió a la puerta para recibir personalmente a cada uno, y reunirse con ellos por separado. Luego, los cuatro se encontraron en el hall de la residencia y los dos presidentes se saludaron con un —al menos aparentemente— cordial apretón de manos.

«Él tiene la culpa de esto», dijo feliz el palestino Mahmud Abás señalando al Papa. «Ha hecho un encuentro contra todas las normas», respondió muy sonriente el israelí Shimon Peres.

A continuación, todos juntos subieron a un microbús de color blanco y atravesaron los jardines para llegar hasta el lugar donde rezarían por la paz. Se les veía serenos y optimistas, pero cuando se bajaron y recorrieron a pie los últimos metros hasta la zona preparada, una nostálgica melodía interpretada por músicos de varias religiones les recordó la gravedad de la causa que les había reunido.

Y allí, en un rincón del jardín de los papas, junto a la Casina de Pío IV, a la sombra de unos árboles frondosos, rezaron uno a uno, por turnos, siguiendo el orden cronológico de la propia religión. Primero rezaron los representantes judíos, luego los cristianos, y por último los musulmanes. Todas las plegarias siguieron el mismo esquema: comenzaban dando gracias a Dios por haber creado el mundo y por haber hecho la familia humana. Luego, pedían perdón por los pecados cometidos contra Dios y contra el prójimo, por no haberse comportado como hermanos y hermanas. Y al final rogaban al Creador que conceda el don de la paz y la ayuda para construirla.

Oraron juntos para pedir este milagro y plantaron un olivo, porque la paz, como la naturaleza, es un don que hay que cultivar. Y ya sólo el hecho de ver a estos grandes líderes políticos contar con Dios para resolver sus diferencias fue un mensaje que mostraba que algo importante estaba cambiando.

Pocas semanas después la crisis se recrudeció de nuevo; unos palestinos secuestraron y asesinaron a tres adolescentes israelíes y se desencadenó otra vez la terrible espiral del odio y la violencia. Tel Aviv respondió con fuertes represalias contra Palestina y con un ataque terrestre para destruir varios túneles secretos entre Gaza e Israel. Como reacción, desde Palestina se lanzaron misiles que incluso cayeron cerca del aeropuerto civil de Tel Aviv y provocaron que varias compañías internacionales suspendieran sus vuelos a Israel.

Unas semanas más tarde, en agosto de 2014, durante el viaje de regreso de Corea del Sur, la periodista francesa Céline Hoyeau del periódico *La Croix* preguntó a Francisco si también él pensaba que esa oración con Peres y Abás había sido inútil.

«No, no. Aquella oración por la paz no ha sido un fracaso en absoluto», respondió. «En primer lugar, la iniciativa no surgió de mí: la iniciativa de rezar juntos partió de los dos presidentes, del presidente del estado de Israel y del presidente del estado de Palestina. Me hicieron llegar este deseo», explicó. «Queríamos hacerla en Tierra Santa, pero no se veía el lugar adecuado, porque el precio político para uno o para el otro era muy alto si iba a la otra parte. [...] Y me dijeron: "Lo hacemos en el Vaticano, y vamos nosotros". Estos dos hombres son hombres de paz, son hombres que creen en Dios, y han vivido muchas cosas terribles, tantas que están convencidos de que el único camino para resolver esta situación es la negociación, el diálogo y la paz. En cuanto a su pregunta: ¿ha sido un fracaso? No, creo que la puerta está abierta. [...] Se ha abierto la puerta de la oración. Dijimos: "Hay que rezar". La paz es un don de Dios, un don que se alcanza con nuestro trabajo, pero un don. Y quisimos decir a la humanidad que, junto al camino de la negociación (que es importante), del diálogo (que es importante), está también el de la oración. Después ha sucedido lo que ha sucedido. Pero esto es coyuntural. Ese encuentro, en cambio, no era coyuntural: es un paso fundamental de actitud humana: la oración. Ahora el humo de las bombas, de las guerras no deja ver la puerta, pero la puerta ha quedado abierta desde aquel momento. Y como creo en Dios, creo que el Señor mira esa puerta, y mira a cuantos rezan y le piden que nos ayude. Me ha gustado su pregunta. Gracias, gracias por haberla hecho».

Cuando reza, el Papa recita a veces salmos de la Biblia. También le gusta el rosario y suele pasar la última hora de la tarde ante la Eucaristía, «una hora de adoración». Todos los días repite una oración para no perder el buen humor, contagiar la alegría a quienes le rodean y ser «afable también en situaciones difíciles». Es una curiosa plegaria compuesta por santo Tomás Moro, que Francisco propuso a todos los cardenales de la curia vaticana[1].

Dice que reza de un modo «memorioso», así lo llama. Consiste en recordar lo que Dios ha hecho, sobre todo por él, por la Iglesia, por las personas. Pero, curiosamente, en la entrevista con Antonio Spadaro explicó que en este «hacer memoria» para él es mucho más importante la otra cara de la moneda. «Sobre todo, sé que el Señor me tiene en su memoria. Yo puedo olvidarme de Él, pero sé que Él jamás se olvida de mí», explicó. «Ésta es la memoria que me hace hijo y que me hace también ser padre», añadió.

El Papa se fía seriamente de la oración. Para un católico puede ser evidente. Pero una cosa es pensarlo y otra constatarlo. Yo lo experimenté personalmente durante el vuelo en avión del 22

---

1. «Concédeme, Señor, una buena digestión, y también algo que digerir. Concédeme la salud del cuerpo, con el buen humor necesario para mantenerla. Dame, Señor, un alma santa que sepa aprovechar lo que es bueno y puro, para que no se asuste ante el mal, sino que encuentre el modo de poner las cosas de nuevo en orden. Concédeme un alma que no conozca el aburrimiento, las murmuraciones, los suspiros y los lamentos, y no permitas que sufra excesivamente por ese ser tan dominante que se llama "Yo". Dame, Señor, el sentido del humor. Concédeme la gracia de comprender las bromas, para que conozca en la vida un poco de alegría y pueda comunicársela a los demás. Así sea».

de julio de 2013, desde Roma hacia Río de Janeiro. Estábamos acompañando a Francisco en su primer viaje apostólico internacional, para clausurar la Jornada Mundial de la Juventud. El vuelo 4400 de Alitalia partió desde Fiumicino a las 8:45 de la mañana, pero nosotros habíamos empezado a entregar los equipajes antes de las 6:45, para que los revisaran a conciencia.

En esta clase de vuelos de Estado, por razones de seguridad, el avión se divide en tres zonas. Delante, en los primeros asientos, están el Papa y su séquito más cercano. En aquella ocasión le acompañaban su secretario, el sacerdote Alfred Xuereb y los cardenales Tarcisio Bertone, Marc Ouellet y João Braz de Aviz.

Después, en otro sector del avión se sientan los maestros de ceremonias, el intérprete del Papa y los directores de *L'Osservatore Romano* y del Centro Televisivo Vaticano. Justo detrás de ellos, el comandante de la gendarmería vaticana, Domenico Giani, con cuatro agentes y otros cuatro miembros de la Guardia Suiza. A continuación quedan unas quince o veinte filas vacías como «filtro de seguridad» antes de que comiencen los aproximadamente 85 o 90 asientos disponibles para los 71 periodistas que estábamos acreditados.

Recuerdo que llevábamos algo más de una hora y media de vuelo, y casi no habíamos terminado de desayunar, cuando comenzaron a retirarnos las bandejas con prisa: el Papa quería venir a nuestra zona para saludarnos y hablarnos del viaje. Era el momento de encender las cámaras y comprobar que los cables de audio funcionaban correctamente para grabar el encuentro.

Con tanto movimiento de cámaras, cables y azafatas haciendo equilibrios con bandejas no me di cuenta de que había llegado. De repente alcé la vista y a pocos metros estaba Francisco. Era su primer viaje fuera de Italia y también su primera cita con la prensa. Quizá por eso nos miraba serio y aparentemente incómodo. Anoté también que lo acompañaban sólo dos personas, el portavoz del Vaticano, Federico Lombardi, y el encargado de organizar el viaje papal, Alberto Gasbarri.

En nombre de todos lo saludó la mexicana Valentina Alazraki, veterana corresponsal de Televisa, que sigue a los papas desde que fue elegido Juan Pablo I. Con mucha simpatía y una sonrisa de oreja a oreja dijo al Papa que todos sabíamos «que los periodistas no son santos de su devoción», y que aunque el portavoz Federico Lombardi lo había traído casi a la fuerza hasta «la jaula de los leones», no debía preocuparse porque los corresponsales somos menos feroces de lo que parece. Además, le regaló una imagen de la Virgen de Guadalupe, emperatriz de las Américas.

Francisco se dejó conquistar y entró al juego.

—No, no estoy de acuerdo con eso de que no sois santos de mi devoción y de que estoy en la jaula de los leones. No, no sois tan feroces —dijo, y pasó a hablar de por qué no había aceptado dar entrevistas—. Yo no las doy. Soy así, me cuesta hacerlo, pero os doy las gracias por vuestra compañía —añadió. Luego explicó para qué iba a Río de Janeiro—. Este primer viaje es para encontrar a los jóvenes, pero para encontrarlos no aislados de su vida; quisiera encontrarlos en el tejido social, en la sociedad. Porque cuando aislamos a los jóvenes, cometemos una injusticia; les quitamos su pertenencia. [...] Son el futuro de un pueblo. Pero no sólo ellos son el futuro. También el otro extremo de la vida, los ancianos, son el futuro de un pueblo. Un pueblo tiene futuro si va adelante con los dos polos: con los jóvenes, con la fuerza; y con los ancianos que aportan la sabiduría de la vida. Cometemos una injusticia con los ancianos cuando los dejamos de lado como si no tuviesen nada que aportar; tienen la sabiduría de la vida, la sabiduría de la historia, la sabiduría de la patria, la sabiduría de la familia.

El Papa hablaba con mucha fuerza, a pesar de que sólo le escuchábamos 71 personas.

—Es verdad que la crisis mundial está perjudicando mucho a los jóvenes. La semana pasada leí el porcentaje de jóvenes sin trabajo. Piensen que corremos el riesgo de tener una generación que no ha tenido trabajo, y del trabajo viene la dignidad de la persona para ganarse el pan.

En ese momento recordé a uno de mis hermanos, que había perdido su trabajo hacía unos siete meses y llevaba todo ese tiempo buscando sin éxito un empleo.

—Los jóvenes, en este momento, están en crisis. Un poco nosotros estamos acostumbrados a esta cultura del descarte: con los ancianos se practica demasiado a menudo —dijo el Papa—. Hay que acabar con esta costumbre de descartar. Cultura de la inclusión, cultura del encuentro, hacer un esfuerzo para incluir a todos en la sociedad. Éste es un poco el sentido que quiero dar a esta visita a los jóvenes, a los jóvenes en la sociedad —y acabó su discurso con un gesto nada habitual—. Les doy las gracias, queridos «santos no de mi devoción» y «leones no tan feroces». Muchas gracias, muchas gracias. Ahora quiero saludarles a cada uno de ustedes, conocerles uno a uno.

El portavoz Federico Lombardi nos dio algunas instrucciones logísticas delante del Papa.

—Muy bien, a continuación pasen todos a saludarle en fila, de uno en uno: pasarán por aquí, pueden acercarse y que cada uno se presente, diga de qué medio, de qué televisión o periódico viene. Así el Papa le saluda y lo conoce —dijo—. Pero sean breves, por favor, que son muchas personas y el Papa está de pie.

Francisco, que no tenía prisa, tomó de nuevo el micrófono muy sonriente.

—De acuerdo, sean breves, pero que cada uno me diga lo que quiera. Tenemos diez horas por delante... Yo no me escapo del avión —corrigió.

Francisco nos escuchó uno a uno con calma, porque cada uno tenía algo que contarle. La primera que lo saludó fue la corresponsal de la Cadena Cope, Paloma García Ovejero (que a partir del segundo vuelo empezó a llevar dulces españoles al Papa para convencerle de que viajara a Ávila); luego Irene Hernández, de *El Mundo*, le regaló un solideo blanco y el Papa se lo cambió por el suyo; Franca Giansoldati, de *Il Messaggero*, le grabó con el iPad una bendición para su periódico; a Darío Menor, de *La Razón*, Francisco le aconsejó unos libros; Juan de Lara, de la agencia Efe, le contó que comenzaba una nueva etapa profesional fuera de Roma y que sería su último viaje papal; Sergio Rubin, del *Clarín*, le entregó unos vídeos de su equipo de fútbol, el San Lorenzo de Almagro, y también saludos de algunos amigos de Buenos Aires. Mi turno llegó cuando habían pasado ante él unas 50 personas. Me acerqué un poco avergonzado, pensando que el Papa estaría molido después de prestar atención a tantas personas diferentes.

—Me llamo Javier Martínez-Brocal, y trabajo para la agencia Rome Reports, que todos los días hace noticias en vídeo sobre el Papa; y estoy aquí cubriendo el viaje también para varias televisiones de América Latina, como Televisión Azteca y Caracol Colombia —me presenté. Él me escuchaba sonriente. Asintió, pero creo que no comentó nada. Luego, le mostré un sobre.

—Le quiero enseñar unas fotos de mi familia... —dije.

—Sí, a ver —me respondió interesado.

Saqué del sobre la foto de mi primo Diego con Mercedes, su futura mujer, y le conté que se iban a casar dos meses después a pesar de algunas dificultades. El Papa miró atento la foto, asintió y musitó algo sobre ellos. Luego, le mostré otra fotografía.

—Mire, ésta es la familia de mi hermano Pablo, que lleva siete meses sin trabajo...

Recuerdo que a Francisco le cambió la expresión del rostro y se puso muy serio. Me impresionó su capacidad de sintonizar con el dolor.

—¿Sabes cuál es la tasa de desempleo que hay en España? —me preguntó.

—No la recuerdo exactamente, pero creo que el 25 o el 30 por ciento —respondí.

—Noooo. Entre los jóvenes es mucho más alta, el 40 o el 50 por ciento. Es una situación terrible —comentó alzando el dedo.

Luego creí entender que me pidió un momento de silencio, miró de nuevo atentamente las fotografías, puso la mano derecha encima del rostro de mi hermano y su familia y rezó unos segundos en silencio. A continuación las bendijo y me las devolvió sonriente.

—La señora que aparece con ellos en la foto es mi abuela, que se ha roto la cadera y está rezando para que salga bien su viaje —le dije.

Al Papa, la elegante sonrisa de mi abuela le hizo gracia, y sirvió para descargar la emoción.

—¡Pues dile que se lo agradezco mucho! —me respondió.

Pasó mi turno y Francisco siguió saludando a reporteros. Estuvo con nosotros más de una hora. Y antes de regresar a su asiento, tomó de nuevo el micrófono.

—Gracias sinceramente por acompañarme. Les pido que me ayuden y colaboren en este viaje para el bien de la sociedad: el bien de los jóvenes y el bien de los ancianos; los dos juntos, no lo olviden —y luego se marchó bromeando—. Sepan que me quedo un poco como el profeta Daniel: algo triste porque los leones no eran tan feroces como me esperaba... Muchas gracias, muchas gracias.

Pasaron unos meses y tras muchas peripecias se resolvió la situación de mi hermano y encontró un nuevo empleo. Como habíamos rezado juntos por él, pensé que valía la pena que el Papa lo supiese y se lo dije en la primera ocasión que se me presentó.

—Me alegra mucho la noticia —me respondió con sinceridad—. Cada vez estoy más convencido del poder de la oración —añadió, para que me quedara claro.

Dicha por uno de los hombres más poderosos del mundo, la frase me dejó helado. El Papa me ha enseñado a no ver la oración como una fórmula mágica para que Dios haga lo que yo quiero; sino la actitud del hijo que pide ayuda a su padre, y confía en que lo que ocurra queda en buenas manos, aunque no se resuelva del modo que uno espera.

15

Custodiar la memoria

Para informar sobre el papa Francisco es necesario mantener las antenas altas al menos 24 horas al día. No exagero. Recuerdo que en el pasado nos íbamos a tomar un café mientras el Papa iba saludando a la gente desde el papamóvil. Pronto tuvimos que cambiar de costumbre porque incluso en el papamóvil tenían lugar pequeños encuentros que marcaban el tono de la audiencia general. Nuestro día normal comienza preparando una noticia sobre lo que el Papa ha dicho en su homilía en Casa Santa Marta a las 7:00 de la mañana. Luego elaboramos reportajes sobre los encuentros oficiales que tiene por la mañana y las visitas que recibe en privado por las tardes. Además, dedica muchas energías a mantener correspondencia, llama por teléfono a decenas de personas, prepara videomensajes para eventos fuera de Roma, o anima Twitter con pequeños mensajes que casi nunca nos dejan indiferentes.

Seguirlo es un honor, pero es necesario fijarse un límite para no robar tiempo a la propia familia. Por eso, cuando tengo un día de descanso, no sigo ni siquiera por internet las noticias sobre el Vaticano. Son días profesionalmente en off. Y cuando regreso a la oficina lo habitual es que me encuentre alguna sorpresa.

—¡Qué buena noticia lo de Sarajevo! ¿Verdad? —comentó Juan Vicente un lunes de febrero por la mañana.

«¿Sarajevo?», pensé.

—¿Qué ha pasado en Bosnia-Herzegovina? —le pregunté.

—¿No te has enterado? El Papa ha anunciado un nuevo viaje. Irá a Sarajevo en junio.

«¿Sarajevo? ¡Pero si aún no ha ido a París, Madrid, Londres, Berlín, las grandes capitales europeas! ¿Qué se le ha perdido al Papa en Sarajevo?», pensé sin atreverme a decirlo en voz alta. Luego busqué el vídeo en nuestra web, y encontré que, efectivamente, tras el ángelus del domingo anunció que el 6 de junio de 2015 estaría en Sarajevo y dio algunas pistas de por qué. «Os pido desde ahora que recéis para que este viaje sirva de aliento para los fieles católicos, suscite semillas de bien y contribuya a la consolidación de la fraternidad, la paz, el diálogo interreligioso y la amistad». Archivé el discurso mentalmente en la carpeta de «Cuestiones pendientes», y en las semanas que quedaban hasta el viaje empecé a pescar datos aquí y allá hasta que creí entender por qué el Papa tenía que ir a ese lugar antes que a otro de Europa.

Sarajevo, capital de Bosnia-Herzegovina, está a menos de 90 minutos de vuelo de Roma. Me impresionó constatar que tan cerca de mi casa, hace sólo 20 años, una terrible guerra dejara 250 mil muertos en el país, dos millones de desplazados, regiones enteras sumidas en la miseria y rencores tan profundos que hoy siguen separando a la población como si las ofensas se hubieran cometido ayer. La guerra se ha acabado, pero las tres etnias croata, bosnia y serbia se ignoran y se marginan recíprocamente, incluso en algunos colegios los niños tienen aulas y patios separados.

Los católicos son el grupo que menos cuenta, y por eso tienen las cosas mucho más complicadas. Entre ellos, la tasa de paro ronda el 50%. «Por un lado, no podemos regresar a las zonas con mayoría de serbios; por otro, en la Federación croata-musulmana en la que vivimos, todo está en manos de islámicos que presionan a católicos para que abandonen el país», lamentaba el cardenal de Sarajevo, Vinko Puljic, antes del viaje.

Efectivamente, desanimados y sin esperanza, los católicos que pueden escapan en busca de un futuro mejor a la cercana Croacia, o todavía más lejos, a Australia y Canadá. Como resultado, si antes de la guerra, en 1991, había 835 mil fieles en Bosnia, hoy hay poco más de la mitad.

Pero el Papa no quería ir sólo para consolar a los católicos. Todos en Sarajevo tienen familiares que llorar porque murieron en la guerra o porque quedaron marcados por ella. Francisco les visitaba para ayudarles a salir de esa espiral de odio.

«Mir Vama», repitió decenas de veces en Sarajevo aquel caluroso sábado de junio. «La paz sea con vosotros». Lo dijo en cada discurso desde que aterrizó. Era el lema de la visita, y el estribillo de sus intervenciones. Se trata de una frase mucho más exigente de lo que parece porque, les explicó, «la paz no es algo que predicar, sino algo que se debe construir». «Bienaventurados quienes siembran paz con sus acciones cotidianas, con actitudes y gestos de servicio, de fraternidad, de diálogo, de misericordia...», dijo durante la misa en el estadio Kosevo ante 60 mil personas, entre ellos un nutrido grupo de heridos y mutilados de guerra. «Esa persona, ese pueblo, que vemos como enemigo, en realidad tiene nuestro mismo rostro, nuestro mismo corazón, nuestra misma alma. Tenemos el mismo Padre en el Cielo. Por eso, la verdadera justicia es hacer a esa persona, a ese pueblo, lo que me gustaría que me hiciesen a mí, a mi pueblo. Mir Vama».

No era un mensaje fácil. Parecía como si todo en esta ciudad hablara de guerra. En la misa, junto al altar había una cruz con destrozos producidos por una explosión. Cuando circulaba por la calle, pudo ver muros de edificios acribillados, varios cementerios dentro de la misma ciudad. Son de los tiempos del largo asedio que sufrió Sarajevo. Comenzó en abril de 1992 y concluyó en febrero de 1996. Durante casi cuatro años francotiradores serbios dispararon las 24 horas del día contra cualquier cosa que se moviera en la ciudad, desde las colinas y los edificios ocupados. Asesinaron a unas 12 mil personas e hirieron a 50 mil, la inmensa mayoría civiles. En aquel entonces la gente no podía ni siquiera salir de la ciudad para enterrar a sus familiares fallecidos.

«Mir Vama», repetía Francisco en aquellos lugares, apuntando el dedo contra los fabricantes de armas que azuzan conflictos para ganar más dinero. Y a quienes frívolamente defienden las intervenciones armadas, recordó las consecuencias de sus decisiones. «Guerra significa niños, mujeres y ancianos en campos de refugiados; significa desplazamientos forzados; significa casas, calles, fábricas destruidas; significa, sobre todo, vidas truncadas. Vosotros lo sabéis bien, por haberlo experimentado precisamente aquí: cuánto sufrimiento, cuánta destrucción, cuánto dolor». Así es. Han pasado 20 años y no se han cerrado las heridas.

Pero junto a este drama latente que es parte del pasado, era evidente que algo estaba cambiando en Sarajevo. Por la tarde Francisco se reunió en la catedral con sacerdotes, seminaristas y religiosos del país. Nos dijeron que prestáramos atención a lo que iban a contar dos curas y una monja sentados en primera fila. Se trataba de Zvonimir Matijević, Jozo Puškarić y sor Ljubica Šekerija. Hasta que no los oí hablar, para mí eran sólo tres nombres del comunicado de prensa. Luego me di cuenta de que estábamos ante tres héroes de nuestro tiempo.

Zvonimir Matijević aseguró que tiene 60 años, pero a simple vista aparenta muchísimos más. No puede caminar solo y casi no se tiene en pie. Dos personas le ayudaron a acercarse al ambón, desde donde contó su historia, mirando hacia el Papa. Hablaba en croata, con voz herida y trabajosa. Francisco tenía en sus manos la traducción del discurso, y lo leía con atención, alternando la mirada entre las páginas y el rostro del anciano sacerdote.

Cuando estalló la guerra, don Zvonimir era párroco de una comunidad de 50 personas en la ciudad de Glamoč. Un día asesinaron a una de ellas, un médico muy conocido en la ciudad. Entendió que era un aviso y que él sería el siguiente de la lista. Aunque muchas personas le aconsejaron en voz baja que escapara de aquel lugar, él decidió quedarse. A pesar del inminente peligro, tampoco escaparon los demás sacerdotes. No querían abandonar a su gente y estaban dispuestos a pagar cualquier precio. Su decisión les costó cara. Como resultado ocho curas fueron asesinados o murieron a causa de las terribles torturas, y quienes sobrevivieron a las palizas, como el padre Zvonimir, perdieron la salud para siempre.

Allí en la catedral, ante un silencio emocionado recordó momentos terribles. Contó que el 12 de abril de 1992, Domingo de Ramos, unos soldados le capturaron en la iglesia. A lo largo de varios días recibió palizas que le dejaban sin conocimiento. Eran torturas para que «confesara» en televisión que era un criminal de guerra, que los sacerdotes son criminales de guerra y que educaban a futuros criminales. El sacerdote se negó en rotundo a mentir a pesar de los golpes, que le dejaron decenas de cicatrices en el cuerpo. Un día los soldados se dieron cuenta de que estaba a punto de morir. Y como lo necesitaban vivo, lo llevaron a un hospital en el que recibió seis transfusiones de sangre. Tras cuatro semanas, se recuperó lo suficiente y fue utilizado como moneda de cambio en un intercambio de prisioneros.

—Santo Padre —dijo alzando los ojos hacia Francisco, que había terminado de leer la traducción y no apartaba su vista de él—. Estoy convencido de que su visita será como un ungüento que alivie las heridas de muchas personas en esta tierra. Gracias por haber venido para despertar el germen de bondad en el corazón de quienes han cometido el mal. Sepa que yo perdono de corazón a quienes me han hecho esto y rezo por ellos para que el Dios de la misericordia los perdone y se conviertan a un camino de bien.

Terminó y estalló un aplauso en la catedral. Se le acercaron sus ayudantes para conducirlo hacia el Papa, pero antes de que se dieran cuenta Francisco se había levantado de su silla y estaba ya a su lado. El Papa, emocionado, se inclinó ante el sacerdote y le besó las manos. Luego lo abrazó, agachó la cabeza y le susurró unas palabras al oído en italiano. Don Zvonimir lo miraba confuso, no le entendía. Un traductor se acercó y le explicó lo que Francisco estaba pidiéndole, pero como no parecía creérselo, le tomó una mano y la alzó un poco con delicadeza.

—El Papa quiere que le bendigas —le repitió.

Zvonimir Matijević consiguió entenderle y antes de retirarse puso unos instantes su mano sobre la frente del Papa.

Don Zvonimir se sentó, y se acercó al altar con paso lento fray Jozo Puškarić, dos años mayor que él. Este fraile con hábito marrón y poblado bigote intentaba esconder con modos serenos y pausados el dolor que le provocaba revivir el drama de la guerra, pero no lo conseguía. Contó que el 14 de mayo de 1992, unos policías serbios armados lo arrestaron y lo llevaron a un campo de concentración, junto a otras personas de la parroquia. Allí estuvo 120 días, que le parecieron siglos porque cada segundo en aquel terrible lugar estaba infestado de miedo e incertidumbre.

—Vivimos en condiciones inhumanas. Teníamos constantemente hambre y sed. Faltaban las mínimas condiciones higiénicas: no podíamos ni lavarnos, ni afeitarnos, ni cortarnos el pelo. Todos los días nos maltrataban físicamente, nos golpeaban, nos torturaban con objetos, con las manos y con los pies... A mí me rompieron tres costillas. Me amenazaron con arrancarme la piel y las uñas y echarme sal en las heridas. Estoy convencido de que ningún hombre podría soportar todo aquello él solo, sin la ayuda de Dios o de otras personas.

Mientras hablaba de quienes le asistieron a riesgo de su propia vida, a fray Jozo se le quebró la voz, le aplaudieron, y un sacerdote le trajo un vaso de agua de la sacristía. Bebió sólo un sorbo. El Papa, con pudor, miró hacia los folios. El fraile leía sin mirar al Papa, para no conmoverse de nuevo.

—Dios me envió ayuda y comida a través de una mujer musulmana, que se llamaba Fátima. Le doy gracias a Dios porque nunca he odiado a mis torturadores. Yo los he perdonado, porque Jesús nos invita a perdonar.

Abandonó los folios en el ambón e hizo como que regresaba a la primera fila de bancos, pero el Papa no le dejó que se marchara. Se le adelantó, le dio un abrazo larguísimo y también le besó las manos.

—Gracias —le dijo con emoción mirándole directamente a los ojos.

Y antes de regresar a su silla, Francisco lo saludó de nuevo y le hizo una religiosa reverencia, como las que se hacen ante las estatuas de los santos.

La última que habló fue sor Ljubica Šekerija, la más veterana del grupo. Dijo que tenía 63 años, pero me pareció bastante más joven. Sus gestos moderados, su voz serena y sus ojos bajos no consiguieron eclipsar la fuerza que transmitía esta mujer. A medida que hablaba, para mí se iba convirtiendo en una giganta, a pesar de que intentaba distraer la atención intercalando una tímida tos mientras contaba su historia.

Su narración se remonta a 1993, cuando trabajaba como enfermera en un hospital civil en el que se curaban sobre todo a enfermos musulmanes. Un día fue apresada por milicianos extranjeros. Como si fuera un animal, la subieron en un camión en el que ya habían metido a un sacerdote y varios laicos. Dice que algunos vecinos vieron la escena, pero que en vez de ayudarles se acercaron a los milicianos y les aplaudieron por lo que estaban haciendo.

Contó al Papa que el camión se detuvo en una casa a varios kilómetros de donde la habían apresado. Encerraron a todos juntos en la misma habitación y les vaciaron los bolsillos. Ella llevaba encima sólo un rosario. Se lo arrancaron y dijeron al sacerdote que debía pisotearlo. Como el cura se negó, uno de los milicianos sacó un cuchillo y dijo que si no profanaba el rosario, acuchillaría inmediatamente a la monja.

—Don Vinko, deje que me maten, pero, por el amor de Dios, no pisotee este objeto sagrado —le suplicó sor Ljubica.

El párroco no cedió y al final los milicianos se rindieron y abandonaron su juego macabro. Pero antes de dejar la habitación, lanzaron el rosario contra el suelo y lo rompieron. Las cuentas rodaron por el suelo. La monja las recogió todas y rajó con las uñas un colchón para esconder los trozos entre las costuras.

Poco después los milicianos regresaron y durante horas siguieron humillándolos. Incluso les intimaron a convertirse al islam, mientras les apuntaban con una pistola.

—Pensé que había llegado el momento de mi muerte —reconoce la monja.

Pero algo cambió de repente.

—Uno de los milicianos me preguntó si teníamos hambre, y me regaló una pera. Luego, dejó que me marchara —asegura—. ¿Sabe una cosa, Santidad? Aunque los enemigos eran insensibles y malvados, fue mucho más fuerte la gracia de Dios. Cuando rezo, siempre le doy las gracias por eso.

La buena monja contuvo la emoción. Leyó con calma, ternura y paz. Cuando terminó, miró al Papa. Francisco, muy sonriente, se le acercó y la abrazó como un padre. Habló con ella mucho más tiempo que con los otros dos.

—Rece por mí, hermana —vi que le pidió tras regalarle un rosario.

Habían acabado los testimonios y ahora le tocaba hablar al Papa. Cientos de personas le miraban en silencio, expectantes. «¿Qué puede decir, después de lo que acabamos de escuchar?», pensé. El maestro de ceremonias Guido Marini le había entregado ya varios folios con su discurso. Francisco contó las páginas, miró a la gente que estaba allí de pie, miró a los tres que habían hablado y miró al cardenal.

«Tenía preparado un discurso para vosotros, pero después de escuchar lo que han dicho este sacerdote, el religioso y la religiosa, siento que debo decir otras cosas». Efectivamente, después de lo que había ocurrido, no podía responder con un discurso preparado a cientos de kilómetros, como si nada. «Pero el discurso lo damos por leído, ¿eh? Es muy bonito. Se lo entrego al cardenal para que lo publique», añadió el Papa entre sonrisas y aplausos. Luego, se puso serio de nuevo.

«Estos testimonios hablaban por sí mismos. ¡Ésta es la memoria de vuestro pueblo! Un pueblo que olvida su memoria no tiene futuro. Ésta es la memoria de vuestros padres y madres en la fe: hoy sólo han hablado estas tres personas, pero detrás de ellas hay muchos otros que han pasado por las mismas cosas. Queridas hermanas, queridos hermanos, no tenéis ningún derecho a olvidar vuestra historia. Pero no para vengaros, sino para hacer la paz. No para mirar a estas personas como una cosa curiosa, sino para amar como ellos han amado».

«Retomar la memoria para hacer la paz. Algunas palabras que han dicho se me han quedado grabadas en el corazón. Una que han repetido los tres es "perdón". Un hombre, una mujer que se consagra al servicio del Señor y no sabe perdonar, no sirve. Perdonar a un amigo que te ha dicho una mala palabra, con el que habías discutido, o a una religiosa que tiene celos de ti, no es tan difícil. Pero perdonar a quien te golpea, a quien te tortura, a quien te pisotea, a quien te amenaza con un fusil para matarte, eso es difícil. Y ellos lo han hecho, y predican que se haga».

«Otra cosa que me viene a la mente es aquel miliciano que dio una pera a la religiosa; y aquella mujer musulmana que dio de comer al fraile... Todos somos hermanos. Incluso aquel hombre cruel pensó... No sé lo que pensó, pero sintió el Espíritu Santo en su corazón y tal vez pensó en su madre y dijo: "Toma esta pera y no digas nada". Y aquella mujer musulmana fue más allá de las diferencias religiosas: amaba. Creía en Dios e hizo el bien. Buscad el bien de todos. Todos tienen la posibilidad, la semilla del bien. Todos somos hijos de Dios».

«Y, por último, quisiera deciros que ésta ha sido una historia de crueldad. También hoy, en esta guerra mundial a pedazos, vemos tantas, tantas, tantas crueldades. Haced siempre lo contrario de la crueldad: comportaos siempre con ternura, fraternidad y perdón».

Memoria para perdonar y para construir la paz. Fue el testamento que dejó en Sarajevo. Ya no me quedaban dudas de por qué no podía seguir retrasando un viaje a Bosnia-Herzegovina.

Para el Papa, la memoria es como una especie de músculo virtual que conecta la cabeza y el corazón. Es el lugar donde se sedimentan las historias del pasado, las que nos ayudarán a interpretar el presente y a construir el futuro. Como todos los músculos, si no se usa, se atrofia, y por eso, quien no tiene memoria no puede vivir la misericordia.

Cada familia transmite su propia memoria de generación en generación. A Francisco le gusta recordar que los abuelos son ese eslabón que enseña las tradiciones y costumbres de la familia a los niños, para que puedan conocer sus propias raíces. Por eso, a pesar de que nació y se crio en Buenos Aires, él tiene memoria de emigrante. Es lo que ha respirado desde que era niño. Su madre nació en Argentina, pero era hija de italianos. Mario, su padre, abandonó muy joven el Piamonte italiano con sus padres Rosa y Giovanni, abuelos del futuro Papa, para buscar un futuro mejor al otro lado del Atlántico. De niño, especialmente durante una larga convalecencia de su madre, el pequeño Jorge Mario pasó horas y horas con la abuela Rosa, que le contó historias de su patria, le cantó canciones de su tierra y le enseñó a hablar piamontés. Así, la anciana mujer le transmitió el tesoro más preciado que tenía: la memoria de la propia familia, y así comenzó a forjarse la personalidad y la visión del Papa.

Erminia es una elegante señora que habló al Papa a la sombra del Vesubio el primer día de primavera de 2015, durante el encuentro con jóvenes en Nápoles. Francisco llevaba un día entero en la ciudad más colorida de Italia. Reía y sonreía por el calor con que le trataron los napolitanos. Por la calle le cantaban *O Sole Mío*, horas antes en la catedral las monjas de clausura le «asaltaron» antes de que empezara a hablar para regalarle dulces, e incluso el *pizzaiolo*

Enzo Cacciali se atrevió a detener el papamóvil para regalarle una pizza recién hecha con los colores del Vaticano. Pero donde se le vio más feliz fue en este encuentro con chicos y chicas.

—Padre Santo, me llamo Erminia, tengo 95 años. Doy gracias a Dios porque me ha regalado una vida larga...

—¡Señora, si usted tiene 95 años, yo soy Napoleón! —respondió el Papa entre risas.

Lo cierto es que Erminia se mostraba tan sonriente que parecía veinte años más joven. La buena mujer estaba feliz, pero no porque no tuviera problemas, sino porque había encontrado una estrategia para torearlos. Reconoció que durante mucho tiempo se encerró en sí misma por miedo a ser un peso para los demás.

—Cuando murió mi marido, me encontré sola, frágil y necesitada de ayuda. Pero me daba miedo tener que dejar mi casa y acabar en cualquier residencia, en uno de esos «depósitos para viejos» de los que usted ha hablado.

Se dio cuenta de que no era un peso cuando conoció a un grupo de voluntarios de la Comunidad de San Egidio.

—Una comunidad que no ha perdido su espíritu cristiano y donde se vive el afecto y la gratuidad. Yo los llamo ángeles, jóvenes y menos jóvenes que me ayudan, me visitan, me sostienen en las dificultades de cada día. La amistad con ellos y rezar juntos me ha dado mucha fuerza y mucho ánimo.

Francisco miró a la anciana con complicidad, como quien está a punto de descubrir un secreto.

—Erminia, este camino que usted ha encontrado es la mejor medicina para vivir mucho tiempo: la cercanía, la amistad y la ternura.

Luego el Papa dejó de hablar a la anciana y miró a los miles de jóvenes que asistían al diálogo.

—A veces pregunto a los hijos que tienen padres ancianos: ¿estáis cerca de vuestros padres? Y si los tenéis en una residencia, (cuando en casa no pueden estar porque trabajan el papá y la mamá), ¿vais a visitarlos? En la otra diócesis [se refería a Buenos Aires], cuando visitaba las residencias, encontré muchos ancianos en esta situación. Yo les preguntaba: «¿Y vuestros hijos?». «Bien, bien...». «¿Pero vienen a visitaros?». Se quedaban callados y yo me daba cuenta inmediatamente... «Sí...». «Pero ¿cuándo vinieron la última vez?». «Por Navidad». ¡Estábamos en el mes de agosto! Los dejan allí sin cariño, y el cariño es la medicina más importante para un anciano —dijo—. Me gusta contar una historia que cuando era niño me contaban en casa —continuó—. Había un abuelo que vivía con el hijo, la nuera y los nietos. Pero el abuelo envejeció y al final, pobrecillo, cuando comía, tomaba la sopa y se ensuciaba un poco. Un día el papá decidió que el abuelo ya no comiera en la mesa de la familia porque no quedaba bien, no se podía invitar a los amigos. Hizo comprar una mesita y el abuelo comía solo en la cocina. La soledad es el veneno más grande para los ancianos. Un día, el papá, al regresar del trabajo, encuentra al hijo de cuatro años jugando con madera, clavos y un martillo. Y le dijo: «¿Qué haces?». «Una mesita, para que cuando seas anciano puedas comer allí». Lo que se siembra, se recoge.

Con la historia de Erminia, dio un contundente mensaje a los jóvenes.

—A vosotros, hijos, os recuerdo el cuarto mandamiento. ¿Das cariño a tus padres, los abrazas, les dices que los quieres?

Muchos nos pusimos rojos cuando escuchamos su pregunta.

—Haced un buen examen de conciencia. El cariño es la medicina más grande para ayudar a los ancianos. No darlo es cortar las raíces de la memoria. Y por eso, es impedir que crezca la misericordia.

Pensando en lo que el Papa dijo sobre los mártires de Sarajevo y sobre los ancianos en Nápoles, recordé otro de sus viajes exprés al extranjero. En septiembre de 2014 estuvo un domingo en Tirana, Albania. Uno de los que le acompañaron más de cerca fue Davide, un sacerdote que trabaja en el Vaticano y que se encargó de hacerle de intérprete durante aquellas horas. Como habían decorado las calles con banderas de Albania, de color rojo y

con un águila bicéfala negra, el sacerdote cuenta que en uno de
los desplazamientos el Papa dijo que esta ave puede ser un buen
modelo para el país y para sus habitantes. «El águila vuela alto,
pero no abandona su nido, siempre regresa. Es un ave capaz de
grandes ideales, pero es fiel a su historia, es fiel a sus orígenes, es
capaz de regresar a los valores de sus orígenes, para testimoniarlos
en el futuro».

Es la virtud de quien tiene memoria. Porque sin ella no hay
ni historia ni posibilidad de perdón.

16

Un mánager como Irma la Dulce

Argentino descendiente de italianos, Jorge Bergoglio lleva el deporte en el ADN. Jugaba al baloncesto durante los recreos en el patio de la escuela, y luego por la calle si llegaba a casa con pocos deberes. También de vez en cuando le gustaba ver combates de boxeo. Pero muy pronto su padre le contagió además la pasión por otro deporte al que entregó definitivamente su corazón: el fútbol. Los fines de semana iba con él, con su madre y con sus hermanos pequeños —Jorge los llama «los chicos»— a ver los partidos del equipo San Lorenzo de Almagro en el mítico Gasómetro, un estadio muy cercano a su antiguo hogar. El edificio ya no existe, fue derruido en los años 80 para construir un Carrefour, pero el Papa guarda una foto y un trozo de grada de madera como recuerdo de las emociones que vivió allí y de quienes le acompañaban.

La historia del equipo tiene algo de bergogliano. Fue fundado por el sacerdote Lorenzo Bartolomé Martín Massa, un salesiano que se estrujaba la cabeza buscando algo apasionante que proponer a los jóvenes para vacunarlos contra la pereza, los vicios y el dinero fácil. Al final, decidió sacar adelante un equipo de fútbol. Dicen las crónicas que para inspirar a los chicos sus camisetas eran de color azul y rojo. El azul representa los ideales, y el rojo, la lucha, dos ingredientes que se reclaman mutuamente. Era el año 1908 y el ideal que les inspiró el pequeño cura fue creciendo a la vez que la generosidad de los muchachos para sacarlo adelante. Como resultado, en sólo 8 temporadas entraron en la primera división del campeonato nacional. Los llamaron «el ciclón». Las palabras *ideal, lucha, generosidad, ciclón* riman con el espíritu de Bergoglio, que sigue siendo 100% del San Lorenzo, y aunque no ve los partidos, está atento al resultado y sigue la clasificación.

Los de su equipo lo sabían bien y pocos minutos después de la fumata blanca se colgaron merecidamente una medalla: «El nuevo Papa es un cuervo», pregonaban. No era un insulto, *cuervo* es el nombre de los hinchas del equipo, en recuerdo de las sotanas de los primeros impulsores del club. Francisco es un cuervo con todas las de la ley porque incluso tiene el carné de socio y paga puntualmente sus cuotas.

El caso es que la elección del papa Francisco cambió también los equilibrios del fútbol argentino. Deportivamente hablando, en marzo de 2013 el San Lorenzo no pasaba por su mejor momento. Los jugadores necesitaban urgentemente un milagro y por eso, tras el cónclave, saltaron a la cancha del Nuevo Gasómetro con este mensaje en la camiseta: «Rezamos por vos, rezá tú por nosotros».

El acuerdo de oraciones recíprocas funcionó. A pesar de que en aquel momento iban duodécimos en la clasificación, empezaron a escalar puestos y, en diciembre, con milagro o sin él, ganaron el torneo. El presidente del equipo y varios jugadores tardaron sólo tres días en presentarse en el Vaticano para mostrar la copa al Papa y regalarle los guantes del portero Sebastián Torrico, con los que paró un remate peligrosísimo en el último minuto. Al principio tenían pensado dejarle una copia del trofeo, pero después le entregaron el original, porque su apoyo fue una jugada decisiva para la victoria.

—Habíamos hecho la silenciosa promesa de que si ganábamos regalaríamos el trofeo al hincha más famoso que tenemos —explicó el presidente Marcelo Tinelli.

—Ustedes son unos caraduras —les elogió el Papa entre risas.

El «milagro» futbolero no pasó desapercibido a Dilma Rousseff, presidenta de Brasil, cuando visitó al Papa antes de la Copa del Mundo que se jugó en su país en el verano de 2014. Entre los regalos, Dilma le llevó un balón firmado por Ronaldo y una camiseta de su selección nacional dedicada por el legendario Pelé. El Papa intuyó que eran una especie de trampa.

—¿Y con esto voy a tener que rezar para que Brasil gane la Copa mundial? —le preguntó sonriendo.

La presidenta respondió inmediatamente con rostro inocente.

—Si usted quiere rezar para que Brasil gane la Copa, yo le estaré agradecidísima... Pero lo que sí le pido es que por lo menos sea neutral, porque su equipo iba de los últimos, y usted rezó y ganó el campeonato —dijo recordando la hazaña del San Lorenzo.

El Papa cumplió lo pactado y no rezó para que Argentina ganara la copa mundial. Mantuvo deportivamente su promesa de neutralidad incluso después de que Brasil fuera eliminado en las semifinales ante Alemania, y la selección Argentina llegara a la final. La prueba de que el Papa no movilizó sus fuerzas espirituales es que su equipo perdió durante la prórroga por culpa de un gol del alemán Mario Götze a sólo 7 minutos del final del segundo tiempo. Todo un detalle con Benedicto XVI.

Por el mismo principio de neutralidad, Francisco encontró juntos a los jugadores del Nápoles y de la Fiorentina horas antes de que disputaran en Roma la final de la Coppa Italia. Fue un encuentro casi familiar. El Papa les pidió que aparcaran el protocolo y saludó uno a uno a los jugadores con un apretón de manos. La cordialidad hizo posible que le escucharan varios consejos personales: que sean ejemplares dentro y fuera del campo, que sean conscientes de la repercusión que tienen sus gestos especialmente entre los hinchas más jóvenes, y que aprovechen la fama para sembrar el bien.

Los dos equipos se pusieron de acuerdo y le llevaron los mismos regalos: una enorme tarta con forma de estadio, una réplica del trofeo y una camiseta del portero de cada equipo firmada por todos. Pero quizá los napolitanos fueron más atrevidos y se ganaron el corazón del Papa.

—Se la dedicamos a usted, porque es el portero de las almas —le dijo Aurelio De Laurentiis, presidente del equipo, mientras le entregaba la camiseta de Pepe Reina.

Francisco respondió inmediatamente con ironía deportiva:

—Pero sepa que soy un portero especial porque debo dejar que todos entren en el Cielo.

Horas después se confirmaron las sospechas. Al Papa le había gustado la broma y el Nápoles se llevó a casa la Coppa Italia.

Efectivamente, si Francisco fuera jugador de fútbol, no sería un buen portero. Su lugar no es la portería. No le gusta estar parado y esperar a que lleguen los problemas. Prefiere correr por el campo en busca del balón. Por eso mismo, tampoco sería un buen defensa: es uno que juega al ataque, que no espera a que otros tomen la iniciativa. Si fuera futbolista, sería delantero, uno que da emoción al partido. Pero por su capacidad de dirigir el juego, también estaría a gusto en el centro del campo, recibiendo balones y buscando estrategias para llegar a la portería del rival. Aunque esta posición tampoco me cuadra del todo, porque, en el fondo, es de los que piden perdón cada vez que marcan un gol.

La metáfora futbolística se queda estrecha para analizar el liderazgo de Francisco. Más que un jugador de fútbol, este Papa entra en el terreno de juego como el capitán de un equipo de rugby: no gobierna desde el centro del campo, sino desde donde esté el balón. Es el capitán, una pieza fundamental en cada jugada, y cuando salta al campo se deja la piel junto a los demás jugadores.

No es sólo cuestión de estrategia. Es su actitud. Cuando preguntaron al flanker de la selección italiana de rugby Mauro Bergamasco si el Papa había practicado alguna vez este deporte, respondió pensativo.

—No tengo ni idea, pero sin duda piensa y se mueve como un jugador de rugby, porque desde que fue elegido, ha dejado de lado las tonterías, y se está dedicando a lo importante.

—El rugby es un deporte muy simpático: es duro, incluye fuertes encontronazos, pero no permite la violencia. Hay mucha lealtad y respeto. Jugar a rugby es duro, no es un paseo. Y por eso templa el carácter y la fuerza de voluntad —dijo Francisco a las selecciones nacionales de Italia y Argentina, que le visitaron en vísperas de un partido.

En aquel entonces, los Pumas, que es como los apasionados llaman al equipo nacional argentino, estaban atravesando un momento difícil. Son tipos duros, pero seguramente no llevaban bien el peso de arrastrar ocho humillantes derrotas consecutivas. Por eso, visto lo que ocurrió al San Lorenzo de Almagro, acudieron también al Vaticano tal vez para pedir un «milagrito» que les sacara del bache deportivo.

Francisco les habló del deporte y de la vida, sin distinguir claramente el uno del otro. «En el rugby se corre hacia la meta. Y también nuestra vida tiende a una meta», les dijo. «Y esta carrera de la vida es dura: hay que luchar, hay que empeñarse, pero sobre todo, no podemos correr solos. Para llegar a la meta hay que correr juntos, pasarse la pelota de mano en mano, avanzar juntos».

Juego en equipo, contar con las personas, valorar a quienes nos rodean. Así quiere Francisco que «juegue» la Iglesia. Es la estrategia que piensa que debe marcar como *coach* de los católicos.

El partido de rugby entre Italia y Argentina se jugó 24 horas más tarde en el Estadio Olímpico de Roma. Y para confirmar las sospechas de Dilma Rousseff, de la Fiorentina y de la selección italiana de rugby, los Pumas se llevaron la victoria a Argentina. Tras ocho derrotas consecutivas.

«Correr juntos», «pasarse la pelota de mano en mano», «avanzar juntos hasta la meta» son actitudes que Jorge Mario Bergoglio ha aprendido al ritmo de los envites de la vida. Él mismo lo explicó en la entrevista con el jesuita Spadaro. «Cuando fui superior en la Compañía de Jesús, si soy sincero, no siempre actué haciendo las necesarias consultas. Y eso no fue bueno. Mi gobierno como jesuita, al comienzo, adolecía de muchos defectos».

En aquel entonces, año 1973, «eran tiempos difíciles para la Compañía: había desaparecido una generación entera de jesuitas, por eso me nombraron provincial a pesar de lo joven que era. Tenía 36 años: una locura. Había que afrontar cuestiones difíciles, y yo tomaba decisiones de manera brusca y personalista. Mi forma autoritaria y rápida de decidir me ha llevado a tener problemas serios y a ser acusado de ultraconservador», recuerda. Y luego reconoce que «esta forma autoritaria de tomar decisiones me creó problemas».

Con el tiempo, aprendió que debía controlar su impulsividad y escuchar a los demás. Ya como Papa explicó: «Desconfío de las decisiones tomadas de modo improvisado. Desconfío de mi primera decisión, de lo primero que se me ocurre hacer. Suele ser un error. Tengo que esperar», asegura. Esperar, en la espiritualidad jesuita, es poner en práctica la capacidad de «discernimiento», de actuar con una mentalidad abierta, estar «en camino», no dar por zanjadas las cuestiones. Y es que «el Papa no apunta hacia una meta, sino hacia el horizonte», explica Spadaro.

Francisco es cercano, espontáneo, sencillo. Pero no es ni débil ni pusilánime. Tiene el don de poner a cada uno ante su propia responsabilidad. Cuando le visitan los jefes de Estado les regala un rosario y un medallón del pontificado. Es un modo diplomático de pasar un mensaje que pueda ser útil a quien tiene delante.

Tiene dos modelos, uno con el Ángel de la paz que entrega a los jefes de Estado, y otro con san Martín de Tours para los jefes de gobierno.

—Vi esta medalla con el Ángel de la paz y dije ¡se la tengo que regalar a Obama! —explicó al presidente de Estados Unidos cuando le visitó en el Vaticano.

La de san Martín es también muy elegante. En ella aparece este santo entregando la mitad de su capa a un mendigo.

—Me gusta dar esto a los jefes de Estado, porque de algún modo ellos cubren al pueblo, lo ayudan, lo tutelan —explicó a Angela Merkel.

—Intentamos hacerlo —respondió la canciller alemana.

Como estas reuniones de alto nivel son a puerta cerrada, el intercambio de regalos es el único momento que nos permite elucubrar sobre por dónde ha ido la conversación. Por ejemplo, los encuentros de Francisco con Dilma Rousseff dan siempre mucho juego. Cuando bromearon sobre el Mundial de Fútbol era la tercera vez que se reunían. Ya se habían visto durante el viaje a Brasil, y se habían reunido varios meses antes en el Vaticano. La presidenta Rousseff fue una de las primeras líderes mundiales a las que recibió. Estuvo con ella justo una semana después del cónclave. En aquel entonces, todavía estábamos empezando a conocer al nuevo papa; no teníamos claro ni su estilo ni sus prioridades. Por eso, el equipo de protocolo de la presidenta apostó por la prudencia y preparó un regalo poco arriesgado para el Papa, unos azulejos con un dibujo de la paloma de la paz, algo mucho más delicado que el balón de fútbol y la camiseta que le entregaría un año después.

Lo mejor de aquel primer encuentro fue la frase con la que Francisco la despidió en la puerta de la biblioteca papal. La presidenta le invitó ante los periodistas a viajar a Brasil y el Papa, retomando una idea que probablemente habían comentado a puerta cerrada, le repitió un consejo sobre el estilo de gobierno:

—Y acuérdese: fuerte y con ternura.

—Con ternura —subrayó Dilma entre tímidas sonrisas.

La ternura es el elemento distintivo de su modo de gobernar y con ella Bergoglio ahogó el estilo autoritario que le creó problemas y lo alejaba de las personas. Sigue dispuesto a tomar decisiones difíciles, no se deja influir por el miedo a disgustar, está decidido a cambiar lo que haga falta. Pero lo hará «con ternura».

En gran medida, ésta es la revolución que ha traído a la cultura política y empresarial. Un gobierno «fuerte, pero con ternura»: sin levantar la voz, sin abrir heridas innecesarias y sin empeorar los problemas. Su estrategia de management es además una de las claves de su mensaje, es su respuesta a la crisis de la cultura actual. Con ternura gobierna la Iglesia católica y la curia vaticana. No es el populismo de decir lo que la gente espera o lo que todos quieren escuchar. Es ponerse en el lugar del otro y entender lo que le está ocurriendo antes de tomar una decisión que le afecta. Por eso las personas sintonizan con él, y se sienten transformadas.

Una decisión importante para que calara su estrategia de la ternura fue abandonar el tradicional cuartel general de los pontífices, el Palacio Apostólico Vaticano con vistas a la plaza de San Pedro. Alguno de sus predecesores lamentaba que desde sus ventanas «los peregrinos parecen puntos pequeños que se mueven». Francisco quiere ver personas, no puntos. Por eso, su base de operaciones es la Casa Santa Marta, la residencia en la que se alojan también empleados e invitados del Vaticano y en la que es relativamente sencillo entrar y salir.

Este lugar le ha facilitado convertirse en un Papa de puertas abiertas. Igual que en Buenos Aires utilizaba el metro y el autobús para ver de cerca a la gente y conocer de primera mano sus problemas, ahora, desde su propia casa, consigue tomar el pulso de la situación sin filtros ni intermediarios.

Cuando por la mañana celebra misa para el pequeño grupo de peregrinos, lleva ya casi tres horas en pie, ha trabajado una hora y ha rezado al menos otra. Luego, desayuna con sus invitados y prepara con sus secretarios la agenda del día.

De lunes a sábado (excepto algunos martes, que es su día libre) se traslada en torno a las 11:00 al Palacio Apostólico para los encuentros oficiales con jefes de Estado, embajadores, obispos y otras personalidades. Regresa a su casa después de las 13:00 y almuerza en el comedor con el resto de los huéspedes. Usa siempre la misma mesa, y habitualmente se dejan vacías las de alrededor para permitirle un poco de privacidad. A menudo pide a las personas que están de paso en la residencia que se sienten con él para saber qué dice la gente de la calle, conocer de primera mano la situación de la Iglesia en sus países o hablar de cuestiones de actualidad.

Las cocineras saben que come poco, pero de vez en cuando le tientan el paladar con sus platos preferidos: el asado argentino, las empanadas con ensalada de *pepperoni*, la colita de cuadril (carne de ternera) y el dulce de leche.

Una vez llegó al almuerzo un poco antes de lo previsto y vio que la sala aún no estaba preparada. Como tenía prisa, entró en las cocinas por si acaso tenían algún plato listo y podía empezar a comer antes. Se llevó una sorpresa porque vio que las cocineras y los camareros estaban almorzando todos juntos en la misma mesa. Dicen que al Papa se le iluminó la cara, pero que todos los demás se quedaron pálidos.

—¿Puedo almorzar con ustedes? —les preguntó a la vez que acercaba una silla a la mesa.

Aceptaron encantados, pero inquietos: no debe ser fácil buscar temas de conversación para un almuerzo-sorpresa con el Papa. Sin embargo, Francisco estuvo tan a gusto que desde entonces, más o menos una vez al mes, repite este programa. Lo considera una buena oportunidad para escuchar problemas reales de personas reales: dificultades domésticas con el marido, los malabarismos para cuidar a un pariente enfermo, recoger a los niños del colegio y llegar a fin de mes, o la satisfacción de ver a un hijo en la universidad.

Francisco ha modificado también el trabajo de sus dos secretarios, que tradicionalmente decidían qué documentos llegaban a su mesa y quiénes podían reunirse con el papa. Ahora ya no es así. Ha dicho que no quiere ser su prisionero y no consiente que ellos le gestionen la agenda. Mientras que las citas oficiales, que son por la mañana, las coordina Georg Gänswein, como prefecto de la Casa Pontificia, los encuentros de la tarde los decide y convoca personalmente el Papa. Con pena reconoce que «a veces no puedo ver a quien quiero, porque debo abrir un hueco para ver a quien me lo pide». Casi siempre acompaña a las visitas hasta la puerta. Entre bromas les dice que es «para asegurarme de que se van y de que no se llevan nada».

Por las tardes suele dejar de trabajar en torno a las siete. Entonces regresa a la misma capilla a la que va por la mañana y pasa allí una hora rezando, compartiendo con Dios las buenas y las malas noticias del día, pidiendo perdón, adorando y solicitando ayuda. Pero reconoce que a veces se rinde al cansancio y se queda dormido en el banco.

En ese lugar lo vio el arzobispo mexicano Jorge Patrón Wong cuando se mudó a Roma para ocuparse de velar por los seminarios de todo el mundo. Le habían dicho que residiría en la Casa Santa Marta y que tendría como vecino a Francisco. Pero una cosa es saberlo y otra, vivirlo. Llegó por la mañana a Roma y estaba aparcando sus maletas cuando se encontró al Papa en uno de los pasillos.

—¡Ya ha llegado! ¡Qué alegría! Recuerdo que nos conocimos hace mucho tiempo —le saludó Francisco.

Luego le preguntó cómo estaba, si había viajado bien, si estaba cansado, y se despidió con estas palabras:

—Bueno, me tiene para lo que necesite, aquí estoy para servirle.

—No, Santo Padre, soy yo quien está aquí para servirle a usted —le respondió el arzobispo.

Su ternura no está reñida con una fuerte capacidad de decisión. Los cardenales buscaban a alguien que fuera capaz de cambiar el modo de pilotar el Vaticano y que estuviera dispuesto a llevar el timón sin que le temblara el pulso. Y eligieron al cardenal Jorge Mario Bergoglio con una abrumadora mayoría de votos en muy poco tiempo. «Cuando era formador, los jóvenes jesuitas lo llamaban Irma la Dulce», explica su hermana Malena. «Manos de hierro, guantes de seda. Palabras bonitas y modos suaves, pero lo que él decía era así, y no se cambiaba».

El sacerdote Alfred Xuereb fue testigo directo de sus primeros meses como Papa. Había sido el segundo secretario de Benedicto XVI, y el papa Francisco lo quiso a su lado para que lo guiara durante sus primeros pasos. Asegura que lo que más le impresiona del modo de trabajar de Francisco es su determinación: una vez que ve clara una solución, va adelante sin que nada le condicione.

Además de ternura, el Papa gobierna con eficacia. No se desgasta con decisiones secundarias o problemas marginales. Tampoco busca soluciones provisionales, recosidos de viejas prendas. No pierde el tiempo. Afronta sólo cuestiones importantes y, una vez que tiene clara la dirección que hay que seguir, no da marcha atrás.

Recuerdo que exactamente un mes después de su elección, un sábado de abril de 2013, sorprendió con un giro de 180 grados en el management de la Santa Sede. Formó un consejo de ocho cardenales sin poder ejecutivo[1], pero que le ayudarían directamente a gobernar la Iglesia y a simplificar la estructura operativa del Vaticano. No representan áreas geográficas, pero cada uno procede de una zona distinta, de modo que puedan aportar diferentes visiones sobre una misma cuestión. Es una especie de consejo del reino que con el paso de los meses se ha demostrado muy eficaz.

La idea, dice Francisco, surgió durante el precónclave, y el Papa la asumió como un mandato del colegio de cardenales. Aunque anunció la medida por sorpresa, con un sencillo comunicado de prensa, es quizá la medida organizativa más importante que ha emprendido, ya que facilita mucho que los obispos se comu-

---

1. Desde julio de 2014 se sumó al Consejo el cardenal Pietro Parolin, secretario de Estado, por lo que cuenta con 9 cardenales.

niquen directamente con el Papa, y que el Papa escuche sin filtros a personas de varias sensibilidades.

Un ejemplo: un obispo de Uruguay viaja a Roma y tiene algo importante que comunicar al Papa. Hasta ahora, debía dirigirse a la Congregación de Obispos, que a su vez consultaba a la Nunciatura en Montevideo y, si lo consideraba relevante, transmitía la solicitud a la Secretaría de Estado. Si éstos creían que valía la pena, contactaban a la Prefectura de la Casa Pontificia, que fijaba una cita en función de la agenda del Papa. En la práctica, la mayoría de las solicitudes morían en el camino.

Ahora es mucho más fácil. El obispo puede llamar por teléfono a alguno de los nueve cardenales del consejo (es relativamente sencillo que cada obispo conozca al menos a uno de ellos), quien transmite la solicitud al Papa o le informa detalladamente de la cuestión que preocupa al prelado. Y si hasta ahora el Papa afrontaba las cuestiones directamente sólo con su secretario de Estado y, como mucho, con el cardenal que preside un dicasterio de la curia romana, ahora puede escuchar varias voces y es difícil que se le escondan matices delicados o interesados. Todo esto facilita que tome la decisión correcta.

El norteamericano Chris Lowney estudió dos años en un seminario jesuita, pero entendió que no era su camino y decidió dar un cambio de rumbo a su vida y encontró un empleo en la banca JPMorgan. En su currículum explica que ha trabajado en Nueva York, Singapur y Tokio, y que en sus pocos momentos libres consiguió escribir un interesante libro: *El liderazgo al estilo de los Jesuitas: las mejores prácticas de una Compañía de 450 años que cambió el mundo.* Aunque no comparto todos los puntos que detalla, el planteamiento general es interesante para reconocer el estilo de gobierno del papa Francisco. Por ejemplo, dice que el jesuita está siempre enseñando y aprendiendo; se crece y encuentra fuerzas en proporción a la grandeza de sus metas; es innovador;

afronta los problemas de maneras que sus antecesores jamás imaginaron; está siempre abierto a nuevas ideas; influye sobre los otros con su ejemplo, sus ideas y su enseñanza.

Efectivamente, varios de estos puntos se pueden aplicar perfectamente a Francisco. Pero falta el más importante de todos, la clave que ha convertido a Francisco en uno de los líderes más importantes de su tiempo, un forjador de cambio, punto de referencia para personas de todas las culturas, y mánager innovador que ha conseguido cosas que parecían imposibles.

Descubrí la clave del liderazgo de Francisco durante otro encuentro con deportistas, a mediados de agosto de 2013. Asistieron las selecciones nacionales de fútbol de Argentina e Italia. Vinieron para apoyar un ambicioso proyecto de Francisco, Scholas Occurrentes, una red mundial de colegios para mejorar la preparación de los jóvenes y estimular el diálogo entre culturas. Los capitanes de los equipos, Lionel Messi y Gianluigi Buffon, le pidieron que bendijera un olivo que plantarían juntos para evocar la esperanza de un futuro mejor.

Francisco les habló del deporte rey, les agradeció sus hazañas y les pidió que no olvidaran nunca la belleza del fútbol. «Pero recordad que antes de ser campeones, sois hombres, seres humanos con vuestras fortalezas y vuestros defectos, con vuestro corazón y vuestras ideas, vuestras aspiraciones y vuestros problemas», les dijo. «Sois hombres, portadores de humanidad». En plena crisis de liderazgo, Francisco muestra un nuevo modo de ejercitarlo. El Papa toma decisiones intentando construir un mundo más humano.

Para emularlo no hay que hacer lo que él hace, sino mirar como él mira. Él lo llama «discernimiento»: o sea, no tener límite para lo grande, pero concentrarse en lo pequeño; en un equipo de fútbol, un regalo a la presidenta de Brasil, o un buen asado de cuadril.

17

PONER EN JUEGO EL CORAZÓN

Buenos Aires, noviembre de 1955. Jorge Mario Bergoglio tenía 18 años, estaba a punto de concluir la escuela técnica de perito químico y quienes lo veían pensativo imaginaban que o estaba enamorado o estaba inquieto por su futuro profesional. Como los otros chicos de su clase, también él debía decidir si buscarse un trabajo o, como quería su madre, matricularse en la universidad. Ninguno se imaginaba que tenía un plan secreto desde hacía más de un año, y que había llegado el momento de revelarlo en casa.

Como temía, cuando dijo que pensaba hacerse sacerdote, su madre le respondió que no era una buena idea. Sus padres querían que fuera médico.

—Y voy a serlo, pero médico de almas —les respondió estropeando aún más las cosas.

Su madre se enfadó todavía más y comenzó a llorar.

—Sí, se enojó mucho cuando Jorge le dijo que quería ser sacerdote —recuerda Malena, la hermana del Papa—. Jorge era el primer hijo que abría las alas, que volaba de casa. Le hubiese costado lo mismo si le decía que se casaba o que se iba a vivir a otro país: le costaba el despegue del hijo. Más adelante, cuando se ordenó, mi madre fue feliz, superfeliz. Pero le costó mucho aceptar que el nene se fuera de casa.

«Eran católicos practicantes, pero preferían que yo esperara algunos años, que estudiara en la universidad», narró en 1990 el futuro papa en un apasionante testimonio escrito de su puño y letra sobre el sacerdote que acompañó y tejió la fe de su familia.

Se trata del salesiano italiano Enrico Pozzoli, que fue enviado a Argentina en 1906, cuando tenía sólo 26 años. Los Bergoglio consideraban a Pozzoli una institución, y no se equivocaban. Sin él, las cosas habrían sido muy diferentes. Todo comenzó cuando don Enrico se convirtió en director espiritual de un joven piamontés que acababa de emigrar con sus padres a Argentina: un tal Mario Bergoglio. El sacerdote era el director espiritual de muchos otros inmigrantes italianos, entre ellos los hermanos Sivori. Mario se hizo tan amigo de ellos que, como suele ocurrir, se enamoró de una de sus hermanas, Regina. Se casaron el 12 de diciembre de 1935 y justo un año después, el 17 de diciembre de 1936, nació su primer hijo, Jorge Mario.

Don Enrico acompañó a la nueva familia en las duras y en las maduras. En los años de la terrible recesión económica en Argentina, cuando la familia Bergoglio se arruinó, el sacerdote les ayudó a conseguir un préstamo de dos mil pesos que permitiera abrir una tienda y volver a empezar. «Papá, que había sido contable de la Banca de Italia y de la empresa pavimentadora en Argentina, tuvo que ponerse a hacer el reparto con la canasta», escribió Bergoglio.

El cura salesiano era también una especie de mediador en la familia y todos acudían a él para aconsejarse, reconciliarse o sencillamente desahogarse. Había pacificado los ánimos en varias situaciones delicadas y por eso, cuando Regina se opuso a la vocación de Jorge Mario, el futuro papa le pidió ayuda.

«Fui a ver al padre Pozzoli y le conté todo. Examinó mi vocación. Me dijo que rezara, y que lo dejara en manos de Dios». El modo de actuar del religioso impactó profundamente en el ánimo del joven.

«Por supuesto, en casa también surgió la misma idea: ¿por qué no consultamos al padre Pozzoli sobre tu decisión? Y yo, con mi mejor cara, dije que sí. Recuerdo todavía la escena. Fue el 12 de diciembre de 1955. Papá y mamá cumplían 20 años de casados. El festejo consistió en una misa (sólo mis padres y los cinco hijos) en la parroquia de San José de Flores. El celebrante sería don Enrico Pozzoli. Terminada la misa, papá invita a tomar un desayuno en la confitería La Perla de Flores. Papá pensaba que el padre Pozzoli no iba a aceptar porque le preguntó si podía, pero él (que sabía el negocio que se iba a tratar) aceptó sin más».

Es un aniversario importante para todos. A los padres no les gustaba la decisión de su hijo y no lo escondían. Pero es mucho más lo que los une que lo que los separa. Allí, en la pastelería, durante el desayuno, Mario y Regina recuerdan algunos episodios de estos 20 años juntos, y luego dicen a don Enrico que Jorge quiere ingresar en el seminario. Le cuentan sinceramente sus dudas: ¿no es mejor que empiece la universidad y que tome una decisión cuando termine? Que estudie Medicina o cualquier otra cosa. Es por su bien.

«El padre Pozzoli dice que está bien lo de la universidad, pero que las cosas hay que tomarlas cuando Dios quiere que se tomen... Y empieza a contar historias diversas de vocaciones, sin tomar partido en la mía, y finalmente cuenta su vocación. Cuenta cómo le propone un sacerdote ser sacerdote, cómo en poquísimos años lo hacen subdiácono, luego diácono y sacerdote..., cómo se le dio lo que no esperaba».

«Bueno, a esta altura "ya" mis padres habían aflojado el corazón. Por supuesto que el padre Pozzoli no terminó diciendo que me dejaran ir al seminario, ni exigiéndoles nada. Simplemente se dio cuenta de que tenía que "ablandar" sus corazones, lo hizo... y el resto se dio como consecuencia, eso era muy propio de él». «Uno no sabía dónde quería llegar. Pero él sí y generalmente no quería llegar a un punto donde se le reconociera que "había ganado". Cuando "olía" que ya lograba lo que quería, se retiraba antes de que los otros se dieran cuenta. Entonces la decisión surgía sola, libremente de sus interlocutores. No se sentían forzados, pero él les había preparado el corazón. Había sembrado, y bien, pero dejaba a los demás el gusto de la cosecha», escribió.

He introducido muy pocos cambios en el relato, para mantener la frescura con la que fue escrito. Indudablemente, el estilo del padre Enrico Pozzoli marcó el modo de proceder de Jorge Mario: de él aprendió a «ablandar el corazón» para ayudar a que se tome la decisión más justa. No exigir, no intentar triunfar en las discusiones: acompañar.

Al Papa no le gusta el matiz que ha tomado la palabra *proselitismo*, pues en algunos contextos culturales implica un engaño o un modo de imponer una opción de fe sin que el interlocutor ponga en juego su propia libertad. Nada más lejano al mensaje cristiano. La fe, tal y como Francisco la ve, se difunde por atracción. Si el mundo no está interesado en escuchar a Dios, hagamos que le atraiga la belleza de la bondad. Que la belleza de la bondad les interrogue, que busquen sus raíces, y que ella les lleve a Dios.

«En un mundo al que no conseguimos interesar con nuestras palabras, sólo la presencia de un Dios que nos ama y nos salva puede interesar. No hay que tener miedo a depender sólo de la ternura de Dios», explicaba a la revista italiana *30 giorni* en una entrevista de Stefania Falasca publicada en noviembre de 2007, seis años antes de que lo eligieran Papa. Allí mencionó como ejemplo (o contraejemplo) a uno de los personajes bíblicos que más le interrogan: el profeta Jonás.

«Jonás lo tenía todo claro: Tenía ideas claras sobre Dios, ideas muy claras sobre el bien y sobre el mal. Sobre cómo actúa Dios y qué es lo que quiere en cada momento; sobre quiénes son fieles a la Alianza y quiénes no. Tenía la receta para ser un buen profeta. Dios irrumpe en su vida como un torrente y lo envía a Nínive. Nínive es el símbolo de todos los separados, alejados y perdidos, de todas las periferias de la humanidad. Jonás vio que se le confiaba la misión de recordar a toda aquella gente que los brazos de Dios estaban abiertos y esperando que volvieran para curarlos con su perdón y alimentarlos con su ternura. Sólo para esto lo había enviado. Dios lo mandaba a Nínive, y él se marchó en dirección contraria, a Tarsis».

Como explica la Biblia, durante su fuga en barco, se alza una violenta tempestad en alta mar, y los marineros, muy asustados, hacen un sorteo entre los pasajeros para descubrir contra quién se estaba vengando Dios. La suerte cayó sobre Jonás, que confesó que estaba huyendo de su misión y pidió que lo arrojasen al mar para no seguir poniéndoles en peligro. Cuando lo lanzaron por la borda, el mar se calmó. Pero en vez de morir ahogado, se lo tragó un pez y lo expulsó tres días después en la costa.

El cardenal Bergoglio se preguntaba de qué exactamente estaba huyendo Jonás. ¿Quizá de una misión demasiado dura que superaba sus fuerzas? «No, no huía de Nínive, sino del amor desmesurado de Dios por esos hombres. Esto era lo que no cuadraba con sus planes. Quería hacer las cosas a su manera, quería dirigirlo todo él. Su pertinacia lo hacía prisionero de sí mismo, de sus puntos de vista, de sus valoraciones y sus métodos. Había cercado su alma con el alambrado de esas certezas que, en vez de dar libertad con Dios y abrir horizontes de mayor servicio a los demás, terminan por ensordecer el corazón. ¡Cómo endurece el corazón la conciencia aislada! Jonás no sabía de la capacidad de Dios de conducir a su pueblo con su corazón de Padre».

«Nuestras certezas pueden convertirse en un muro, en una cárcel que aprisiona al Espíritu Santo», continuaba el futuro Papa. «Quien aísla su conciencia del camino del pueblo de Dios no conoce la alegría del Espíritu Santo que sostiene la esperanza. Es el riesgo que corre la conciencia aislada de aquellos que desde el mundo cerrado de sus Tarsis se quejan de todo o, sintiendo su propia identidad amenazada, emprenden batallas para sentirse más ocupados y autorreferenciales».

La autora de la entrevista, la periodista Stefania Falasca, le preguntaba qué hacer para escapar de este *loop*. Jorge Mario Bergoglio no lo dudaba: «Posar nuestra mirada sobre la gente, para no ver lo que queremos ver, sino lo que realmente hay. Sin previsiones ni recetas, sino con apertura generosa. Dios habló para las heridas y la fragilidad. Permitir que el Señor hable… El fervor apostólico se renueva siendo osados testigos del amor de Aquel que nos amó primero». Y mencionó que lo peor que le puede pasar a la Iglesia «es lo que De Lubac llamaba "mundanidad espiritual": poner en el centro a uno mismo».

Han pasado los años y sigue pensando que es crucial saberse amados por Dios, porque cambia radicalmente el modo en que las personas se comportan con los demás, y favorece un entorno más justo y una vida más feliz. No se cansa de repetirlo con palabras y con gestos. Y con ellos también lamenta que «la Iglesia a veces se ha dejado envolver en pequeñas cosas, en pequeños preceptos. Cuando lo más importante es el anuncio primero: ¡Jesucristo te ha salvado!». Por eso, con uñas y dientes, o lo que es lo mismo, con todo su corazón, intenta que entre por los ojos la poderosa capacidad de consolar e inspirar que encierra la fe católica.

La fe de Francisco es doctrinal y operativa. Fe convencida y entusiasmada con lo humano. La clave del cristianismo es que Dios se encarnó, «se hizo hombre» y, así, impregnó de algo divino las realidades humanas. O sea, que hay algo divino también en las risas de los niños, en el cansancio del trabajador, en el esfuerzo de la madre. Francisco tiene la mirada puesta en Dios para contemplar el verdadero significado del hombre y la mujer: que Dios se ha hecho hombre para salvar, consolar y mostrar su amor por cada persona. Y mira a cada persona para conocer mejor a Dios. Lo llama «teología del encuentro», y es la capacidad de descubrirlo en la convivencia amable con las demás personas. Se trata de compartir la propia vida, mirar con los ojos de Dios y reaccionar con «entusiasmo» (que, según Francisco, significa «tener algo de Dios dentro, y manifestarlo con alegría»).

—Santo Padre, soy capellán de una universidad de Roma —le contó un joven sacerdote durante un breve encuentro—. ¿Quiere que dé algún mensaje de su parte a los alumnos? —le preguntó.

El Papa no respondió inmediatamente. Se quedó pensativo, buscando un mensaje que pudiera ser útil a los estudiantes. Fueron breves instantes, sólo unos segundos, pero mostró que no quería improvisar la respuesta.

—Dile a esos estudiantes que aprovechen la vida, que la vida es un tesoro demasiado precioso para desperdiciarlo.

Un consejo entusiasmante.

Quizá el cargo que más radicalmente ha cambiado en el Vaticano desde la llegada de Francisco es el del «limosnero pontificio». En el pasado era una especie de título honorífico para nuncios eméritos que habían pasado demasiado tiempo lejos de Roma. Más adelante dejó de ser un cargo simbólico y el limosnero se convirtió en un administrador de los donativos que recibe el Papa. El trabajo tenía muchas ventajas: se ayudaba a los demás, podía hacerse desde una oficina, un máximo de ocho horas al día, cinco días a la semana, y quien lo ocupaba tenía derecho a residir en un apartamento dentro de los muros vaticanos.

El sacerdote Konrad Krajewski llegó a Roma a finales de los 90, cuando se agravó la salud de Juan Pablo II. Por si se sentía mal en mitad de una ceremonia, el Vaticano buscaba un sacerdote joven y fuerte que estuviera a su lado y que hablara su idioma. El elegido fue don Konrad, o don Corrado, como le gusta que le llamen. Discreto y sonriente, acompañó durante 8 años a Juan Pablo II y se convirtió en uno de sus colaboradores más cercanos. Tanto que estaba junto a él cuando falleció y se encargó de preparar su cadáver antes de que fuera expuesto.

De rostro tranquilo, sencillo y bonachón, lo seguimos viendo como *cerimoniere* en las misas de Benedicto XVI. El cardenal Jorge Mario Bergoglio lo conoció en la Patagonia en noviembre de 2011, cuando organizó las ceremonias litúrgicas de la visita del cardenal Tarcisio Bertone a Argentina. Dos años más tarde, se volvieron a encontrar en el Vaticano, durante el cónclave. Y al Papa no se le escapó la delicadeza de este sacerdote con cada persona.

A finales de julio de 2013 sonó el teléfono en casa de don Corrado. Le llamaba Francisco.

—¿Puedes venir? Me gustaría pedirte una cosa.

Inmediatamente, el sacerdote polaco fue a Santa Marta. Allí le esperaba el Papa.

—Don Corrado, ¿ve mis brazos? Son demasiado cortos... Ya ni siquiera puedo salir del Vaticano cuando quiero. Le pido que usted sea mis brazos. Con ellos podré tocar a los pobres.

Dicho con palabras menos poéticas: acababa de convertirlo en el nuevo limosnero pontificio. Pero nada de un título para nuncios eméritos. Su misión cambiaba radicalmente.

—Te mandaré donde estén los pobres de Roma. Al principio te costará. Luego verás que es el mejor trabajo que hay en el Vaticano. Irás de mi parte a los lugares en los que hay gente que sufre —le explicó—. Puedes vender tu mesa de trabajo, no la vas a necesitar. Sal de la oficina y ve a buscar a los pobres. No esperes a que te llamen —añadió.

Desde entonces, cada día don Corrado va a un hospital, a un asilo de ancianos, a una cárcel, a un centro de refugiados... Está allí cuatro o cinco horas. Pasa por cada habitación. Habla con todos, con cada uno. Les lleva un rosario como el que el Papa regala a jefes de Estado, y se lo pasan por turnos en las habitaciones.

Para poder hacer su trabajo no vive en el apartamento que tenía reservado en el Vaticano, sino en otro en el Borgo Pío. Se puede reconocer por la bandera polaca que cuelga de su ventana. Así está disponible a cualquier hora del día. Se ha comprado un Fiat Qubo de color blanco. Un coche sólido y discreto, apropiado para ir a lugares difíciles.

—¿Y quién me puede enseñar a ser limosnero, si el cargo ha cambiado tanto? —preguntó don Corrado al Papa.

—Te enseño yo —le respondió Francisco.

—Y es cierto —explica el nuevo limosnero—. Mi trabajo consiste en hacer lo que hacía el cardenal Bergoglio en Buenos

Aires: preparaba la comida, la llevaba a los mendigos y almorzaba o cenaba con ellos.

A veces, por la mañana, Francisco le llama por teléfono.

—Corrado, he recibido esta carta... Es una situación muy difícil. Mira lo que dice... Ve a verles de mi parte, y ya sabes qué debes hacer.

¿Y qué hace?

—Pues me pregunto qué haría el Papa en mi lugar, y lo hago. La clave es estar cerca de quien sufre, que sientan el cariño del Papa.

Hace lo que habría hecho Francisco. Por eso mismo, el 17 de diciembre de 2013, pasó junto a los soportales de via della Conciliazione, donde se estaban despertando varias personas sin hogar. Detuvo su coche y les dijo:

—Hoy es el cumpleaños del Papa, ¿quién quiere venir a celebrarlo con él?

Tenía sitio sólo para tres, aunque al final tuvieron que viajar estrechos porque uno insistió en llevar también a su perro a Santa Marta. Al Papa le gustó la idea, sonrió al verlos en su misa de las siete de la mañana, y se hizo una foto muy sonriente con los cuatro.

Cada día encuentra nuevos modos de ayudar. En Navidad regala a los sintecho tarjetas telefónicas y postales con sello incluido para que puedan escribir a sus familias. Cuando llega el frío romano, reparte cuatrocientos sacos de dormir (con el escudo papal) para mitigar un poco las bajas temperaturas de la noche. Invita a uno a comer para celebrar su cumpleaños, y éste le responde que le da vergüenza entrar en un restaurante porque lleva varios días sin conseguir ducharse. Se lo cuenta al Papa y Francisco decide construir duchas para estas personas en los cuartos de baño de la plaza de San Pedro. Además, prepara una sala con un espejo y un sillón de peluquería para que un barbero los atienda gratis.

Una tarde de primavera de 2015 don Corrado invitó a ciento cincuenta de ellos a los Museos Vaticanos. Les había preparado un recorrido exclusivo. De hecho, consiguió que las galerías estuvieran cerradas sólo para ellos. En la puerta, los guías turísticos los dividieron en tres grupos y repartieron auriculares para que escucharan bien las explicaciones.

Aunque la mayoría llevaba muchos años en Roma, ninguno había visto el imponente Cortile della Pigna, la luminosa *galleria* de los mapas o las delicadas estancias de Rafael, con la Disputa del Sacramento o la Escuela de Atenas. Fue un regalo para el alma. Por eso mismo, después de casi dos horas de recorrido, como cualquier mortal, se quedaron prácticamente sin palabras cuando entraron en la última sala, la Capilla Sixtina. Ante los frescos de Miguel Ángel había sillas para todos y pudieron contemplar con calma los frescos que cada día visitan con prisa miles de personas.

Si miraban hacia arriba, sobre sus cabezas estaba el ciclo sobre la Creación, los primeros frescos que pintó el genio del Renacimiento italiano. Si miraban hacia abajo, se darían cuenta de que estaban pisando un espectacular mosaico medieval estilo cosmatesco. A su izquierda estaban las escenas de la vida de Moisés, que recordaban a los episodios similares de la vida de Jesús pintados justo enfrente, en la pared derecha. Pero la mayoría de las miradas se perdían emocionadas hacia delante, hacia los frescos del Juicio Final.

Estaban conmocionados y casi confusos. Eran las cinco de la tarde, y lo mejor estaba a punto de ocurrir. Se abrió una puerta al fondo de la capilla y entró el papa Francisco. Iba acompañado sólo por uno de sus asistentes. Se detuvo para saludar a quienes encontraba por su camino. «Nosotros comenzamos a aplaudir y a algunos se les saltaron las lágrimas», contó pocas horas después Davide en una de nuestras noticias.

Menos mal que alguien había preparado un micrófono en la Sixtina. «Bienvenidos, ésta es la casa de todos, ésta es vuestra casa», les saludó el Papa. «Aquí las puertas siempre están abiertas». Luego les dijo que había querido regalarles esta visita como una «caricia», pero que les pedía una cosa a cambio: «Rezad por mí.

Necesito la oración de personas como vosotros». Fue un discurso muy breve, que terminó con una bendición: «Que el Señor os cuide, que os ayude en el camino de la vida y que os haga sentir ese amor tierno de Padre».

Entre bromas, el Papa dio las gracias a don Corrado. «Os quiere mucho», les dijo señalándolo. «Lo sabemos», «Es verdad», «Se nota», respondieron algunos en voz alta entre aplausos. Luego Francisco se acercó a cada uno de sus ciento cincuenta invitados para saludarlos personalmente. Antes de marcharse les pidió que rezaran juntos un padrenuestro. Y cuando terminaron, les dejó un último mensaje: «Gracias por vuestro testimonio de paciencia».

Francisco se marchó, pero la visita continuó con una cena en el restaurante del museo: pizzas, embutidos, croquetas, cocacola y tiramisú. «Ha sido un honor, una experiencia bellísima», dijo uno de los participantes, que lleva seis años durmiendo por la calle encima de cajas de cartón. «No puedo explicarlo con palabras..., me dan ganas de llorar, pero de alegría, ¿eh?», añadió.

No fue el único. Me encantó lo que dijo una de las guías turísticas a la salida: «Estoy muy emocionada. Nunca antes había explicado este lugar a un grupo de personas tan magnífico».

«Para que la limosna sea real, debe costarme y debe cambiarme. Si no, es otra cosa», explica el limosnero don Corrado. «Una vez un cardenal me dijo que cada día entrega dos euros a un mendigo. Le respondí que eso no es dar limosna. Limosna no es dar lo que sobra. Dar limosna es llevar al pobre a tu casa, que se duche y que coma. Es lo que hacen los padres, que se quitan el pan de la boca para darlo a los hijos. Y una madre a su hijo le da lo mejor que tiene, no lo que le sobra».

Francisco le dio otro consejo: «Sé que todos los días a las 15:00 vas a escuchar confesiones a la iglesia de la Divina Misericordia en Borgo Santo Spirito, junto a via della Conciliazione. No dejes de hacerlo. Confesar es llevar la misericordia de Dios a la gente. Si dejas de escuchar confesiones, te costará mucho ser limosnero».

La ternura con quienes no pueden dar nada a cambio es irrenunciable en el plan de Francisco para cambiar el mundo. Con ella nos pone ante situaciones difíciles, nos recuerda que existen otros, que hay que ocuparse de quien lo necesita.

La derrocha ante quienes viven en «periferias existenciales»: se trata de zonas degradadas en las grandes ciudades, pero también «periferias» que a veces se encuentran a pocos metros de nuestra mesa de trabajo, en nuestro barrio o en nuestra familia: otras formas de pobreza, marginación, enfermedad o exclusión.

«Cuando confieso a la gente y viene una mamá o un papá, les pregunto: "¿Cuántos niños tienes?". Y me lo dicen. "Y dime, ¿juegas con tus hijos?", les pregunto. La mayor parte responde: "¿Cómo dice?". "Sí, sí: ¿juegas? ¿Pierdes tiempo con tus niños?". Estamos perdiendo esta capacidad, esta sabiduría de jugar con nuestros niños. [...] Aunque lo que estamos perdiendo es algo mucho más grave: el espacio de la gratuidad», añade.

Su propuesta no consiste en hacer obras de caridad, sino en encarnar la caridad: ir a las periferias es salir de la propia zona de confort, complicarse la vida para mejorar las cosas. En el plan de Francisco, salir en busca de quien lo necesita no es sólo un gesto de humanidad. Es un ataque contra la indiferencia global. Su gran frente de batalla.

18

CURAR HERIDAS

—¿Podríais preparar un reportaje sobre cuando el Papa robó un crucifijo?

La pregunta de una de las televisiones para las que trabajamos me pilló desprevenido.

—¿Cómo?

—Sí, hombre, lo que ha contado hoy el Papa —insistieron al otro lado del teléfono.

Empecé a atar cabos. Cuando había leído su discurso no lo había interpretado exactamente como un robo, pero era una historia buena y nos lanzamos a contarla.

«En Buenos Aires había un confesor famoso», había empezado a contar el Papa por la mañana a unos doscientos o trescientos sacerdotes en la gran sala de audiencias del Vaticano. «Casi todo el clero se confesaba con él. Una de las dos veces que vino Juan Pablo II pidió un confesor en la nunciatura, y lo llamaron. Era anciano, muy anciano... Y siempre había cola en su confesionario en la iglesia del Santísimo Sacramento. En ese tiempo, yo era vicario general y vivía en la Curia, y cada mañana, temprano, bajaba al fax para ver si había algo. Y la mañana de Pascua me llegó un fax enviado por el superior de su comunidad: "Ayer, media hora antes de la vigilia pascual, falleció el padre Aristi, a los 96 años. El funeral será el día tal y tal". Esa mañana yo tenía un almuerzo con los sacerdotes del asilo de ancianos como todos los años, el día de Pascua, por eso, decidí ir al velatorio después de comer».

«Era una iglesia grande, muy grande, con una cripta bellísima. Bajé a la cripta donde estaba el ataúd. Había sólo dos ancianas que rezaban, y no tenía ni una flor. Pensé: ¡Pero cómo este hombre, que nos perdonó los pecados a todo el clero de Buenos Aires, está aquí sin ni siquiera una flor! Subí, fui a una floristería (en Buenos Aires, en los cruces de las calles, por donde pasa la gente, ponen siempre floristerías), y compré unas rosas. Regresé y comencé a preparar bien el ataúd, poniéndole las flores alrededor. Miré el rosario que tenía entre las manos e inmediatamente se me ocurrió. Ese ladrón que todos tenemos dentro, ¿no? Y mientras acomodaba las flores tomé la cruz del rosario, y con un poco de fuerza la arranqué. Y en ese momento lo miré y le dije: "Dame la mitad de tu misericordia". Sentí una cosa fuerte que me dio el valor de hacer esto y de hacer esa oración. Luego, puse la cruz aquí, en el bolsillo. Y desde ese día hasta hoy, esa cruz está conmigo».

«Las camisas del Papa no tienen bolsillos, pero yo siempre la llevo aquí en una bolsa de tela pequeña. Y cuando me surge un mal pensamiento contra alguna persona, me llevo la mano aquí (a la altura del bolsillo de la camisa). Y siento la gracia. Siento que me hace bien. ¡Cuánto bien hace el ejemplo de un sacerdote misericordioso, de un sacerdote que se acerca a las heridas!».

«Un sacerdote que se acerca a las heridas». Es lo que él mismo quiere ser. Con palabras y gestos, Francisco, que antes que papa y obispo es sacerdote, está decidido a curar las heridas más profundas y dolorosas de la gente, las heridas del alma. Y lo hace también dedicando tiempo a escuchar confesiones. Por ejemplo, cada vez que visita una parroquia en Roma, se reserva al menos 30 minutos antes de celebrar la misa para confesar a varias personas. Para el Papa, «el confesionario no es una sala de tortura, sino aquel lugar de misericordia en el que el Señor nos empuja a hacer las cosas lo mejor que podamos».

A finales de febrero de 2015, los obispos ucranianos visitaron a Francisco y le regalaron una versión de una pintura de Jesús muy popular entre los católicos de Europa del Este, el Cristo de la Divina Misericordia. Me sorprendió la misteriosa respuesta del Papa: «¿Saben? He tenido una idea sobre la misericordia». Se veía que se moría de ganas de contársela, pero se mordió la lengua: «Ya la conocerán cuando se haga pública». Desde entonces, me quedé con la mosca detrás de la oreja.

—¿Qué se le habrá ocurrido sobre la misericordia? —pregunté al consejero delegado de la agencia, César Espoz, que tiene mucha más intuición que yo.

Le hablé del cuadro de los obispos de Ucrania y de la enigmática respuesta de Francisco. Empezamos a buscar pistas como dos detectives: su primer ángelus había sido sobre la misericordia, y desde entonces, éste era un tema recurrente en sus discursos. Vimos que, efectivamente, su estrategia es inyectar misericordia para humanizar el mundo. Pero no dábamos con la tecla de lo que estaba tramando.

El Papa tardó pocas semanas en sacarnos de dudas. Fue el 13 de marzo, el día que se cumplían dos años de la *fumata bianca*. Lo anunció durante un encuentro penitencial en San Pedro en el que, después de invitar a todos a confesarse con un sacerdote, él mismo se arrodilló en un confesionario y recibió la absolución.

«A menudo me he preguntado cómo la Iglesia puede hacer más evidente su misión de ser testimonio de la misericordia», arrancó en su homilía. «Es un camino que inicia con una conversión espiritual. Por eso he decidido convocar un jubileo extraordinario centrado en la misericordia de Dios», anunció. Ahí estaba. Ya había soltado lo que se moría de ganas de contar a los ucranianos.

«¿Un jubileo extraordinario?», pensé. «¡Eso sí que es una movilización en toda regla!». En la Edad Media los peregrinos hacían testamento antes de peregrinar a Roma para ganar el jubileo. Los que regresaban, lo hacían transformados. El Papa lanzaba ahora de nuevo este reto de emprender un viaje y atravesar la Puerta de la misericordia de la basílica de San Pedro para cambiar, para aprender que lo que hace grande al hombre es perdonar y dejarse perdonar. Un jubileo «para consolar a cada hombre y mujer de nuestro tiempo», concretó.

«¡La que se nos viene encima!», pensé. Mientras me hacía cargo de lo que significaba, empecé casi a temblar. En el último jubileo, en el año 2000, Juan Pablo II participó en una gran ceremonia prácticamente todas las semanas. Jubileo se traduce en millones de peregrinos, cientos de documentos y muchas historias que contar. Una aventura apasionante. Pero me veía sin fuerzas. «Dios mío, ten misericordia de nosotros», dije.

Francisco, como sacerdote, se ocupa de las heridas del alma, pero no ignora las heridas del corazón. En Italia, el primer día de primavera, cientos de personas se reúnen en torno al cura Luigi Ciotti en memoria de las más de 800 víctimas inocentes de la mafia. Son familiares y amigos de padres, madres y niños que nada tenían que ver con ajustes de cuentas entre criminales. Pertenecen a la asociación Libera. En marzo de 2014 convocaron el encuentro en una parroquia romana, la de San Gregorio VII, a pocos minutos del Vaticano. Se les ocurrió invitar al Papa y no se sorprendieron al saber que Francisco había aceptado.

Era un viernes por la tarde, 21 de marzo de 2014. Todavía hacía bastante frío en Roma, pero don Luigi le esperaba en la puerta de la iglesia, sonriente y emocionado. Cientos de vecinos se habían reunido en los alrededores de la parroquia para dar la bienvenida al Papa. Dentro sólo habían podido entrar personas relacionadas con las víctimas y, sentados entre ellos, algunos representantes de instituciones italianas.

Francisco llegó en el Ford Focus azul, bajó del coche con ímpetu, abrazó al cura antimafia y le tomó de las manos, las mismas con las que don Luigi ha secado las lágrimas de tantas personas. Y así, sin soltárselas ni un momento, entraron juntos en la iglesia.

La idea era que no fuese ni una misa ni un encuentro de cortesía. Fue una vigilia de oración en recuerdo de las 842 personas que les fueron arrancadas con violencia. Stefania, hija de un empresario asesinado en marzo de 1989 por la 'Ndranghetta calabresa, le saludó en nombre de todos. «Mírenos, Santo Padre, mírenos a cada uno. Lea en nuestros ojos el dolor por la pérdida de un padre, de una madre, de un hijo, de un hermano, de una hermana, de una mujer, de un marido. Mire en nuestros rostros las huellas de su ausencia, pero también las huellas de su valor, de su orgullo, y de nuestras ganas de vivir».

A continuación, decenas de familiares de víctimas se pusieron en fila, se acercaron al ambón, y leyeron uno a uno los 842 nombres de fallecidos. «Francesco Crisopulli. Giuseppe Caruso. Francesco Pepi. Marcella Tassone...». El Papa escuchaba la letanía serio, pensativo, atento, sin esconder el dolor. «Carmela Pannone. Pietro Giro. Donato Cappetta. Calogero Loria». 842 nombres y apellidos. La lectura duró casi 40 minutos. El último de la lista era un niño de tres años: Domenico Petruzzelli. Cuando concluyó, tras unos instantes de silencio, se levantó un encendido aplauso en aquella iglesia, que puso en pie a todos los asistentes, también al Papa.

Francisco había querido escuchar cada nombre, cada apellido para intuir el dolor de sus familias, el drama que ha golpeado para siempre sus vidas. Por eso, cuando empezó a hablar, lo hizo con ternura, con palabras de solidaridad y consuelo, abrazando el dolor con extrema delicadeza. Luego pronunció aquellas célebres palabras sobre los mafiosos. Hay quien las considera las más fuertes que un Papa haya jamás pronunciado.

«Pienso que no puedo concluir sin dirigirme a los otros ausentes de hoy», dijo Francisco. «A los hombres y mujeres mafiosos os digo: por favor, cambiad de vida. Nosotros rezamos por vosotros, convertíos. Os lo pido de rodillas, es por vuestro bien». Usó un tono sereno pero contundente, con los ojos hacia el suelo. «Esta vida que vivís ahora no os dará satisfacciones, no os dará alegría, no os dará felicidad. El poder, el dinero que tenéis, fruto de negocios sucios, de crímenes mafiosos, es dinero ensangrentado, no podréis llevarlo a la otra vida. Convertíos. Todavía tenéis tiempo para no acabar en el infierno. Es lo que os espera si continuáis por este camino».

Hay que ser muy valiente para decir algo así, en público, en Italia. En 1993 Juan Pablo II celebró una misa en el Valle de los Templos de Sicilia, y lanzó con tono amenazador aquella fuerte condena contra la mafia: «En el nombre de Cristo crucificado y resucitado, Camino, Verdad y Vida, digo a los responsables: ¡Convertíos! ¡Un día llegará el juicio de Dios!» Casi tres meses más tarde, la Cosa Nostra respondió con dos coches bomba en Roma, uno contra su catedral, San Giovanni in Laterano, y el otro contra la iglesia de San Giorgio in Velabro. Un macabro modo de confirmar que habían captado el mensaje.

Para agradecerle su coraje, los familiares de las víctimas le entregaron la estola del sacerdote Giuseppe Diana, asesinado por la camorra en 1994. El Papa la besó con ternura, se la puso sobre los hombros y bendijo a todos. Luego saludó personalmente a muchos de ellos, como la hermana de un héroe, el juez Giovanni Falcone. También se detuvo con decenas de sacerdotes que se juegan la vida atendiendo a personas amenazadas, apartando a jóvenes de la delincuencia y denunciando en público las extorsiones. Sacerdotes valientes que, como hacía él en Buenos Aires con las víctimas del trabajo esclavo, dan la cara por los que no tienen voz, y a veces pagan el atrevimiento con sus vidas.

Una de las primeras cosas que me dijeron sobre Jorge Mario Bergoglio después del cónclave es que tiene una capacidad enorme de asumir el dolor de los demás. En aquel entonces no di importancia al comentario. Pero poco a poco me he convencido de que es un rasgo decisivo en su personalidad. Francisco no tiene la capacidad de resolver todos los problemas de la gente, pero sí que consigue como pocos hacerse cargo de su sufrimiento, lo que significa ya un modo de comenzar a aliviarlo.

Lo comprendí un poco mejor cuando viajó a Filipinas. Sobre todo, durante su encuentro con decenas de miles de jóvenes en el campus de la Universidad de Santo Tomas en Manila. «*Pope Francis, We Love You; Pope Francis, We Love You*», gritaban los estudiantes entusiasmados a su paso. Fue un diálogo en toda regla. Cuando Francisco se bajó del papamóvil y subió a un escenario, se sentó para escuchar sus historias y conocer personalmente sus preocupaciones.

Intervinieron dos universitarios, Rikki y Leandro. Hablaron en inglés. El primero debe de ser ya un genio de la electrónica. Ha inventado una especie de lámpara autónoma que no necesita corriente eléctrica para encenderse. Su idea fue muy útil para ayudar a miles de damnificados tras el tifón Yolanda. Trabaja como voluntario, pero no se conforma con lo que ya ha conseguido.

—¿Qué más podemos hacer los jóvenes? ¿Cómo podemos llevar misericordia y compasión? —preguntó a Francisco.

También habló Leandro, universitario como Rikki, pero con un perfil quizá más humanista. A él le duele ver que sus amigos dediquen más energías a las redes sociales y a internet que a construir relaciones auténticas con personas reales.

—Estamos perdiendo el significado del amor. ¿Cómo podemos amar de verdad, querido Papa?

En circunstancias normales, sus preguntas nos habrían dado titulares muy buenos: la soledad, la audacia, miedo al futuro... Sin embargo, fueron eclipsadas por dos niños de 12 y 14 años, Glyzelle y Jun, que también hablaron durante el encuentro en el campus.

—Yo fui un niño de la calle —comenzó Jun. Llevaba una camisa blanca y pantalones negros. De sus ojos se desprendía una fuerte carga de simpatía. Como hablaba en tagalo, acercaron al Papa un folio con la traducción de su testimonio, para que lo pudiera seguir directamente—. Buscaba comida en las basuras, o esperaba a que la gente terminara de comer en el restaurante para llevarme las sobras. Iba de un lado a otro por si encontraba desechos que se pudieran vender, para poder comprar comida. Llamaba a las puertas para pedir que me dieran algo, pero nunca me daban nada.

Su historia no es muy distinta a la de otros miles de niños que circulan por las calles de Manila. Francisco lo miraba preocupado, serio, consciente del drama que escondía la sonrisa nerviosa de Jun.

—He visto cosas terribles, Santo Padre: a mis compañeros les enseñaron a robar, a asesinar, a usar drogas. A algunos los engañaban y les ofrecían dinero, comida, o la oportunidad de estudiar y estar en una casa. Pero sólo querían usarlos para limpiar sus casas o para abusar de ellos.

La historia de Jun tuvo final feliz. Un día se le acercó una persona de la fundación católica ANAK-Tnk y le ofreció ayuda. El pequeño la rechazó, no se fiaba de ningún desconocido. Pero se informó y cuando supo lo que realmente hacían, fue a aquella casa.

—Desde entonces, volví a ser capaz de soñar. Ahora quiero estudiar para ser capaz de ayudar a otros niños de la calle.

Después de Jun, habló la pequeña Glyzelle, de 12 años. Llevaba el pelo recogido en un pequeño moño y un elegante vestido beis con bordados de flores. No se atrevía a alzar la mirada del folio que tenía en sus manos. No quería improvisar lo que estaba a punto de decir. También ella había sido abandonada en la calle y había tenido que luchar sola para salir adelante.

—Hay muchos niños descuidados por sus padres. Y muchos otros a los que les ocurren cosas terribles, como la droga y la prostitución —entonces se le quebró la voz. Pero no se quedó callada. Entre lágrimas, continuó hablando—. ¿Por qué Dios permite que nos pasen estas cosas a niños, si no tenemos ninguna culpa? ¿Y por qué nos ayudan tan pocas personas?

El Papa se puso de pie y se les acercó. Quería saludarlos. Jun, orgulloso, le entregó una pequeña pulsera blanca de ANAK-Tnk y Francisco se la puso inmediatamente a pesar de que le iba muy estrecha. También le mostró un libro de fotografías con el rostro de otros niños de la calle como ellos. Luego, Francisco besó la frente de Glyzelle, que todavía se estaba secando las lágrimas. Ella se le abrazó sin temor y no parecía dispuesta a soltarlo. Entre silencios y aplausos se despidieron, el Papa les hizo la señal de la cruz en la frente y los abrazó de nuevo juntos.

Pasaron los minutos y llegó el turno del Papa. Tomó los folios, los miró de reojo, y los puso de lado. Quería decirles algo distinto a lo que había preparado. «La mujer es capaz de hacer preguntas que los hombres no terminamos de entender. Presten atención. Ella, Glyzelle, ha hecho la única pregunta que no tiene respuesta. Y no le alcanzaron las palabras para plantearla. Necesitó decirla con lágrimas», comenzó.

«Glyzelle, el núcleo de tu pregunta casi no tiene respuesta. Solamente cuando somos capaces de llorar sobre las cosas que viste, podemos entender algo y responder algo», dijo. «Queridos chicos y chicas, al mundo de hoy le falta llorar. Lloran los marginados, lloran aquellos que son dejados de lado, lloran los despreciados, y quienes llevamos una vida más o menos sin necesidades no sabemos llorar. Pero hay ciertas realidades de la vida que sólo se ven si los ojos se limpian con las lágrimas. Preguntaos: ¿Yo he aprendido a llorar? ¿He aprendido a llorar cuando veo un niño con hambre, un niño drogado en la calle, un niño que no tiene casa, un niño abandonado, un niño abusado, un niño usado por una sociedad como esclavo? ¿O mi llanto es el llanto caprichoso de quien llora porque le gustaría tener algo más?». El Papa lloraba con ellos. Y creo que así respondió sobradamente a la pregunta de Leandro sobre cómo amar de verdad.

«Rikki nos contó todas las actividades de ayuda que hace», continuó el Papa, sin mirar el discurso que tenía preparado. «Te doy las gracias a ti y a tus compañeros por todo lo que hacéis, de veras. Pero te voy a hacer una pregunta: Vosotros vais a dar, a ayudar, pero ¿dejáis que también os den algo, dejáis que os ayuden?».

Estos jóvenes dedicaban tiempo y energías a asistir a quienes lo habían perdido todo, y tenían motivos para estar orgullosos de lo que hacen. Pero Francisco les invitó a no conformarse. «Los saduceos, los doctores de la ley de la época de Jesús, daban mucho al pueblo: le daban la ley, le enseñaban, pero nunca dejaron que el pueblo les diera algo. Tuvo que venir Jesús, para dejarse conmover por el pueblo. ¡Cuántos jóvenes, no lo digo de vos, Rikki, pero cuántos jóvenes que hay aquí saben dar, pero todavía no aprendieron a recibir!».

El futuro genio de la electrónica había preguntado qué más pueden hacer para llevar compasión al mundo, y el Papa le estaba respondiendo con dura sinceridad: «¿Qué más puedes hacer? Sólo te falta una cosa —le dijo—. Hazte mendigo». Se trata de «aprender a recibir de la humildad de los que ayudamos. Aprender a ser evangelizados por los pobres. Las personas a quienes ayudamos, pobres, enfermos, huérfanos, tienen mucho que darnos».

Francisco sonreía con ternura a Rikki, no le estaba riñendo. Gracias a su pregunta había podido explicar por qué habla tanto de los pobres, los refugiados, los sintecho, los enfermos, los ancianos. Su propuesta no consiste en acumular obras de caridad. Aunque la auténtica caridad se traduce en obras concretas, la simple repetición de obras buenas no sirve para nada si no se hace de verdad por los demás.

El Papa continuó con un desafío a todos los jóvenes. «Tú que vives siempre dando y que crees que no necesitas nada, ¿sabes que eres un pobre tipo? ¿Sabes que hay mucha pobreza en tu vida y necesitas que te ayuden? […] Lo que ayuda a madurar a quienes como Rikki están comprometidos en el trabajo de dar a los demás es aprender a tender la mano desde la propia miseria».

Francisco vive la caridad de un modo radical: besa los pies a los presos, abraza a los enfermos, visita a los refugiados; derrocha cariño hacia cada persona, reconoce su dignidad inviolable, se pone en su lugar. Pero no se queda ahí, propone dar un paso más: «El verdadero amor no es sólo amar, sino también dejarse amar», concluyó en Manila.

Si usted recibe una llamada telefónica de un número sin identificar en torno a las 13:00, las 17:00 o algo antes de las 21:00, hora de Roma, responda sin miedo: podría ser el Papa. Sus colaboradores intentan limitar al máximo el número de cartas que recibe, porque saben que Francisco hará todo lo posible para responder de su puño y letra a cada persona que se dirige a él.

Y es que se hace cargo de las preocupaciones, dolores y lágrimas que le llegan. Es su modo de estar al lado de las personas que sufren, de ponerse personalmente en juego, de arriesgarse a recibir una mala respuesta. «Llamar por teléfono a las personas es otro modo de callejear, ahora que no puedo salir del Vaticano», explicó a la periodista Valentina Alazraki.

Detrás de cada llamada hay un nombre, unos apellidos y una historia. Anna, romana de 35 años, es dependienta de una tienda. Estaba saliendo con un hombre y se quedó embarazada. Cuando él lo supo, le reveló que estaba casado y que ya tenía varios hijos. A Anna se le cayó el mundo encima. «Me sentía humillada y traicionada», contó a los periodistas. Algunos meses antes había visto muy de lejos al Papa en la plaza de San Pedro. Ahora que se encontró totalmente sola, algo le movió a escribirle una carta para compartir su angustia. Le contó que el padre del niño le había aconsejado que abortase y la había abandonado y ella no estaba dispuesta a acabar con esa vida. Pero que no tenía a nadie. «Papa Francisco, Casa Santa Marta, Ciudad del Vaticano», escribió en el sobre. Le puso un sello y la echó en un buzón.

Después de varias vueltas, la carta llegó hasta la mesa del Papa, quien no vio en sus palabras un problema moral, sino el terrible sufrimiento de una mujer joven y totalmente sola. Quizá por eso, marcó su número.

—Anna, soy el papa Francisco, he leído tu carta...

La pobre mujer se quedó sin palabras. Fue una conversación breve, de pocos minutos. Francisco le dijo que por lo que había escrito se notaba que era una mujer muy valiente, la felicitó por la decisión que había tomado, y le aseguró que el niño que estaba esperando es un regalo de Dios... Ella daba las gracias, pero no conseguía decir nada. Luego le contó que le gustaría bautizarlo, pero que no sabía si era posible, porque no está casada.

—Estoy convencido de que no tendrás problemas para que un sacerdote te lo bautice. Pero si no lo encuentras, aquí estoy yo para hacerlo —dice que le respondió el Papa.

Cuando colgó el teléfono, emocionada, tomó una decisión. Si el bebé era un niño, se llamaría Francisco.

Durante su visita a Asís, le entregaron varias cartas de niños. Tenían una cosa en común, las escribían hijos de hombres y mujeres que deben trabajar los fines de semana. Al Papa le conmovió la de uno de siete años: «No quiero hacerme grande sin que mi papá y mi mamá estén cerca de mí los días de fiesta...». Se lo decía porque su padre trabaja como dependiente en un gran centro comercial de Venecia y él pasaba los sábados y domingos con los abuelos. En la carta contó otros detalles, pero olvidó escribir una dirección o un teléfono de contacto. El Papa no se rindió ante este pequeño obstáculo y pidió a sus colaboradores que localizaran al padre del pequeño.

Un martes, por la mañana, sonó el teléfono en una casa del norte de Italia. Respondió un hombre que estaba descansando porque era su día libre. La llamada era del Vaticano. Le pidieron que confirmara algunos datos:

—¿Trabaja usted en este centro comercial, en Venecia?

—Sí...

—¿Y su hijo se llama Antonio [nombre inventado]?

—Sí, ¿por qué me lo pregunta?

[Es fácil imaginar el susto del pobre hombre, a quien el Vaticano llama para algo relacionado con su hijo de siete años].

—No se preocupe.

Las respuestas que estaba dando coincidían con los datos que el pequeño había mencionado en la carta.

—Permanezca en línea, le espera una agradable sorpresa —le dijeron.

El joven dependiente empezó a intuir algo, pero no se atrevía ni siquiera a imaginarlo.

—Buenos días, soy el papa Francisco —escuchó al otro lado de la línea.

—Sentí una emoción tan grande que no logro describirla —asegura.

De lo que conversó con el Papa, prefiere dar pocos datos.

—Hablamos de la familia, de la carta de mi hijo. Y me dijo que tuviera fe, que creyera en Dios, que rezara, que no me rindiera, que cuando se reza, las cosas se resuelven, y que él está cerca de las familias.

La llamada tuvo un epílogo. Después de su conversación, otra oficina del Vaticano le comunicó que estaban apoyando la búsqueda de soluciones a situaciones como la suya, que no comprometan ni a la familia ni al comercio. El Papa se estaba ocupando personalmente de su problema.

Michele Ferri se ha curtido a base de superar pruebas durísimas. Tiene 50 años y vive en Pésaro, a orillas de la costa adriática de Italia. Hace veinticinco años, un accidente de moto le dejó paralítico, y ahora debe moverse en silla de ruedas. Perdió a su padre en el año 2009. El golpe más duro lo sufrió en junio de 2013, cuando su hermano Andrea, dueño de una gasolinera, fue asesinado por un empleado. ¿La causa? Supuestamente intentaba robarle 20.000 euros de la caja fuerte.

Pocas semanas después, no escondía su rabia en Facebook:

—Siempre te he perdonado todo. Pero esta vez, Dios mío, esta vez no te perdono.

Unos días más tarde, decidió volcar toda su angustia en una intensa carta al Papa.

—Había perdido la fe, el dolor era demasiado grande —dijo algunas semanas después.

Un martes encuentra en el móvil dos llamadas perdidas de un «número privado». Poco después, recibe una tercera llamada. Esta vez responde a tiempo.

—Hola Michele, soy el papa Francisco —escuchó.

Michele ha revelado pocas cosas de su conversación, prefiere compartirlas sólo con su familia.

—Me dijo que había llorado al leer mi carta. Y cuando le pregunté por qué hay tanto mal a nuestro alrededor, me tranquilizó: «No sé responderte, pero rezo por vosotros. Os recuerdo a menudo». Dijo eso y para mí era como si estuviera allí a mi lado.

La conversación fue tan normal que Michele se atrevió a pedir al Papa que llamara por teléfono también a su madre, Rosalba. Francisco, sin inmutarse, le pidió el número de teléfono y tomó nota. Michele le rogó que no la llamara inmediatamente, porque prefería avisarle antes para que no se asustara. Razón no le faltaba porque cada vez que el Papa intentó hablar con ella, Rosalba comenzaba a llorar y no podía responder a lo que le decía Francisco.

—No se preocupe, señora, pronto volveré a llamarla —decía con comprensiva paciencia al escuchar el llanto.

Y cumplió su promesa un 25 de agosto. Esta vez, para quitar importancia, bromeaba:

—Señora, ¿sabe que tenemos la misma edad? Los dos hemos nacido en 1936.

No era solidaridad de circunstancias. A día de hoy, el Papa sigue en contacto con la familia de Michele y Rosalba: les llama cada 2 de noviembre, el día en el que los católicos recuerdan a sus familiares y amigos difuntos, y luego en vísperas de Navidad.

—Sé que para vosotros serán unos días tristes —dijo el Papa a Michele poco antes de la primera Navidad sin su hermano—. Os tengo muy presentes. Y me acordaré también de vosotros durante la misa del día de Navidad. Ese día recordaré especialmente a tu hermano Andrea y a todos vosotros.

Según Michele:

—La grandeza de un Papa no consiste en hacer cosas increíbles, sino cosas sencillas. Un gesto pequeño como éste demuestra su grandeza. Cuando le escribí estaba a punto de derrumbarme, lleno de dudas, y con su cercanía, me devolvió la fe —asegura.

Cuando en agosto de 2014 leyó en la prensa la historia de James Foley, el reportero del *Global Post* decapitado por el Estado Islámico, se conmovió. Imaginó que sus padres estarían doblemente destrozados porque los terroristas habían publicado en internet el vídeo de su ejecución. Nadie le había escrito ni pedido que interviniera en esta historia, pero él quiso hablar con ellos para consolarlos. En sólo 48 horas consiguió el número de teléfono de su casa en New Hampshire.

El teléfono sonó a las 15:00 de la tarde en Estados Unidos, las 21:00 de la noche en Europa. Era tarde en Roma, pero Francisco no tenía prisa. Con la ayuda de un intérprete, un amigo de la familia, habló con John y Diane durante 20 minutos, les dio el pésame y les dijo que rezaba por ellos y por su hijo. Para la madre, como explicó más tarde en un encuentro con periodistas, la llamada del Papa fue mucho más que un gesto de cortesía.

—Nos dijo que la muerte de Jim no había sido en vano —explicó. Y recordó que cuando colgaron el teléfono se le había quedado grabada una certeza en el corazón—: el Papa ha entendido nuestro dolor.

Cada semana escucho nuevas historias de llamadas telefónicas del Papa. Durante años, primero en Buenos Aires y luego en Roma, llamaba cada domingo a Clelia Luro, viuda del exobispo argentino Jerónimo Podestá, que dejó el sacerdocio, pero se reconcilió con la Iglesia y el cardenal Bergoglio le llevó la extrema unción antes de que falleciera. También el Papa llamó por teléfono a un padre que por accidente atropelló a su bebé de 1 año y medio. Periódicamente, casi siempre los domingos, llama a presos de Buenos Aires y cuando cuelga el teléfono se pregunta: «¿Por qué les ha ocurrido a ellos, y no a mí?».

Una vez, un cura de un país del Este europeo le escribió que, por una injusticia, una institución católica le negaba la ayuda económica imprescindible para continuar sus estudios en Roma. Francisco tomó el teléfono y le llamó:

—¿Puedo mostrar su carta al cardenal encargado de esta institución para que vea lo que ocurre? —le preguntó el Papa, que no quería provocar nuevos quebraderos de cabeza al pobre cura.

En otra ocasión, leyó la carta de don Paolo, un sacerdote romano desanimado por el peso del trabajo y los pocos frutos. El Papa descolgó su teléfono y marcó el número de móvil del párroco.

—Don Paolo, aquí tengo su carta —dijo—. Es cierto, la vida del cristiano es dura. Pero en ningún momento estamos solos, Dios nos abraza continuamente.

Cuenta uno de estos protagonistas anónimos, un argentino de San Juan, que cuando estaba a punto de terminar su conversación telefónica, le preguntó de pasada al Papa:

—¿Y por qué hace esto de llamar a personas normales?

—Bueno, es que a veces los papas también tenemos que hacer de curas —le respondió Francisco.

Así es. No marca un número para ocupar el tiempo libre, sino que libera su tiempo para poder llamar por teléfono. Así elimina distancias con personas reales y da una respuesta cristiana a quien pide ayuda.

Desde que corrió la voz de que lee las cartas, quienes le contactan pueden olvidarse de incluir su dirección, su firma o la fecha. Pero no se olvidan de escribir su número de teléfono. Por si acaso.

Al exfuncionario de la ONU Cristiano Gentili no lo llamó directamente el Papa, pero le enviaron de su parte una invitación a la Casa Santa Marta para que diera a conocer su proyecto de ayuda a los albinos africanos. Son niños que nacen con un problema de pigmentación que los hace parecer blancos. Por desgracia, en su tierra muchos dicen que traen mala suerte y los consideran un peligro: los acusan de todas las desgracias que ocurren a la comunidad, los expulsan o los asesinan y a quienes sobreviven los brujos los mutilan para hacer amuletos. Cristiano viajó a Tanzania para comprobar de primera mano si se trataba de un mito o de la realidad. Y lo que vio fue mucho peor de lo que imaginaba.

Nada más regresar a Europa, decidió dedicar todas sus energías a denunciar este drama. Lanzó una asociación, escribió un libro y contactó a unas cuatro mil personas entre líderes de opinión, políticos, intelectuales y periodistas para pedirles apoyo. Pero sólo recibió una respuesta. Sólo una persona de esas cuatro mil no se quedó indiferente ante sus denuncias. Era Francisco.

Le escribieron de su parte para que interviniera en un congreso internacional organizado por el Vaticano sobre desarrollo sostenible en África. Le pedían que pronunciase la conferencia más importante del encuentro, ante ministros, expertos y autoridades, y que se alojara en Casa Santa Marta. Por eso, no fue del todo una casualidad que coincidiera con el Papa en el comedor. Allí mismo, Cristiano se acercó, se presentó y le dijo que le gustaría explicarle personalmente lo que ocurre a los albinos en África. Pero Francisco tenía un invitado y le dijo que por desgracia no podía atenderle en aquel momento.

Cristiano pensó que quizá era sólo un modo educado de desentenderse de la cuestión, pero se equivocaba. Horas más tarde se cruzó de nuevo con el Papa, esta vez en uno de los pasillos, y Francisco lo reconoció.

—Si tú puedes, yo ahora tengo un poco de tiempo disponible —le dijo.

—¡Por supuesto que puedo! —le respondió Cristiano cazando al vuelo la oportunidad.

Francisco le condujo a una pequeña sala de visitas con sillones verdes que hay en el hall de la residencia y allí, sentados y con calma, el defensor de los albinos le expuso las amenazas que acechan a estas personas, la mayoría niños.

Le pudo haber contado cientos de historias. Por ejemplo, la del pequeño Mwigulu, un niño de 10 años que gracias a una organización de la ONU es uno de los pocos albinos de Tanzania que están vivos para contarlo. «Estaba cuidando unas vacas en el campo, cuando se nos acercaron dos hombres. Llegaron corriendo. Nos pidieron ayuda, dijeron que estaban buscando una vaca que se les había perdido. Luego se pusieron a tirarle piedras a mi amigo para que se alejara. Uno de ellos me agarró, se quitó el sombrero y me cubrió la cara. Yo no conseguía ver nada. Entonces me cortó un brazo y se escapó corriendo».

Lo que más dolía a Cristiano es que este problema no interesa a nadie, ni a políticos, ni a las instituciones.

—Si supiera qué pocas personas me han escuchado... —le dijo.

Recuerda que Francisco le miraba con atención y acariciaba con calma la cruz pectoral.

Luego le habló también de la campaña mundial que estaba preparando para ayudarles, y de su libro *Sombra Blanca,* en el que reúne muchas historias terribles de ataques a albino y otras con final feliz que había conocido en Tanzania.

—Santidad, ¿le puedo pedir un regalo para estas personas? —le preguntó.

—Por supuesto —respondió Francisco impresionado por lo que acababa de escuchar.

—Me gustaría que usted leyera un párrafo del libro en voz alta. Yo lo grabo y lo uno a párrafos leídos por otras personas para componer un audio-libro social.

El Papa, que desde hace tiempo intenta dar voz a quienes no la tienen, aceptó inmediatamente sin pensarlo dos veces.

—¡Sí, sí! Lo grabamos ahora mismo —dijo.

Cristiano no se esperaba una respuesta tan rápida. Por eso empezó a pasar las páginas en busca de un párrafo que se adaptase al Papa. Francisco estaba sentado a su lado, esperando pacientemente para grabar el texto.

Sin pensarlo mucho, fue hasta la última página del libro. Ahí recoge las palabras de uno de los personajes, un sacerdote llamado Francis. Lo señaló con el dedo y entregó el libro al Papa. Luego encendió la grabadora y Francisco empezó a leer en voz alta, en italiano con acento argentino.

—Dios está en cada persona. Si se ofende a una persona, se insulta a Dios...[1].

«Dios está en cada persona...». Sufre con lo que hace sufrir a cada persona. Y se seca las lágrimas, cuando alguien tiende una mano a quien llora. Abrazar a quien sufre es como abrazar a Dios. Y por eso Francisco abraza, ya sea personalmente, por carta, o por teléfono.

Cuando el jesuita Antonio Spadaro le preguntó cuál era su prioridad para la Iglesia, Francisco no lo dudó: «Veo claramente que la Iglesia necesita con urgencia adquirir la capacidad de curar heridas y de dar calor a los corazones de los fieles, darles cercanía, proximidad. Veo a la Iglesia como un hospital de campaña después de la batalla. ¡Ahí es inútil preguntarle a un herido si tiene alto el colesterol o el azúcar! Hay que empezar por curarle las heridas. Ya hablaremos luego del resto. Curar heridas, curar heridas... Hay que comenzar por lo más elemental».

El Papa es pontífice, etimológicamente, «hacedor de puentes». Pero Francisco no se conforma con construir puentes para tender lazos entre personas. Después de construirlos, los cruza para abrazar al que está lejos. Es el Papa de la misericordia.

---

1. Es posible escuchar la grabación del Papa y conocer más sobre este proyecto en la página web www.helpafricanalbinos.com.

Epílogo

—El Papa te llama, te está esperando.

Debí poner tal cara de susto que aquel sacerdote añadió:

—Bueno, espera un momento aquí sentado, que vengo dentro de un minuto para acompañarte.

Cuando llegué, lo encontré sentado, estaba trabajando. Le avisaron.

—Santo Padre, está aquí Javier Martínez-Brocal.

Me miró.

—Dame sólo un minuto.

—Por supuesto —asentí en voz baja.

Terminó de escribir algo en unos folios con su escudo, se levantó y se sentó a mi lado.

Estaba con el Papa, y pensé que era una buena idea que rezáramos juntos. Teníamos tiempo y pudimos rezar con calma. Yo rezaba la primera parte del padrenuestro, y él la continuaba. Luego el avemaría, y así también el gloria. Y luego otra oración: «Bajo tu protección nos acogemos, Santa Madre de Dios, no desoigas nuestras súplicas en las necesidades que te presentamos, antes bien, líbranos de todos los peligros, Virgen gloriosa y bendita. Ruega por nosotros Santa Madre de Dios...».

Cuando acabamos, el Papa se santiguó y nos quedamos en silencio. Luego me miró y me dijo:

—¿Sabes? Esa oración que has rezado es muy linda. «Bajo tu protección nos acogemos, Santa Madre de Dios...». Es una de las más antiguas que existen. Hay otras anteriores en la tradición cristiana oriental, pero ésta es la oración más antigua de la occidental. Es muy linda. Hay varios iconos de la tradición ortodoxa rusa que se derivan de ella, son las imágenes en las que la Virgen María extiende su manto y muchas personas se refugian en él, bajo su protección.

—Sí, yo he visto imágenes así también en algunas iglesias en Baviera —le conté.

—¿Sabes una cosa? También de esta oración nació ese otro icono del Niño Jesús que tiene la cara pegadita a su Madre, lo llaman la Virgen de la ternura. «Bajo tu protección nos acogemos, Santa Madre de Dios» —entonces me miró de reojo y me dio un consejo—: Tú repite esta misma oración cada vez que atravieses un momento de trepidación espiritual, cuando lo estés pasando realmente mal.

El Papa se levantó del sillón. Me hubiera gustado retenerlo para hablar de mil cosas, pero no quería abusar de su tiempo. Estábamos los dos de pie, él casi se había girado para marcharse, cuando lo detuve.

—Santo Padre, usted está cambiando el mundo —le dije.

Era una constatación de lo que veo cada día en mi trabajo.

Por un instante se quedó quieto. Luego, casi sin volverse, con una sonrisa cómplice y con un tono mitad en serio, mitad en broma, respondió:

—¡Ojalá lo consiga!

Y se fue.

Selección de textos de Francisco sobre la misericordia

1

ACOGER CON MISERICORDIA

Ésta es siempre la voluntad de Dios: Ser misericordioso y no condenar a nadie. Tener un corazón misericordioso, porque Él es misericordioso. Él entiende nuestras miserias humanas, nuestros retos y también nuestros pecados. [...] Eso es lo que hace el buen samaritano. Un buen samaritano imita la misericordia de Dios. Muestra misericordia a aquellos que lo necesitan.

Ángelus, Castel Gandolfo, 14 de julio de 2013

Los discípulos quedaron maravillados de que su Maestro hablara con esa mujer. Pero el Señor es más grande que los prejuicios, por eso no tiene temor de detenerse con la samaritana: la misericordia es más grande que el prejuicio.

Ángelus, 23 de marzo de 2014

También nosotros somos como estas personas que por una parte quieren escuchar a Jesús, pero que les gusta regañar a los otros, condenar a los otros. Pero el mensaje de Jesús es la misericordia.

Misa, Santa Ana, 17 de marzo de 2013

La Cruz nos invita también a dejarnos contagiar por este amor, nos enseña así a mirar siempre al otro con misericordia y amor, sobre todo a quien sufre, a quien necesita ayuda, a quien espera una palabra, un gesto, y a salir de nosotros mismos para ir a su encuentro y tenderles la mano.

Vía Crucis, Copacabana, 26 de julio de 2013

Muchos rostros han acompañado a Jesús en su camino al Calvario: Pilato, el Cireneo, María, las mujeres… También nosotros podemos ser para los demás como Pilato, que no tiene la valentía de ir contracorriente para salvar la vida de Jesús y se lava las manos.

Queridos amigos, la Cruz de Cristo nos enseña a ser como el Cireneo, que ayuda a Jesús a llevar aquel madero pesado; como María y las otras mujeres, que no tienen miedo de acompañar a Jesús hasta el final, con amor, con ternura.

Y tú, ¿como quién eres? ¿Como Pilato, como el Cireneo, como María?

Vía Crucis, Copacabana, 26 de julio de 2013

A veces, lamentablemente, ocurre un poco como lo que hacen los doctores de la ley: desde lo alto de nuestro orgullo juzgamos a los demás, ¡incluso al Señor! Hoy estamos invitados a abrirnos a la luz de Cristo para dar fruto con nuestra vida, para eliminar los comportamientos que no sean cristianos.

Ángelus, 30 de marzo de 2014

Tenemos que ser como Cristo, que responde siempre a quien le pide ayuda con amor, misericordia y compasión.

Misa de clausura, Jornada Asiática de la Juventud, Corea, 17 de agosto de 2014

Bienaventurados los que trabajan por la paz. ¡Pero es tan común entre nosotros ser provocadores de guerras o al menos de malentendidos! Como cuando me entero de algo que ha hecho alguien, y voy a otro y se lo cuento, pero con una versión ampliada... Así es el mundo de los chismes. Esta gente que cotillea no trabaja por la paz, es enemiga de la paz. No son bienaventurados.

Santa Marta, 9 de junio de 2014

La vida cristiana no es una vida autorreferencial; es una vida que sale de sí misma para darse a los demás. Es un don, es amor, y el amor no vuelve sobre sí mismo, no es egoísta: se da.

Santa Marta, 11 de septiembre de 2014

En una comunidad cristiana, la división es uno de los pecados más graves porque no permite que Dios actúe. Es el diablo el que separa, destruye las relaciones, siembra prejuicios. Lo que Dios quiere es que seamos acogedores, que nos perdonemos y nos amemos para parecernos cada vez más a Él, que es comunión y amor. En esto consiste la santidad de la Iglesia: en reproducir la imagen de Dios, rico en misericordia y gracia.

Audiencia general, 27 de agosto de 2014

El «síndrome de Jonás» conduce a la hipocresía, a la suficiencia, a ser cristianos impolutos, perfectos, que dicen «hacemos estas cosas: cumplimos los mandamientos y todo». Es una gran enfermedad. Y la «señal de Jonás» es la misericordia de Dios en Jesucristo, muerto y resucitado por nosotros, por nuestra salvación.

Santa Marta, 14 de octubre de 2013

Jesús es claro en el Evangelio: «Sed misericordiosos como vuestro Padre es misericordioso». Cuando uno aprende a juzgarse a sí mismo, es misericordioso con los otros: ¿quién soy yo para juzgar si yo soy capaz de hacer cosas peores?

Santa Marta, 2 de marzo de 2015

Como se puede notar, la misericordia en la Sagrada Escritura es la palabra clave para indicar el actuar de Dios hacia nosotros. Él no se limita a afirmar su amor, sino que lo hace visible y tangible.

El amor, después de todo, nunca podrá ser una palabra abstracta. Por su misma naturaleza es vida concreta: intenciones, actitudes, comportamientos que se verifican en el vivir cotidiano. La misericordia de Dios es su responsabilidad por nosotros. Él se siente responsable, es decir, desea nuestro bien y quiere vernos felices, colmados de alegría y serenos. Es sobre esta misma amplitud de onda que se debe orientar el amor misericordioso de los cristianos. Como ama el Padre, así aman los hijos. Como Él es misericordioso, así estamos nosotros llamados a ser misericordiosos los unos con los otros.

Misericordiae Vultus,
Bula de convocatoria del Jubileo de la Misericordia,
11 de abril de 2015

[La misericordia] no es una huida, no es una evasión de la realidad y sus problemas. Es la respuesta que viene del Evangelio: el amor como fuerza de purificación de las conciencias, fuerza de renovación de las relaciones sociales, fuerza para diseñar una economía distinta que ponga en el centro a la persona, al trabajo, a la familia, en lugar del dinero y el beneficio.

Visita a Región de Molisse (Italia), 7 de julio de 2014

El cristiano es aquel que permite que Dios lo revista de su bondad y misericordia, que lo revista de Cristo, para llegar a ser como Él, siervo de Dios y de los hombres. […] Queridos hermanos y hermanas, cuánto deseo que los lugares en los que se manifiesta la Iglesia, en particular nuestras parroquias y nuestras comunidades, lleguen a ser islas de misericordia en medio del mar de la indiferencia.

Mensaje para la Cuaresma, 2015

Curando al leproso, Jesús no hace ningún daño al que está sano, es más, lo libra del miedo; no lo expone a un peligro, sino que le da un hermano; no desprecia la Ley, sino que valora al hombre, para el cual Dios ha inspirado la Ley. En efecto, Jesús libra a los sanos de la tentación del «hermano mayor» (Lc 15,11-32) y del peso de la envidia y de la murmuración de los trabajadores que han soportado el peso de la jornada y el calor (Mt 20,1-16).

Misa con nuevos cardenales, 15 de febrero de 2015

No será inútil en este contexto recordar la relación existente entre *justicia* y *misericordia*. No son dos momentos contrastantes entre sí, sino un solo momento que se desarrolla progresivamente hasta alcanzar su ápice en la plenitud del amor. [...] Jesús habla muchas veces de la importancia de la fe, más bien que de la observancia de la ley. Es en este sentido que debemos comprender sus palabras cuando estando a la mesa con Mateo y sus amigos dice a los fariseos que lo contestaban porque comía con los publicanos y pecadores: «Vayan y aprendan qué significa: Yo quiero misericordia y no sacrificios. Porque yo no he venido a llamar a los justos, sino a los pecadores» (*Mt* 9,13). Ante la visión de una justicia como mera observancia de la ley que juzga, dividiendo las personas en justos y pecadores, Jesús se inclina a mostrar el gran don de la misericordia que busca a los pecadores para ofrecerles el perdón y la salvación. Se comprende por qué en presencia de una perspectiva tan liberadora y fuente de renovación, Jesús haya sido rechazado por los fariseos y por los doctores de la ley. Éstos, para ser fieles a la ley, ponían solo pesos sobre las espaldas de las persona, pero así frustraban la misericordia del Padre. El reclamo a observar la ley no puede obstaculizar la atención por las necesidades que tocan la dignidad de las personas.

Al respecto es muy significativa la referencia que Jesús hace al profeta Oseas —«yo quiero amor, no sacrificio»—. Jesús afirma que de ahora en adelante la regla de vida de sus discípulos deberá ser la que da el primado a la misericordia, como Él mismo testimonia compartiendo la mesa con los pecadores. La misericordia, una vez más, se revela como dimensión fundamental de la misión de Jesús. Ella es un verdadero reto para sus interlocutores que se detienen en el respeto formal de la ley. Jesús, en cambio, va más allá de la ley; su compartir con aquellos que la ley consideraba pecadores permite comprender hasta dónde llega su misericordia.

Misericordiae Vultus,
Bula de convocatoria del Jubileo de la Misericordia,
11 de abril de 2015

Los rígidos son —uso el adjetivo que Jesús les daba a ellos— hipócritas: tienen doble vida. Aquellos que juzgan la Iglesia con rigidez, tienen doble vida. Con la rigidez ni siquiera se puede respirar. [...] La corrupción los llevaba lejos de entender la misericordia, el ser misericordiosos. Y la Biblia nos dice que en la misericordia está precisamente el justo juicio. Y las tres mujeres —la santa, la pecadora y la necesitada, figuras alegóricas de la Iglesia— sufren de esta falta de misericordia. También hoy, el Pueblo de Dios, cuando encuentra a estos jueces, sufre un juicio sin misericordia, sea civil, o eclesiástico. Y donde no hay misericordia, no hay justicia. Cuando el Pueblo de Dios se acerca voluntariamente para pedir perdón, para ser juzgado, cuántas veces, cuántas veces encuentra a alguno de éstos. [...] Sólo querría decir una de las palabras más bellas del Evangelio que a mí me conmueve tanto: «¿Ninguno te ha condenado?». «No, ninguno, Señor». «Tampoco yo te condeno». No te condeno: una de las palabras más bellas porque está llena de misericordia.

Santa Marta, 23 de marzo de 2015

Hay dos lógicas de pensamiento y de fe: el miedo de perder a los salvados y el deseo de salvar a los perdidos. Hoy también nos encontramos en la encrucijada de estas dos lógicas: a veces, la de los doctores de la ley, o sea, alejarse del peligro apartándose de la persona contagiada, y la lógica de Dios que, con su misericordia, abraza y acoge reintegrando y transfigurando el mal en bien, la condena en salvación y la exclusión en anuncio.

El camino de la Iglesia, desde el concilio de Jerusalén en adelante, es siempre el camino de Jesús, el de la misericordia y de la integración. Esto no quiere decir menospreciar los peligros o hacer entrar los lobos en el rebaño, sino acoger al hijo pródigo arrepentido; sanar con determinación y valor las heridas del pecado; actuar decididamente y no quedarse mirando de forma pasiva el sufrimiento del mundo. El camino de la Iglesia es el de no condenar a nadie para siempre y difundir la misericordia de Dios a todas las personas que la piden con corazón sincero; el camino de la Iglesia es precisamente el de salir del propio recinto para ir a buscar a los lejanos en las «periferias» esenciales de la existencia; es el de adoptar integralmente la lógica de Dios; el de seguir al Maestro que dice: «No necesitan médico los sanos, sino los enfermos. No he venido a llamar a los justos, sino a los pecadores» (Lc 5, 31-32).

Misa con nuevos cardenales, 15 de febrero de 2015

El camino de la Iglesia es no condenar eternamente a nadie, sino difundir la misericordia de Dios a todas las personas que la buscan con corazón sincero.

Consistorio Ordinario Público para la Creación de nuevos cardenales, 14 de febrero de 2015

¿Tengo un corazón abierto o cerrado? ¿Abierto o cerrado a Dios? ¿Abierto o cerrado al prójimo? Tenemos siempre en nosotros alguna cerrazón nacida del pecado, nacida de los errores: no tengamos miedo, ¡no tengamos miedo! Abrámonos a la luz del Señor: Él nos espera siempre.

Ángelus, 30 de marzo de 2014

Que ambos nos enseñen a no escandalizarnos de las llagas de Cristo, a adentrarnos en el misterio de la misericordia divina que siempre espera, siempre perdona, porque siempre ama.

Canonización de Juan Pablo II y Juan XXIII, 27 de abril de 2014

2

ANUNCIAR LA MISERICORDIA

La Iglesia tiene la misión de anunciar la misericordia de Dios, corazón palpitante del Evangelio, que por su medio debe alcanzar la mente y el corazón de toda persona.

Misericordiae Vultus,
Bula de convocatoria del Jubileo de la Misericordia,
11 de abril de 2015

Como aquel día de Pentecostés, el Espíritu Santo se derrama continuamente aún hoy sobre la Iglesia y sobre todos nosotros para que salgamos de nuestra mediocridad y nuestras rigideces y comuniquemos al mundo el amor misericordioso del Señor. Comunicar el amor misericordioso del Señor: ¡ésta es nuestra misión!

Regina Coeli, 24 de mayo de 2015, Fiesta de Pentecostés

La nueva evangelización es tomar conciencia del amor misericordioso del Padre para convertirnos también nosotros en instrumentos de salvación para nuestros hermanos.

Discurso al Pontificio Consejo para la Promoción de la
Nueva Evangelización,
29 de mayo de 2015

Decid a los que encontréis por los caminos de la misión que Dios ama al hombre tal como es, con sus limitaciones, con sus errores, con sus pecados. Y por eso ha enviado a su Hijo para que Él tome nuestros pecados sobre sí. Sed mensajeros y testigos de la infinita bondad del Padre y de su misericordia inagotable.

Encuentro con familias misioneras del Camino
Neocatecumenal,
3 de febrero de 2014

La primera verdad de la Iglesia es el amor de Cristo. De este amor, que llega hasta el perdón y al don de sí, la Iglesia se hace sierva y mediadora ante los hombres. Por tanto, donde la Iglesia esté presente, allí debe ser evidente la misericordia del Padre. En nuestras parroquias, en las comunidades, en las asociaciones y movimientos, en fin, dondequiera que haya cristianos, cualquiera debería poder encontrar un oasis de misericordia.

Misericordiae Vultus,
Bula de convocatoria del Jubileo de la Misericordia,
11 de abril de 2015

Tener un corazón misericordioso no significa tener un corazón débil. Quien desea ser misericordioso necesita un corazón fuerte, firme, cerrado al tentador, pero abierto a Dios. Un corazón que se deje impregnar por el Espíritu y guiar por los caminos del amor que nos llevan a los hermanos y hermanas. En definitiva, un corazón pobre, que conoce sus propias pobrezas y lo da todo por el otro.

Mensaje para la Cuaresma, 2015

¡En la parábola del hijo pródigo está todo el Evangelio, aquí está todo el Evangelio, está el Cristianismo! ¡Pero miren que no es sentimiento, no es «ostentación de buenos sentimientos»! Al contrario, la misericordia es la verdadera fuerza que puede salvar al hombre y al mundo del «cáncer» que es el pecado, el mal moral, el mal espiritual.

Ángelus, 15 de septiembre de 2013

Marcaría como prioridad ese... —no sé, es reducirlo decirlo así—, pero ese apostolado de la misericordia, la dimensión misericordiosa de la Santa Madre Iglesia. La maternalidad de la Iglesia que cura heridas, que va ayudando. Este cambio de época, lo comentaba ayer con los obispos brasileños, está lleno de heridos: gente que dejó la Iglesia por la mitad, que se fue, que volvió... y uno puede pensar: «Bueno, vamos a hacer un curso, que esto, que aquello...». Después de una batalla, lo primero que hay que hacer en un hospital de campaña es curar las heridas.

Encuentro con el Comité de Coordinación del CELAM, Río de Janeiro, 28 de julio de 2013

La misericordia es más grande que los casos que usted cita. Creo que es el tiempo de la misericordia, este cambio de época. También ante tantos problemas de la Iglesia, como los testimonios de algunos sacerdotes no buenos, de corrupción de la Iglesia, también el problema del clericalismo, ha dejado muchos heridos. Y la Iglesia es madre, debe ir a curar a los heridos con misericordia. Si el Señor no se cansa de perdonar, nosotros no tenemos otra opción que ésa. Primero de todo, curar los heridos. La Iglesia es mamá y debe seguir por el camino de la misericordia. Y tratar con misericordia a todos. Pero, pienso, cuando el hijo pródigo volvió a casa, el papá no le dijo: «Pero, tú, escucha, siéntate, ¿qué has hecho con el dinero?». No, ha hecho fiesta. Después, tal vez, cuando el hijo ha querido hablar, ha hablado. La Iglesia debe hacer lo mismo. Cuando hay alguno…, no sólo hay que esperarlo: ¡vayan a buscarlo! Ésta es la misericordia. Y creo que esto es un kairós: este tiempo es un kairós de misericordia.

Vuelo Río de Janeiro-Roma, 28 de julio de 2013

En consecuencia: la caridad no puede ser neutra, aséptica, indiferente, tibia o imparcial. La caridad contagia, apasiona, arriesga y compromete. Porque la caridad verdadera siempre es inmerecida, incondicional y gratuita (1Cor 13). La caridad es creativa en la búsqueda del lenguaje adecuado para comunicar con aquellos que son considerados incurables y, por lo tanto, intocables. Encontrar el lenguaje justo... El contacto es el auténtico lenguaje que transmite, fue el lenguaje afectivo el que proporcionó la curación al leproso. ¡Cuántas curaciones podemos realizar y transmitir aprendiendo este lenguaje del contacto! Era un leproso y se ha convertido en mensajero del amor de Dios. Dice el Evangelio: «Pero cuando se fue, empezó a pregonar bien alto y a divulgar el hecho» (Mc 1,45).

Misa con nuevos cardenales, 15 de febrero de 2015

No tengan miedo de ir y llevar a Cristo a cualquier ambiente, hasta las periferias existenciales, también a quien parece más lejano, más indiferente. El Señor busca a todos, quiere que todos sientan el calor de su misericordia y de su amor.

Misa de clausura de la JMJ, Río de Janeiro, 28 de julio de 2013

¿Superamos la tentación de atender de manera reactiva los complejos problemas que surgen? ¿Creamos un hábito proactivo? ¿Promovemos espacios y ocasiones para manifestar la misericordia de Dios? Esto para mí es clave, estoy convencido de que éste es el tiempo de la misericordia de Dios para su Iglesia.

Encuentro con el Comité de Coordinación del CELAM,
Río de Janeiro,
28 de julio de 2013

A menudo he pensado en cómo la Iglesia puede hacer más evidente su misión de ser testimonio de la misericordia. Es un camino que inicia con una conversión espiritual. Por eso he decidido convocar un jubileo extraordinario centrado en la misericordia de Dios. Será un Año Santo de la Misericordia. Estoy convencido de que toda la Iglesia, que tiene necesidad de recibir la misericordia porque somos pecadores, encontrará en este jubileo la alegría para redescubrir y hacer fecunda la misericordia de Dios, con la cual todos somos llamados a consolar a cada hombre y cada mujer de nuestro tiempo.

Anuncio del Jubileo de la Misericordia,
13 de marzo de 2015

Un hombre —una mujer— que se siente enfermo en el alma, triste, que ha cometido tantas equivocaciones en la vida, en un determinado momento siente que las aguas se mueven, es el Espíritu Santo que mueve algo, o siente una palabra o… «¡Ah, yo querría ir…!». Y se arma de coraje y va. Y cuántas veces hoy en las comunidades cristianas encuentra las puertas cerradas: «Pero tú no puedes, no, tú no puedes. Te equivocaste aquí y no puedes. Si quieres venir, ven a la misa el domingo, pero permanece ahí, y no hagas nada más». Y lo que hace el Espíritu Santo en el corazón de las personas, los cristianos con psicología de doctores de la ley lo destruyen.

Es la casa de Jesús y Jesús recibe. Pero no sólo recibe, también va a encontrarse con la gente, así como fue a ver a éste. Y si la gente está herida, ¿qué hace Jesús? ¿Le reprocha porque esté herida? No, viene y la lleva sobre sus hombros. Y esto se llama misericordia. Y cuando Dios reprocha a su pueblo —«¡Misericordia quiero, no sacrificios!»— habla de esto.

Pidamos hoy al Señor en la misa por nosotros, por cada uno de nosotros y por toda la Iglesia, una conversión hacia Jesús, una conversión a Jesús, una conversión a la misericordia de Jesús. Y así la Ley quedará cumplida plenamente, porque la Ley es amar a Dios y al prójimo como a nosotros mismos.

Santa Marta, 17 de marzo de 2015

3

CONFESIÓN

¡Nada podrá jamás separaros del amor de Dios! Ni siquiera los barrotes de una cárcel. Lo único que nos puede separar de Él es nuestro pecado; pero si lo reconocemos y lo confesamos con verdadero arrepentimiento, ese mismo pecado se convierte en un lugar de encuentro con Él, porque Él es misericordia.

Visita a la Prisión de Poggioreale (Nápoles),
21 de marzo de 2015

A mí me duele mucho cuando encuentro a gente que no va más a confesarse porque le han regañado. Han sentido que las puertas de la Iglesia se les han cerrado en la cara. Por favor, no hagáis esto. ¡Misericordia, misericordia!

Ordenación de diáconos, 12 de mayo de 2014

En particular el sacerdote demuestra entrañas de misericordia en el administrar el sacramento de la reconciliación; lo demuestra en toda su actitud, en la forma de acoger, de escuchar, de aconsejar, de absolver... Pero esto deriva de cómo él mismo vive el sacramento en primera persona, de cómo se deja abrazar por Dios Padre en la confesión, y permanecer dentro de este abrazo... Si uno vive esto sobre él en el propio corazón, puede también donarlo a los otros en el ministerio.

Ángelus, 23 de marzo de 2014

Dios que espera, y también Dios que perdona. Es el Dios de la misericordia: No se cansa de perdonar. Somos nosotros los que nos cansamos de pedir perdón, pero Él no se cansa. Setenta veces siete: adelante con el perdón.

Santa Marta, 28 de marzo de 2014

Así es la misericordia de Dios: una gran luz de amor, de ternura. Dios perdona, pero no con un decreto, sino con una caricia, acariciando nuestras heridas del pecado. Porque Él está implicado en el perdón, está implicado en nuestra salvación.

Santa Marta, 7 de abril de 2014

El corazón del sacerdote es un corazón que sabe conmoverse, no por sentimentalismo o mera emotividad, sino por las «entrañas de misericordia» del Señor.

Celebración penitencial en San Pedro, 28 de marzo de 2014

Por el amor de Jesucristo: no os canséis jamás de ser misericordiosos. Por favor, tened esa capacidad de perdonar que tuvo el Señor, que no vino a condenar, sino a perdonar. Sed misericordiosos, y mucho.

Ordenación de diáconos, 12 de mayo de 2014

Nunca me cansaré de insistir en que los confesores sean un verdadero signo de la misericordia del Padre. Ser confesores no se improvisa. Se llega a serlo cuando, ante todo, nos hacemos nosotros penitentes en busca de perdón. Nunca olvidemos que ser confesores significa participar de la misma misión de Jesús y ser signo concreto de la continuidad de un amor divino que perdona y que salva. Cada uno de nosotros ha recibido el don del Espíritu Santo para el perdón de los pecados, de esto somos responsables. Ninguno de nosotros es dueño del Sacramento, sino fiel servidor del perdón de Dios. Cada confesor deberá acoger a los fieles como el padre en la parábola del hijo pródigo: un padre que corre al encuentro del hijo, no obstante hubiese dilapidado sus bienes.

Los confesores están llamados a abrazar ese hijo arrepentido que vuelve a casa y a manifestar la alegría por haberlo encontrado. No se cansarán de salir al encuentro también del otro hijo que se quedó afuera, incapaz de alegrarse, para explicarle que su juicio severo es injusto y no tiene ningún sentido delante de la misericordia del Padre que no conoce confines. No harán preguntas impertinentes, sino como el padre de la parábola interrumpirán el discurso preparado por el hijo pródigo, porque serán capaces de percibir en el corazón de cada penitente la invocación de ayuda y la súplica de perdón. En fin, los confesores están llamados a ser siempre, en todas partes, en cada situación y a pesar de todo, el signo del primado de la misericordia.

Misericordiae Vultus,
Bula de convocatoria del Jubileo de la Misericordia,
11 de abril de 2015

La Confesión es el sacramento de la ternura de Dios, su forma de acogernos.

Mensaje en Twitter, 31 de marzo de 2015

4

CONTRICIÓN

Dios nos comprende, nos espera, no se cansa de perdonarnos. Si sabemos volver a Él con el corazón arrepentido.

Primer ángelus, 17 de marzo de 2013

Ante la gravedad del pecado, Dios responde con la plenitud del perdón. La misericordia siempre será más grande que cualquier pecado y nadie podrá poner un límite al amor de Dios que perdona.

Misericordiae Vultus,
Bula de convocatoria del Jubileo de la Misericordia,
11 de abril de 2015

Pensemos en esto, es bonito: la misericordia de Dios da vida al hombre, lo resucita de la muerte. El Señor nos mira siempre con misericordia; no lo olvidemos, nos mira siempre con misericordia, nos espera con misericordia. No tengamos miedo a acercarnos a Él. ¡Tiene un corazón misericordioso! Si le mostramos nuestras heridas interiores, nuestros pecados, Él siempre nos perdona. Es pura misericordia. Vayamos a Jesús.

Ángelus, 9 de junio de 2013

El perdón de los pecados no es fruto de nuestro esfuerzo personal, sino un regalo, don del Espíritu Santo que nos purifica con la misericordia y la gracia del Padre. [...] Invito a todos a acercarse al sacramento de la Penitencia, confesarse, y recibir así el abrazo de la infinita misericordia del Padre, que nos está esperando para darnos un fuerte abrazo.

Audiencia general, 19 de febrero de 2014

Si no escuchas al Señor, si no aceptas las correcciones y no confías en Él, no tienes un corazón arrepentido.

Santa Marta, 16 de diciembre de 2014

Si uno no se siente necesitado de la misericordia de Dios, si uno no se siente pecador, ¡es mejor que no vaya a misa! Porque vamos a misa porque somos pecadores y queremos recibir el perdón de Jesús y participar en su redención y en su perdón.

Audiencia general, 12 de febrero de 2014

Simón había negado a Jesús en el momento dramático de la Pasión; Saulo había perseguido a los cristianos con dureza. Pero ambos recibieron el amor de Dios y se dejaron transformar por su misericordia.

Ángelus, 29 de junio de 2014

Cada uno sabe dónde tiene su herida. Cada uno de nosotros tiene no sólo una: dos, tres, cuatro, veinte. ¡Cada uno lo sabe! Que Jesús cure estas heridas. Pero para esto debo abrir el corazón, para que Él venga. ¿Cómo abro el corazón? Rezando.

Visita a la Parroquia de Cristo Rey, 9 de febrero de 2015

Ha existido a lo largo de la historia la tentación de algunos que dicen: la Iglesia es sólo para los «puros», para aquellos que son totalmente coherentes, y los demás que se vayan. Eso no es verdad. ¡Eso es una herejía! La Iglesia, que es santa, no rechaza a los pecadores, ¡no nos rechaza a todos nosotros! No nos rechaza porque acoge a todos y está abierta a los más alejados.

Audiencia general, 2 de octubre de 2013

«¡Pero Padre! Yo soy un pecador, tengo grandes pecados. ¿Cómo puedo sentirme parte de la Iglesia?». Querido hermano, querida hermana: es precisamente eso lo que quiere el Señor. Que tú le digas: «Señor, aquí estoy con mis pecados». ¿Alguno de vosotros ha venido aquí sin pecados? ¿Alguno de vosotros? Ninguno. Ninguno de nosotros. Todos llevamos con nosotros nuestros pecados. [...]

Audiencia general, 2 de octubre de 2013

¿Qué puedo hacer yo, que me siento débil, frágil, pecador? Dios te dice: no tengas miedo de la santidad, no tengas miedo de apuntar alto, de dejarte amar y purificar por Dios, no tengas miedo de dejarte guiar por el Espíritu Santo. Déjate contagiar por la santidad de Dios.

Audiencia general, 2 de octubre de 2013

A los criminales y a todos sus cómplices hoy, yo, humildemente, como hermano repito: Convertíos al amor y a la justicia. Dejad que la misericordia de Dios os encuentre. Sabed que Jesús os está buscando para abrazaros, para besaros, para amaros más.

Misa en Nápoles, 21 de marzo de 2015

El reconocernos pecadores nos permite acoger su misericordia; esto es lo que hace crecer la Iglesia: no nuestros méritos, sino la experiencia cotidiana del amor de Dios.

Audiencia general, 18 de junio de 2014

«Padre, la misericordia ¿borra los pecados?». No, ¡lo que borra los pecados es el perdón de Dios! La misericordia es el modo con que Dios perdona. Porque Jesús podía decir: «Yo te perdono. ¡Ve!», como dijo a aquel paralítico que le habían presentado desde el techo: «¡Te son perdonados tus pecados!». Aquí dice: «¡Ve en paz!». Jesús va más allá. Le aconseja que no peque más. Aquí se ve la actitud misericordiosa de Jesús: defiende al pecador de sus enemigos; defiende al pecador de una condena justa. También nosotros, cuántos de nosotros, quizá deberíamos ir al infierno, ¿cuántos de nosotros? Y esa condena es justa… y Él perdona más allá. ¿Cómo? ¡Con esta misericordia!

Santa Marta, 7 de abril de 2014

Creo que no existe un teólogo que pueda explicar esto: no se puede explicar. Sobre esto sólo se puede reflexionar, sentir y llorar de alegría: el Señor nos puede cambiar. A este punto surge espontáneo preguntarse: ¿qué debo hacer? La respuesta es clara: Creer, creer que el Señor puede cambiarme, que Él puede. Exactamente lo que hizo con el funcionario del rey que tenía un hijo enfermo en Cafarnaún, como relata san Juan en su Evangelio (4, 43-54). Ese hombre, se lee, a Jesús le pedía que bajase a curar a su hijo, porque estaba por morir. Y Jesús le respondió: «Anda, tu hijo vive». Así, pues, ese padre creyó en la palabra que Jesús le había dicho y se puso en camino: creyó, creyó que Jesús tenía el poder de curar a su niño. Y tuvo razón.

La fe es dejar espacio a este amor de Dios; es dejar espacio al poder, al poder de Dios, al poder de alguien que me ama, que está enamorado de mí y desea la alegría conmigo. Esto es la fe. Esto es creer: es dejar espacio al Señor para que venga y me cambie.

Es curioso: éste fue el segundo milagro que hizo Jesús. Y lo hizo en el mismo sitio que había hecho el primero, en Caná de Galilea. En el pasaje del Evangelio se lee: «Fue Jesús otra vez a Caná de Galilea, donde había convertido el agua en vino». De nuevo en Caná de Galilea cambia incluso la muerte de este niño en vida. De verdad el Señor puede cambiarnos, quiere cambiarnos, ama cambiarnos. Y esto, por amor. A nosotros sólo nos pide nuestra fe: es decir, dejar espacio a su amor para que pueda obrar y realizar un cambio de vida en nosotros.

Santa Marta, 16 de marzo de 2015

Una hermosa pregunta para nosotros cristianos es ésta: ¿Yo permanezco en Jesús o estoy lejos de Jesús? ¿Estoy unido a la vid que me da vida o soy un sarmiento muerto, que es incapaz de dar fruto, de dar testimonio? Y existen también otros sarmientos: los que se hacen ver como discípulos de Jesús, pero hacen lo contrario de un discípulo de Jesús, y son los sarmientos hipócritas. Quizás van todos los domingos a Misa, tal vez ponen la cara de santitos, todos piadosos, pero luego viven como si fueran paganos. Y a éstos Jesús, en el Evangelio, los llama hipócritas. Jesús es bueno, nos invita a permanecer en Él. Él nos da la fuerza, y si caemos en pecado —todos somos pecadores— Él nos perdona, porque Él es misericordioso. Pero lo que Él quiere son estas dos cosas: que permanezcamos en Él y que no seamos hipócritas. Y con esto una vida cristiana sigue adelante.

Visita a la Parroquia de Santa María Regina Pacis,
3 de mayo de 2015

No olvidemos que Dios perdona todo y que Dios perdona siempre. No nos cansemos nosotros de pedir perdón.

Anuncio del Jubileo de la Misericordia,
13 de marzo de 2015

5

Cultivar la misericordia

En mi vida personal, he visto muchas veces el rostro misericordioso de Dios, su paciencia; he visto también en muchas personas el coraje de entrar en las llagas de Jesús, diciéndole: Señor, estoy aquí, acepta mi pobreza, esconde en tus llagas mi pecado, lávalo con tu sangre. Y he visto siempre que Dios lo ha hecho, ha acogido, consolado, lavado, amado.

Toma de posesión de la Basílica de San Juan de Letrán,
8 de abril de 2013

Al tocar las heridas del Señor Resucitado, el apóstol Tomás manifestó sus propias heridas, sus lágrimas, su humillación; en la marca de los clavos encuentra la prueba decisiva de que era amado, esperado, comprendido. Se encuentra ante un Mesías lleno de dulzura, de misericordia, de ternura. Ése era el Señor que estaba buscando en lo más profundo de su ser, porque siempre había sabido que era así.

¡Cuántos de nosotros queremos en lo más profundo del corazón encontrar a Jesús así como es: dulce, misericordioso, tierno! Porque en lo más profundo sabemos que Él es así.

Cuando con este gesto Tomás recupera el contacto personal con la amabilidad y la paciencia misericordiosa de Cristo, comprendió el significado más profundo de su Resurrección, e íntimamente transformado, declaró su fe plena y total en Él exclamando: «¡Señor mío y Dios mío!». ¡Qué bella expresión!

Ángelus, 12 de abril de 2015,
Domingo de la Divina Misericordia

Misericordia: es la palabra que revela el misterio de la Santísima Trinidad. Misericordia: es el acto último y supremo con el cual Dios viene a nuestro encuentro. Misericordia: es la ley fundamental que habita en el corazón de cada persona cuando mira con ojos sinceros al hermano que encuentra en el camino de la vida. Misericordia: es la vía que une Dios y el hombre, porque abre el corazón a la esperanza de ser amados no obstante el límite de nuestro pecado.

Misericordiae Vultus,
Bula de convocatoria del Jubileo de la Misericordia,
11 de abril de 2015

Queremos vivir este Año Jubilar a la luz de la palabra del Señor: Misericordiosos como el Padre. El evangelista refiere la enseñanza de Jesús: «Sed misericordiosos, como el Padre vuestro es misericordioso» (Lc 6,36). Es un programa de vida tan comprometedor como rico de alegría y de paz. El imperativo de Jesús se dirige a cuantos escuchan su voz (Lc 6,27). Para ser capaces de misericordia, entonces, debemos en primer lugar colocarnos a la escucha de la Palabra de Dios. Esto significa recuperar el valor del silencio para meditar la Palabra que se nos dirige. De este modo es posible contemplar la misericordia de Dios y asumirla como propio estilo de vida.

Misericordiae Vultus,
Bula de convocatoria del Jubileo de la Misericordia,
11 de abril de 2015

La amistad de Jesús con nosotros, su fidelidad y su misericordia son el don inestimable que nos anima a seguirlo con confianza, a pesar de nuestras caídas, nuestros errores y nuestras traiciones.

Encuentro con sacerdotes en Getsemaní,
26 de mayo de 2014

En nuestro camino cotidiano, especialmente en las dificultades, en la lucha contra el mal, fuera y dentro de nosotros, el Señor no está lejos, está a nuestro lado; nosotros luchamos junto a Él, y nuestra arma es precisamente la oración, que nos hace sentir su presencia junto a nosotros, su misericordia, también su ayuda.

Ángelus, 20 de octubre de 2013

Aquel hombre [Mateo] estaba sentado a la mesa de recaudación de impuestos. En un primer momento Jesús lo ve y este hombre siente algo nuevo, algo que no conocía, aquella mirada de Jesús sobre él; siente un estupor dentro, siente la invitación de Jesús: «¡Sígueme! ¡Sígueme!». En aquel momento, este hombre está lleno de gozo, pero también duda un poco, porque está muy apegado al dinero. Sólo bastó un momento —que nosotros conocemos en la expresión del pintor Caravaggio: aquel hombre que miraba, pero que también con las manos recogía el dinero—, sólo un momento en el que Mateo dice sí, deja todo y va con el Señor. Es el momento de la misericordia recibida y aceptada: «¡Sí, vengo contigo!». Es el primer momento del encuentro, una experiencia espiritual profunda. [...]

Se debe alimentar nuestra tarea con la memoria de aquel primer encuentro, de aquella fiesta. Y esto no es un momento, esto es un tiempo: hasta el final de la vida. La memoria. ¿Memoria de qué? ¡De aquellos hechos! De aquel encuentro con Jesús que me ha cambiado la vida, que tuvo misericordia, que ha sido tan bueno conmigo y que también me ha dicho: «Invita a tus amigos pecadores, para que hagan fiesta». Aquella memoria da fuerza a Mateo y a los demás para ir adelante. «¡El Señor me ha cambiado la vida! ¡He encontrado al Señor!». Recuerden siempre: Es como soplar sobre las brasas de aquella memoria, ¿no? Soplar para mantener el fuego, siempre. [...]

Y Jesús, continuando con esta costumbre, hace fiesta con los pecadores y les ofrece la gracia. Quiero misericordia y no sacrificios. De hecho, yo he venido no para llamar a los justos, sino a los pecadores. Quien se cree justo, ¡que se las arregle! Él ha venido por nosotros pecadores y esto es bello. ¡Dejémonos mirar por la misericordia de Jesús, hagamos fiesta y hagamos memoria de esta salvación!

Santa Marta, 5 de julio de 2013

6

DIOS PADRE MISERICORDIOSO

A veces nos parece que Dios no responde al mal, que permanece en silencio. En realidad Dios ha hablado, ha respondido, y su respuesta es la Cruz de Cristo: una palabra que es amor, misericordia, perdón.

Vía Crucis en el Coliseo, 29 de marzo de 2013

El rostro de Dios es el de un padre misericordioso, que siempre tiene paciencia. ¿Habéis pensado en la paciencia de Dios, la paciencia que tiene con cada uno de nosotros? Ésa es su misericordia. Siempre tiene paciencia, paciencia con nosotros, nos comprende, nos espera, no se cansa de perdonarnos si sabemos volver a Él con el corazón contrito.

Primer ángelus, 17 de marzo de 2013

Todas las familias necesitan a Dios. Todas, todas. Necesitan su ayuda, su fuerza, su bendición, su misericordia, su perdón. Y se necesita sencillez. Para rezar en familia se necesita sencillez.

Misa con familias por el Año de la Fe,
28 de octubre de 2013

La misericordia no es contraria a la justicia, sino que expresa el comportamiento de Dios hacia el pecador, ofreciéndole una ulterior posibilidad para examinarse, convertirse y creer.

Misericordiae Vultus,
Bula de convocatoria del Jubileo de la Misericordia,
11 de abril de 2015

También nosotros, cada uno de nosotros tiene este drama dentro. Pero nos hará bien preguntarnos: ¿Cómo quiero ser salvado? ¿A modo mío? ¿A modo de una espiritualidad, que es buena, que me hace bien, pero que es fija, tiene todo claro y no hay riesgo? ¿O según el modo divino, es decir, por el camino de Jesús, que siempre nos sorprende, que siempre nos abre las puertas a ese misterio de la Omnipotencia de Dios, que es la misericordia y el perdón? [...] ¿Creo que Jesús es el Maestro que nos enseña la salvación, o voy por doquier a alquilar gurús, que me enseñen otra? ¿Un camino más seguro o me refugio bajo el techo de las prescripciones y de tantos mandamientos hechos por hombres? ¿Y así me siento seguro y —es un poco duro decir esto— con esta seguridad compro mi salvación, que Jesús da gratuitamente con la gratuidad de Dios? Nos hará bien hoy hacernos estas preguntas. También esta última: ¿Yo me resisto a la salvación de Jesús?

Santa Marta, 3 de octubre de 2014

Misericordiosos como el Padre es el «lema» del año santo. En la misericordia tenemos la prueba de cómo Dios ama. Él da todo sí mismo, por siempre, gratuitamente y sin pedir nada a cambio. Viene en nuestra ayuda cuando lo invocamos. Es bello que la oración cotidiana de la Iglesia inicie con estas palabras: «Dios mío, ven en mi auxilio; Señor, date prisa en socorrerme» (Sal 70,2). El auxilio que invocamos es ya el primer paso de la misericordia de Dios hacia nosotros. Él viene a salvarnos de la condición de debilidad en la que vivimos. Y su auxilio consiste en permitirnos captar su presencia y cercanía. Día tras día, tocados por su compasión, también nosotros llegaremos a ser compasivos con todos.

Misericordiae Vultus,
Bula de convocatoria del Jubileo de la Misericordia,
11 de abril de 2015

Si Dios se detuviera en la justicia dejaría de ser Dios, sería como todos los hombres que invocan respeto por la ley. La justicia por sí misma no basta, y la experiencia enseña que apelando solamente a ella se corre el riesgo de destruirla. Por esto Dios va más allá de la justicia con la misericordia y el perdón. Esto no significa restarle valor a la justicia o hacerla superflua, al contrario. Quien se equivoca deberá expiar la pena. Solo que éste no es el fin, sino el inicio de la conversión, porque se experimenta la ternura del perdón. Dios no rechaza la justicia. Él la engloba y la supera en un evento superior donde se experimenta el amor que está en la base de una verdadera justicia.

Misericordiae Vultus,
Bula de convocatoria del Jubileo de la Misericordia,
11 de abril de 2015

[En el viaje a Albania] hemos recordado conmovidos a tantas víctimas de la persecución y a los mártires. Ellos no son los derrotados, sino los vencedores, en un régimen que prohibía la fe y que quiso exterminar a Dios de todos los ámbitos de la vida. En su testimonio heroico brilla la omnipotencia de Dios, que siempre consuela a su pueblo y abre nuevas vías de esperanza. Y nos recuerdan hoy que nuestra fuerza reside principalmente en el amor de Cristo, que nos sostiene en la dificultad y nos inspira la bondad y el perdón, mostrando así la misericordia de Dios.

Audiencia general, 24 de septiembre de 2014

¿Qué ha dejado la Cruz en los que la han visto, en los que la han tocado? ¿Qué deja en cada uno de nosotros? Deja un bien que ningún otro nos puede dar: la certeza del amor indefectible de Dios por nosotros. Un amor tan grande que entra en nuestro pecado y lo perdona; entra en nuestro sufrimiento y nos da fuerza para sobrellevarlo; entra también en la muerte para vencerla y salvarnos. En la Cruz de Cristo está todo el amor de Dios, su inmensa misericordia. Y es un amor del que podemos fiarnos, en el que podemos creer. Queridos jóvenes, fiémonos de Jesús, confiemos totalmente en Él (*cfr. Lumen fidei*, 16). Sólo en Cristo muerto y resucitado encontramos salvación y redención. Con Él, el mal, el sufrimiento y la muerte no tienen la última palabra, porque Él nos da esperanza y vida: ha transformado la Cruz de instrumento de odio, de derrota, de muerte, en signo de amor, de victoria y de vida.

Vía Crucis, Copacabana, 26 de julio de 2013

Esto me ha hecho pensar: es propio de la misericordia de Dios no sólo perdonar —eso todos lo sabemos—, sino ser generoso y dar más, más… Hemos pedido: «Añade lo que la oración no osa esperar». Nosotros quizá en la oración pedimos esto y esto, y ¡Él nos da más, siempre! ¡Siempre, cada vez más! […] Éste es el don, éste es el plus de Dios. Dios jamás te da un regalo, una cosa que le pides así, sin envolverlo bien, sin algo más que lo haga más bello. Y lo que el Señor, el Padre nos da de más es el Espíritu: el verdadero don del Padre es lo que la oración no osa esperar. «Yo pido esta gracia; pido esto, llamo y rezo tanto… Sólo espero que me dé esto». Y Él, que es Padre, me da aquello y además: el don, el Espíritu Santo.

Santa Marta, 9 de octubre de 2014

Dios, en cambio, sabe esperar. Él mira el «campo» de la vida de cada persona con paciencia y misericordia: ve mucho mejor que nosotros la suciedad y el mal, pero también ve las semillas del bien y espera con confianza que maduren.

Ángelus, 20 de julio de 2014

¿Habéis pensado alguna vez: el Señor sueña conmigo, piensa en mí, yo estoy en la mente, en el corazón del Señor, el Señor es capaz de cambiarme la vida? Isaías nos dice también que el Señor hace muchos proyectos: construiremos casas, plantaremos viñas, comeremos juntos: todos esos proyectos típicos de un enamorado. Por lo demás, el Señor se manifiesta enamorado de su pueblo llegando incluso a decir: Pero yo no te elegí porque tú eres el más fuerte, el más grande, el más poderoso; sino que te elegí porque tú eres el más pequeño de todos. Es más, se podría decir: el más miserable de todos. Pero te elegí así, y esto es el amor. De allí este continuo querer del Señor, este deseo suyo de cambiar nuestra vida. Y nosotros podemos decir, si escuchamos esta invitación del Señor: «Cambiaste mi luto en danzas», las palabras que rezamos en el Salmo 29. «Te ensalzaré, Señor, porque me has librado», dice también el Salmo, reconociendo de este modo que el Señor es capaz de cambiarnos por amor: está enamorado de nosotros.

Santa Marta, 16 de marzo de 2015

7

Muerte y juicio final

El Juicio comienza ya, en la manera como vivimos, en nuestra existencia. Jesús se nos da continuamente para colmarnos de la misericordia del Padre, y nosotros tenemos la responsabilidad de abrirnos a esa gracia o cerrarnos y autoexcluirnos de la comunión con Dios.

Audiencia general, 11 de diciembre de 2013

No podemos escapar a las palabras del Señor y en base a ellas seremos juzgados: si dimos de comer al hambriento y de beber al sediento. Si acogimos al extranjero y vestimos al desnudo. Si dedicamos tiempo para acompañar al que estaba enfermo o prisionero (*cfr.* Mt 25,31-45). Igualmente se nos preguntará si ayudamos a superar la duda, que hace caer en el miedo y en ocasiones es fuente de soledad; si fuimos capaces de vencer la ignorancia en la que viven millones de personas, sobre todo los niños privados de la ayuda necesaria para ser rescatados de la pobreza; si fuimos capaces de ser cercanos a quien estaba solo y afligido; si perdonamos a quien nos ofendió y rechazamos cualquier forma de rencor o de violencia que conduce a la violencia; si tuvimos paciencia siguiendo el ejemplo de Dios, que es tan paciente con nosotros; finalmente, si encomendamos al Señor en la oración nuestros hermanos y hermanas. En cada uno de estos «más pequeños» está presente Cristo mismo. Su carne se hace de nuevo visible como cuerpo martirizado, llagado, flagelado, desnutrido, en fuga... para que nosotros los reconozcamos, lo toquemos y lo asistamos con cuidado. No olvidemos las palabras de san Juan de la Cruz: «En el ocaso de nuestras vidas, seremos juzgados en el amor».

Misericordiae Vultus,
Bula de convocatoria del Jubileo de la Misericordia,
11 de abril de 2015

La misericordia da paz a quien se va y a quien se queda, haciéndonos sentir que Dios es más fuerte que la muerte, y que permaneciendo en Él incluso el último momento es un simple hasta luego.

Audiencia general, 10 de septiembre de 2014

Quien practica la misericordia no teme a la muerte. ¿Estáis de acuerdo? Pues vamos a repetirlo juntos: ¡Quien practica la misericordia no teme a la muerte!

Audiencia general, 27 de noviembre de 2013

Que el temor de Dios nos permita comprender que un día todo terminará y que debemos dar cuentas a Dios. [...] Pidamos al Señor que el don del temor de Dios nos haga sentir su amor y su misericordia en nuestras vidas.

Audiencia general, 11 de junio de 2014

8

Obras de misericordia

Encontrarás las llagas de Jesús haciendo obras de misericordia, ayudando al cuerpo (el cuerpo, el alma también, pero —insisto— al cuerpo de tu hermano herido), porque tiene hambre, porque tiene sed, porque está desnudo, porque ha sido humillado, porque es esclavo, porque está en la cárcel, porque está en el hospital. Ésas son las heridas de Jesús de hoy. Jesús nos pide que hagamos un acto de fe en Él, pero a través de estas heridas.

Santa Marta, 3 de julio de 2013

«Ah, muy bien. Vamos a hacer una fundación para ayudar a todos y vamos a hacer muchas cosas buenas para ayudarles». Eso es importante, pero si nos quedamos a este nivel seremos sólo filántropos. Tenemos que tocar las heridas de Jesús, debemos acariciar las heridas de Jesús, tenemos que curar las heridas de Jesús, con ternura. Tenemos que besar las heridas de Jesús, literalmente. Basta pensar lo que le pasó a san Francisco cuando abrazó al leproso; lo mismo que a Tomás. Su vida cambió.

Santa Marta, 3 de julio de 2013

Hay que retomar las obras de misericordia, tanto las corporales como las espirituales. Si cerca de casa hay una persona enferma y quiero ir a visitarla, pero el momento que tengo libre coincide con la telenovela, y entre la telenovela y hacer una obra de misericordia elijo la telenovela, esto está mal.

Encuentro en la catedral de Nápoles, 21 de marzo de 2015

Un aspecto particular de la maternidad de la Iglesia es que ella nos educa a través de las obras de misericordia. Como buena madre y educadora, ella se fija en lo que es esencial; y lo esencial, según el Evangelio, es la misericordia. Pero la enseñanza de la Iglesia no es algo meramente teórico, no da lecciones, sino que se transmite con el ejemplo. Ella nos ofrece el ejemplo de los santos, pero también el de tantos hombres y mujeres sencillos. La Iglesia nos enseña a dar de comer y beber a los que tienen hambre y sed; vestir al que está desnudo. [...] Nos enseña a estar cerca del enfermo, ya sea en un hospital, en una residencia o en la propia casa. Nos enseña a visitar al encarcelado, mirándolo en su humanidad, pues sólo la misericordia puede cambiar el corazón y hacer que una persona vuelva a integrarse en la sociedad. Por último, la Iglesia nos enseña también a estar cerca del abandonado o del que muere solo.

Audiencia general, 10 de septiembre de 2014

¡Cuántas situaciones de precariedad y sufrimiento existen en el mundo hoy! Cuántas heridas sellan la carne de muchos que no tienen voz porque su grito se ha debilitado y silenciado a causa de la indiferencia de los pueblos ricos. En este jubileo la Iglesia será llamada a curar aún más estas heridas, a aliviarlas con el óleo de la consolación, a vendarlas con la misericordia y a curarlas con la solidaridad y la debida atención. No caigamos en la indiferencia que humilla, en la habitualidad que anestesia el ánimo e impide descubrir la novedad, en el cinismo que destruye. Abramos nuestros ojos para mirar las miserias del mundo, las heridas de tantos hermanos y hermanas privados de la dignidad, y sintámonos provocados a escuchar su grito de auxilio. Nuestras manos estrechen sus manos, y acerquémoslos a nosotros para que sientan el calor de nuestra presencia, de nuestra amistad y de la fraternidad. Que su grito se vuelva el nuestro y juntos podamos romper la barrera de la indiferencia que suele reinar campante para esconder la hipocresía y el egoísmo.

Misericordiae Vultus,
Bula de convocatoria del Jubileo de la Misericordia,
11 de abril de 2015

También los cristianos corremos el riesgo de dejarnos paralizar por el miedo al futuro y buscar seguridad en cosas que pasan, o en modelos cerrados de sociedad que tienden a excluir en lugar de incluir. En esta tierra han crecido muchos santos y beatos que han acogido el amor de Dios y lo han extendido por todo el mundo, santos libres y cabezotas. Siguiendo sus huellas, también nosotros podemos experimentar la alegría del Evangelio practicando la misericordia; podemos compartir las dificultades de muchas personas, de las familias, especialmente las más frágiles y las afectadas por la crisis económica. Las familias necesitan sentir la caricia materna de la Iglesia para seguir adelante en su vida matrimonial, en la educación de los hijos, en el cuidado de los ancianos y también en la transmisión de la fe a las jóvenes generaciones.

Misa en Turín, 21 de junio de 2015

La fiesta del Corpus Christi evoca este mensaje de solidaridad y nos impulsa a abrazar la llamada íntima a la conversión y a servir, amar y perdonar. Nos anima a convertirnos, con nuestra vida, en imitadores de lo que celebramos en la liturgia. El Cristo que nos alimenta bajo las especies consagradas del pan y el vino, es el mismo que encontramos en los acontecimientos de cada día; está en el pobre que extiende su mano, en quien sufre y nos pide ayuda, en el hermano que solicita nuestra disponibilidad y espera que lo acojamos. Está en el niño que no sabe nada de Jesús ni de la salvación, que no tiene fe. Está en cada ser humano, incluso en el más pequeño e indefenso.

Ángelus,
Fiesta del Corpus Christi, 7 de junio de 2015,

Cada cristiano puede transformarse en testigo de Jesús resucitado. Y su testimonio es mucho más creíble cuando más transparenta un modo de vivir evangélico, gozoso, valiente, humilde, pacífico, misericordioso. En cambio, si el cristiano se deja llevar por las comodidades, las vanidades, el egoísmo, si se convierte en sordo y ciego ante la petición de «resurrección» de tantos hermanos, ¿cómo podrá comunicar a Jesús vivo, cómo podrá comunicar la potencia liberadora de Jesús vivo y su ternura infinita?

Regina Coeli, 19 de abril de 2015

La opción por los pobres, por los últimos, por los que la sociedad excluye, nos acerca al corazón de Dios, que se hizo pobre para enriquecernos con su pobreza (*cfr.* 2 Cor 8,9); y, por tanto, nos acerca más los unos a los otros.

Visita al templo Valdense (Turín), 22 de junio de 2015

9

PERDONAR

Yo les pido una cosa ahora. En silencio, todos, pensemos, cada uno piense, en una persona con la que no estamos bien, con la cual estamos enojados y que no la queremos. Pensemos en esa persona y en silencio en este momento oremos por esta persona. Y seamos misericordiosos con esta persona.

Ángelus, 16 de septiembre de 2013

Es el tiempo de retornar a lo esencial para hacernos cargo de las debilidades y dificultades de nuestros hermanos. El perdón es una fuerza que resucita a una vida nueva e infunde el valor para mirar el futuro con esperanza.

Misericordiae Vultus,
Bula de convocatoria del Jubileo de la Misericordia,
11 de abril de 2015

Jesús afirma que la misericordia no es sólo el obrar del Padre, sino que ella se convierte en el criterio para saber quiénes son realmente sus hijos. Así entonces, estamos llamados a vivir de misericordia, porque a nosotros en primer lugar se nos ha aplicado misericordia. El perdón de las ofensas deviene la expresión más evidente del amor misericordioso y para nosotros cristianos es un imperativo del que no podemos prescindir. ¡Cómo es difícil muchas veces perdonar! Y, sin embargo, el perdón es el instrumento puesto en nuestras frágiles manos para alcanzar la serenidad del corazón. Dejar caer el rencor, la rabia, la violencia y la venganza son condiciones necesarias para vivir felices. Acojamos entonces la exhortación del Apóstol: «No permitan que la noche los sorprenda enojados» (Ef 4,26). Y, sobre todo, escuchemos la palabra de Jesús que ha señalado la misericordia como ideal de vida y como criterio de credibilidad de nuestra fe. «Dichosos los misericordiosos, porque encontrarán misericordia» (Mt 5,7) es la bienaventuranza en la que hay que inspirarse durante este Año Santo.

Misericordiae Vultus,
Bula de convocatoria del Jubileo de la Misericordia,
11 de abril de 2015

Hablar mal del propio hermano en su ausencia equivale a exponerlo al descrédito, a comprometer su reputación y a dejarlo a merced del chisme. No juzgar y no condenar significa, en positivo, saber percibir lo que de bueno hay en cada persona y no permitir que deba sufrir por nuestro juicio parcial y por nuestra presunción de saberlo todo. Sin embargo, esto no es todavía suficiente para manifestar la misericordia. Jesús pide también perdonar y dar. Ser instrumentos del perdón, porque hemos sido los primeros en haberlo recibido de Dios. Ser generosos con todos sabiendo que también Dios dispensa sobre nosotros su benevolencia con magnanimidad.

Misericordiae Vultus,
Bula de convocatoria del Jubileo de la Misericordia,
11 de abril de 2015

¡Queremos hacer las cosas a nuestra manera, queremos llevar a cabo la salvación a nuestro modo! Siempre esta cerrazón al modo de Dios. [...] Quienes piensan así no creen en la misericordia ni en el perdón: creen en los sacrificios. Misericordia quiero y no sacrificios. Creen en todo organizado, bien organizado, todo claro. Éste es el drama de la resistencia a la salvación.

Santa Marta, 3 de octubre de 2014

Con este pueblo que «perdió la fidelidad» el Señor es claro: «El que no está conmigo está contra mí». Alguien podría preguntar: «¿Pero no existirá otro camino de componenda, un poco de aquí y un poco de allá?». No. O estás en la senda del amor, o estás en la senda de la hipocresía. O te dejas amar por la misericordia de Dios, o haces lo que quieres según tu corazón, que se endurece cada vez más por esta senda. No existe una tercera senda posible: o eres santo, o vas por el otro camino. Y quien no recoge con el Señor, no sólo deja las cosas, sino peor: desparrama, arruina. Es un corruptor. Es un corrupto, que corrompe. [...] En el capítulo 23 de san Mateo se lee una maldición terrible contra los dirigentes que tienen el corazón endurecido y quieren endurecer el corazón del pueblo. Dice Jesús: Así recaerá sobre vosotros toda la sangre inocente derramada sobre la tierra, desde la sangre de Abel. Serán culpables de tanta sangre inocente, derramada por su maldad, su hipocresía, su corazón corrupto, endurecido, petrificado.

Santa Marta, 12 de marzo de 2015

Hoy nos preguntamos qué relación tiene la Eucaristía con nuestra vida. Hay unos indicadores concretos que nos ayudan en este sentido. El primero es el modo de relacionarnos con los demás. [...] Un segundo indicador es sentirnos perdonados e impulsados a perdonar. [...] Quien celebra la Eucaristía no lo hace porque sea mejor que los demás, sino porque se reconoce necesitado de la misericordia de Dios.

Audiencia general, 12 de febrero de 2014

Si todos los pueblos, las personas, las familias, los barrios, tuviésemos esta actitud (avergonzarse de los propios pecados y agrandar el corazón), ¡cuánta paz habría en el mundo, cuánta paz habría en nuestros corazones! Porque la misericordia nos conduce a la paz. Recordad siempre: «¿Quién soy yo para juzgar?». Hay que avergonzarse y agrandar el corazón. Que el Señor nos dé esta gracia.

Santa Marta, 27 de marzo de 2014

Bienaventurados los que perdonan, los misericordiosos. ¡Porque todos somos un ejército de perdonados! Y por ello es bienaventurado el que va por ese camino del perdón. Bienaventurados los que tienen el corazón puro, sencillo, puro sin malicias, un corazón que sabe amar con esa pureza tan linda.

Santa Marta, 9 de junio de 2014

Jesús no dice: «Bienaventurados los predicadores de paz»: todos son capaces de proclamarla, incluso de forma hipócrita o aun engañosa. No. Dice: «Bienaventurados los constructores de paz», es decir, los que la hacen. Hacer la paz es un trabajo artesanal: requiere pasión, paciencia, experiencia, tesón. Bienaventurados quienes siembran paz con sus acciones cotidianas, con actitudes y gestos de servicio, de fraternidad, de diálogo, de misericordia… Éstos, sí, «serán llamados hijos de Dios», porque Dios siembra paz, siempre, en todas partes; en la plenitud de los tiempos ha sembrado en el mundo a su Hijo para que tuviésemos paz. Hacer la paz es un trabajo que se realiza cada día, paso a paso, sin cansarse jamás.

Homilía en el estadio Koševo (Sarajevo), 6 de junio de 2015

La señal de que nos hemos convertido en algo nuevo, de que hemos sido transformados por el amor de Dios, es que nos hemos desprendido de los viejos rencores y enemistades para vestirnos con la mansedumbre, la bondad, el servicio a los demás, la paz del corazón, como es propio de los hijos de Dios.

Misa en Turín, 21 de junio de 2015

Ahora bien, no basta con amar sólo al que nos ama. Para cambiar el mundo es necesario hacer el bien a quien no puede darnos nada a cambio, como Dios Padre hizo con nosotros entregándonos a Jesús.

Audiencia general, 10 de septiembre de 2014

«Padre, yo... ¡yo no quiero comportarme así!». «Bueno, si no te sientes capaz de esto, es un problema tuyo, ¡pero el camino cristiano es este!». Éste es el camino que Jesús nos enseña. «¿Y qué cosa debo esperar?». Vayan por el camino de Jesús, que es la misericordia; sean misericordiosos como su Padre es misericordioso. Sólo con un corazón misericordioso podremos hacer todo lo que el Señor nos aconseja. Hasta el final.

Santa Marta, 11 de septiembre de 2014

Agradecimientos

La prehistoria de este libro se remonta al 5 de noviembre de 1982. Fue la primera vez que vi directamente a un Papa. Mi hermana Concha y yo nos pasamos la tarde coloreando un papel de blanco y amarillo para que pareciera una bandera del Vaticano, y luego discutimos por cualquier tontería y como venganza rompimos la bandera del otro. No fue una ofensa grave porque tuvimos tiempo para colorear otras de nuevo. Luego, Mari, la señorita que ayudaba a mi madre a cuidarnos, nos llevó de la mano a los dos a una gran avenida de Granada para ver pasar a Juan Pablo II en el papamóvil.

Han pasado los años y ahora, cada vez que regreso a Granada, mis padres, mi abuela, mis cinco hermanos, mis cuñados, mis sobrinos, Belén —que los cuida a todos—, e incluso Mari, que ahora vive en otra ciudad, me piden que les cuente historias de mi trabajo y de Francisco.

Con este libro intento aportar las respuestas que no les he dado hasta ahora.

Estoy muy agradecido, por supuesto, a los protagonistas de estas páginas, por haber compartido conmigo recuerdos tan personales. He intentado reconstruir los diálogos que me fueron referidos, y por eso, como se entiende por el contexto, no pueden considerarse literales. Obviamente, los errores e imprecisiones son sólo culpa mía.

Gracias a Juan Vicente Boo y a Marc Carroggio por haber trabajado a conciencia varios manuscritos provisionales: sus sugerencias mejoraron decisivamente el resultado. Gracias también a Miguel Castellví y a Ugo Borghello, que leyeron las primeras versiones. Soy deudor de ellos y también de Federico Wals, quien, desde Argentina, me ha confirmado algunos episodios mencionados y desmentido otros que he eliminado.

Gracias a mi hermano Antonio, a su mujer, Mari Carmen, y a sus seis hijos, porque me han alojado y cuidado durante los viajes de Roma a Madrid que ha necesitado el libro.

Gracias a los amigos de la editorial Planeta, por haber creído en el proyecto y apostado por el libro, especialmente José Pedro Manglano, Ángeles Aguilera e Isabel Sbert.

Gracias a las decenas de personas que a lo largo de estos meses me han animado a seguir escribiendo a pesar de los altibajos, muy especialmente a César Espoz y Carlos Garde, pero también a Darío Chimeno, Gianluca Pignotti, Carlo de Marchi, Francesco Antonio Grana, Giorgio Baccari, José de Jesús Aguilar, Marcello Pinzarrone y Ramón González.

Gracias también a mis jefes de Rome Reports, los del presente y los del pasado, por haberme dado la oportunidad de seguir de cerca a tres de los personajes más interesantes de nuestro tiempo: Juan Pablo II, Benedicto XVI y ahora Francisco. Gracias a mis compañeros de todos los departamentos de la agencia por su trabajo y por desafiarme todos los días en la búsqueda de un modo nuevo de informar sobre una institución de casi dos mil años. Muchas ideas y entrevistas de este libro son fruto de la creatividad y dedicación de Katia López-Hodoyán, Ángeles Conde y Javier Romero.

Obviamente, habría sido imposible escribir estas páginas sin la generosidad y la sincera amistad de las personas de la Accademia Ripagrande de Roma, especialmente Pietro Papoff, Gennaro Luise, Enzo Arborea, Gabriele Miccoli, Ugo, Giulio Maspero, Pippo Corigliano y el trabajo de las señoras Milena, Clara y Filomena. Gracias a todos por vuestra cercanía y vuestra indulgencia.